U0617676

编委会主任　王　强

编委会副主任　陈金海　吴定海

主　编　吴定海

编　委　（以姓氏笔画为序）

王为理　尹昌龙　张玉领

张合运　陈　寅　陈少兵

陈金海　岳川江　莫大喜

执行编辑

成维斌　贾珊珊　田佳平　余泽为

吴定海 / 主编

# 深圳市民文化大讲堂
# 2017年讲座精选

下册

The Selections of
Shenzhen Civil Lecture on Culture
(2017)

社会科学文献出版社
SOCIAL SCIENCES ACADEMIC PRESS (CHINA)

## 〖目 录〗Contents

## 上 册

1

# 下　册

## 四　艺术经济

## 五　养教育才

## 六　历史社会

## 七　健康养生

# 四

## 艺术经济

# 丝绸之路上的民歌

王宏伟

## 王宏伟

中央军委政治工作部歌舞团男高音歌唱家，国家一级演员，硕士研究生导师，享受国务院特殊津贴专家。曾先后获第七届全军文艺会演表演一等奖，第九届全国青年歌手电视大奖赛专业组民族唱法金奖，中国第四届"金唱片奖"最佳男演员奖。曾在《米脂婆姨绥德汉》《雪白的鸽子》《小二黑结婚》《运河谣》《长征》《阿凡提》《南海笠笠美》等多部歌剧中担任主演。代表作《西部放歌》《儿行千里》《当兵的男儿走四方》《西部情歌》《把一切献给党》《口碑》等。

## "丝绸之路"一条音乐之路

形成于两汉时期的丝绸之路，不仅是东西方商贸交易的要道，更

145

是我国和亚欧各国文化、政治、艺术交流的通道。例如我们的维吾尔族歌曲、哈萨克族的民歌、塔吉克族的民歌、塔塔尔族的民歌、乌兹别克的民歌，这些民歌在一千年前，不属于中原的本土音乐，也离汉人生活相差甚远。正是因为有了丝绸之路，我们今天才能欣赏到风格迥异、题材多样的多民族民歌。这对中原音乐产生了重要的推动作用。今天我们沿着丝绸之路从西安出发，带大家一同领略这条神奇古道上的音乐。我们主要来谈一谈陕北民歌、甘肃民歌、蒙古族民歌和新疆民歌。

## 陕北民歌

丝绸之路的起点在西安。骆驼客们赶着马匹、骆驼西行，从西安可以选择多条道路，其中一条就是走陕北的黄土高原。20 世纪 80 年代，随着电影《黄土地》的上映，陕北音乐跃然而起，家喻户晓。陕北民歌以它的质朴、真挚，表达方式直接、泼辣，把西北人的豪爽的性格，乐观、不低头的生活态度极其生动地描述、表达出来。黄土地虽然贫瘠，但是这片土地上的歌却无比丰富，有山歌、小调、号子，最出名的要数山歌中的"信天游"。

陕北民歌的艺术魅力主要体现在歌词和曲调上，陕北民歌的句式多为上下句结构，突出的表现形式为"比兴"手法。比如这个"羊肚儿手巾山道道弯，咱们见面面容易，哎呀，拉话话难"，上句没有任何意义，中心思想往往是第二句话，"见面面容易，哎呀，拉话话难"。再比如大家熟知的《脚夫调》，上句是"三月里的太阳红又红"，没有实际意义，只是起到一个借景抒情的作用，重点是第二句的"为什么我赶脚儿的人儿哟这样苦命"。

信天游的旋律同样是由上下两个乐段构成。一般只用 5612 四个音，512 为骨干音，6 为经过音。双四度框架是信天游最具特色的旋律走向。

很多人问我，怎样才能唱好陕北民歌？大家都知道陕北民歌音程跨度大，音乐气质粗犷、豪放。此外，无论哪个民族的民歌，语言都是彰显其艺术特征的重要部分。这些都是演唱陕北民歌的难点。陕北方言的叠词特别巧妙，比如"咱们见个面面容易，哎呀，拉话话难"，叠字增强了陕北民歌的生动性。另外，陕北方言中大量运用鼻音，韵母"n"一般都会发成"ng"，如"人"读"仍"，"xia"（下）一般都发"ha"。因为陕北民歌的方言特点，所以在演唱时发音比较靠前，共鸣腔体较弱，真声为主，真假声转换痕迹大。此外，陕北民歌中的衬词是陕北民歌的重要特点。如"咱们见个面面容易，哎呀，拉话话难"其中"哎呀"使歌唱语言更口语化，增强了音乐的感染力和表现力。因此，要想唱好陕北民歌，仅仅从书本上学习陕北民歌的理论知识是远远不够的，更需要了解陕北人的生活习性、方言特点和审美经验。

陕西除了陕北民歌还有其他的音乐元素，比如西安的鼓乐，同样被评为世界文化遗产。还有陕西人最喜欢听的秦腔、华阴老腔。陕西在新中国成立前人民的生活水平是很落后的，文化的底蕴却非常丰厚。这和这片土地上的人文、历史都是分不开的。

# 花　儿

沿着丝绸之路往西走，出了陕西就是甘肃、宁夏和青海。这些地方早年是多民族聚集的地方。后来因为匈奴侵蚀到内地，相当一部分人离开向西部转移。当然现在还有很多不同的少数民族，如东乡族、裕固族、撒拉族、藏族等。当地的民歌种类繁多，最具有代表性的是花儿。关于花儿的来源，民间流传着一个美丽的传说。相传在玉皇阁落成，大家在讨论以何种形式来庆贺时，空中飘来了三位仙女，她们手捧莲叶，唱着悠扬的山歌，她们一人一句，三句唱完后同用"花儿啊，莲叶儿"来结尾。人们听着绝美的山歌，突然感到是三宵娘娘显灵示意选用唱山歌的方式来庆贺盛典。这样的山歌便成了后来的"花儿"。

　　一般来说北方的民歌总是不如南方的柔美。但是花儿是例外。我认为这跟当地的地理环境息息相关。伴随着黄河的哗哗流水，自然他们的歌声也不像陕北的那么"硬"了，音乐也有柔美的变化。因此那里人唱花儿，唱得就很随性、很浪漫。它唱山、唱水，也唱爱情，当然更多的是唱爱情。

　　例如，《上去高山望平川》这首歌的曲调是属于"河州令"。"河州令"是花儿中最具有代表性的。它歌词寓意深刻，充满想象，旋律自由开阔、高亢。乐段一般都由上下两个乐句构成，也被称为"少年"。除此之外还有河湟花儿、陇东花儿等。多民族聚居也造就了各民族民歌的融合。比如《天下黄河十八大道湾》，它的风格非常独特。前面的引子完全是藏族风格，后面的唱腔又完全是花儿风格。我在 1995 年的时候，随着部队的业务演出队从兰州一直沿着河西走廊到了嘉峪关。这一路上听到的和看到的是不同地域的民歌。有的时候一个村和另一个村的方言，一个村和另一个村的民歌都有很大的差异。

## 蒙古族民歌

　　草原丝绸之路东段，主要是蒙古族。蒙古族统治中国虽然只有97 年，但蒙古族的文化、音乐不仅对汉民族音乐，对中亚，乃至西亚都有很大的影响。俄罗斯、哈萨克斯坦很多的地名是蒙古族的名字，像新疆天山的主峰"博格达峰"就是一个蒙古族名字。而且这样的情况并不鲜见。

　　我从小在新疆的博尔塔拉蒙古自治州长大。这个地方的先民在250 多年前从关内张家口西迁到新疆。当时是清朝皇帝要求他们守边关，于是几万人赶着牛羊就到了现在的博尔塔拉蒙古自治州。新疆还有一个州叫巴音郭楞蒙古自治州，它跟博尔塔拉蒙古自治州不一样，他们属于土尔扈特部落，当年生活在现在的俄罗斯境内，在沙俄时期大概有 10 万人，因为受到压迫，这些蒙古族的同胞历经千辛万苦回到了中国境内，来到了现在新疆的巴音郭楞地区。那里水草肥美，有一个非常迷人的湖叫博斯腾湖，其中有一个叫九曲十八湾的地方，远处看就像一条龙。由于极好的生态环境，冬天夏天都可以看到天鹅。人口的迁徙加强了蒙古族与外界社会、政治、经济和文化等方面的联系。这些历史变迁的痕迹都在蒙古族民歌中得到显现。

蒙古族民歌最典型的是长调和短调。由于蒙古族特殊的历史演变，这个马背上的民族的民歌具有独特的性格。潇洒、豪爽、宽广、自由这些词都不足以形容蒙古族民歌的气质。这个民族是战斗的民族，有王者的风范，有皇家的贵气，充满了自信。蒙古族民歌内容丰富，除了民歌中永远的爱情主题，他们还赞颂赖以生存的草原、河流、马匹和羊群，更有歌颂草原上的英雄人物。

长调是伴随蒙古族的形成而出现的，字少腔长是它最大的特点。旋律悠长极富装饰性，意境开阔深远，气息绵长不断，如《富饶辽阔的阿拉善》，这首长调是我国"嫦娥一号"奔赴太空时搭载的歌曲之一。大型舞蹈史诗《东方红》中的《赞歌》《走上这高高的兴安岭》，这些优秀的歌曲都是在长调的基础上创作而来的。

短调一般流行于蒙汉杂居地区。短调结构短小，音域相对较窄，曲调紧凑、节奏规整，歌词通俗、生动，灵活性很强。

## 新疆民歌

接下来进入新疆。新疆民歌以它鲜明的性格、扑面而来的热情成为我们最有生命力的音乐之一。新疆有 10 余个少数民族，在几千年的文化变迁过程中，新疆的民族音乐一方面受到中亚、西亚甚至俄罗斯民族风格的影响，同时受到中原民族音乐的影响。在周朝周穆王的时候，周穆王曾经带着中原几百人的大乐队到了西域，到了新疆，有一名叫吕光的大将带了八万的精兵攻打龟兹国。龟兹国被灭了以后，吕光用两万匹骆驼把龟兹国的音乐瑰宝连带着龟兹国大量的音乐家带到了现在甘肃境内。这一举动对中原地区，对甘肃（当时叫西凉国）起了非常大的影响。

说到新疆民歌，不得不提《在那遥远的地方》，有人说这不是新疆民歌，因为大家知道这是王洛宾老先生创作的一首歌曲，但是这首歌确实是一首哈萨克族民歌，叫作《羊群里躺着想你的人》，现在在中亚地区，在哈萨克斯坦都能听到这首歌的旋律。一九三几年王洛宾先生到青海采风，他第一次听到这首哈萨克族民歌的旋律。后来经过王洛宾先生改编整理，它就成了现在这样的。

相反，我们看《可爱的一朵玫瑰花》这首歌，现在大家都认为这是哈萨克族民歌，实际上它是一首创作的歌曲，关于这首歌有一个凄美的故事。在 20 世纪的哈萨克斯坦境内，有一个名叫玛丽亚的俄罗斯姑娘，她爱上了牧羊少年都达尔，玛丽亚家境优越，两人地位悬殊。玛丽亚的家族坚决反对他们相爱，后来两个年轻人在家庭的逼迫下，双双殉情。一位俄罗斯的作曲家根据这个真实的故事创作了大家现在听到的《可爱的一朵玫瑰花》，而且传唱的版本有很多种，区别也很大。我们现在听到的《可爱的一朵玫瑰花》是王洛宾老先生根据听到的旋律又做了修改并整理的。

因为有了丝绸之路，因为有了多民族的迁徙，几千年来留下来的民歌在不断地演变、发展和传承。民歌是在老百姓中口口传唱的，在传唱的过程中有了删减、变化，因此同一首民歌在不同的区域是不一样的。但是也正是丝绸之路，让我们在匈牙利也能听到和我们一样的民歌《小白菜》。这就是我说的丝绸之路是音乐之路。

我们现在再说说新疆最大的一个民族维吾尔族。维吾尔族的发展历史相当久远，是一个多源民族，主要由蒙古草原的回纥和南疆绿洲的土著组成，经过了长时间的大规模融合，最后汇聚成现在的维吾尔族。因此在维吾尔族的血液里有着多民族血液。南疆的维吾尔族和北疆的维吾尔族完全不一样，民歌的形式自然也是不一样的。

比如说有一首歌《阿瓦古丽》，略带点忧伤，非常柔美。歌曲描述了一个小伙子骑着马翻过天山来到伊犁，他看见了美丽姑娘阿瓦古丽，深深地被姑娘的美丽所吸引。

下面我为大家演唱这首维吾尔族北疆的民歌："我骑着马儿唱起了歌，走过了伊犁，看见了美丽的阿瓦尔古丽，天涯海角有谁能比得上你，啊呀美丽的阿瓦古丽。"

南疆的天气非常干燥、炎热，所以南疆的民歌热情四射，唱得非常热情。比如《牡丹汗》，牡丹汗是一个姑娘的名字。这首歌翻译成汉语就是："你是我生命的力量，亲爱的姑娘牡丹汗；你是我黑夜的月亮，亲爱的姑娘牡丹汗。"

"十二木卡姆"是维吾尔族民族音乐非常重要的一个代表，也是世界文化遗产。关于"十二木卡姆"，新疆有不同的版本。有喀什木卡姆、伊犁地区的木卡姆、哈密的木卡姆。可是你们能想象吗，从新疆翻越了天山，翻越了帕米尔峰，就是塔克拉玛干。我们到了巴基斯坦、到了印度、到了阿富汗、到了伊朗，都能够听到木卡姆的声音。在伊拉克也有木卡姆，在埃及也有木卡姆。现在谁能说得清楚是别人传给我们国家的，还是我们传出去的？这个需要历史学家、从事音乐研究的专家去做这个工作。

## 总　结

丝绸之路上的民歌涵盖的我们民族音乐元素的广度和深度，不可估量。研究的价值和研究的困难成正比。

丝绸之路是一条文化之路、贸易之路、政治之路。在这条充满异域风格、充满神秘色彩的古道上，不仅有驼铃声声，更有动人的音乐相伴。这些音乐在马背上、在骆驼队伍中、在各种肤色的人群中。中国的民歌或记载在文字中、图画中，但更多地流传于民间的老百姓口中，口口相传、代代相继，经过岁月和人生的洗礼，是世世代代我国劳动人民的智慧结晶。我们这一代，甚至我们下一代，承担着把这样的民族音乐、民族文化、民间的歌曲向世人更好地推广、更好地传承的任务。要完成这样光荣而艰巨的任务，离不开几代人的辛苦耕耘，更离不了一颗向人民学习、向生活学习的赤子之心。

今天的讲课只是带领大家简单地游览在丝绸之路上的几个认知度较广的民歌，也是我从事演唱事业以来始终关注学习的几个民歌种类，希望这样的介绍，可以使大家对西北音乐有一个初步的认识，更希望可以在同学们的心里播下一颗种子，这是对我们民族音乐热爱的种子，是对西北民歌钟情的种子。愿这样的种子尽可能多地在大家心中发芽、壮大！

# 走进交响乐

张国勇

## 张国勇 📝

交响乐团合作指挥，演出了一
系列歌剧、芭蕾舞剧、交响合
唱等经典作品，是目前国内公
认的肖斯塔科维奇交响曲的最
佳诠释者。多次在重大国际文
化交流活动中担任中国的文化
使者，代表国家参与了与美、
俄、德、法等国共同举办的文

化年活动。2006 年应邀担任第八届西班牙卡达喀斯国际指
挥大赛评委。2014 年在由国家大剧院制作的歌剧高清电影
《卡门》《骆驼祥子》中担任指挥。2015 年，应国家大剧院
之邀参加中国歌剧意大利巡演。2016 年指挥中国爱乐乐团
成功完成乐团在俄罗斯的首次亮相。

## 一　浸其乐，悦其心

交响乐作为极具魅力的艺术门类，虽高雅，却令人难以捉摸。

怎样听懂交响乐？在我看来，对于普通听众来说，完全不必"学院派"地去探究交响乐的起源、历史以及组成结构……因为交响乐有别于其他艺术，文学作品通常借助文字来表情达意；绘画作品惯用具象的形式创造意境；舞台艺术则完美地结合了台词与肢体，向观众们传递信息，这些艺术载体皆提取自我们的生活，只是将其提炼加工，使之艺术化。但，唯有交响乐，是所有艺术表现门类中最抽象的一类。

我们总是试图从音乐中挖掘故事，其实，音符本身并不能讲述故事，这就令大家对交响乐"听而却步"。交响乐是作曲家用来表达自己内心感受的一种载体，是个体化的情感体验，也许在这之中，我们对某些艺术符号已达成共识，比如节奏，快往往代表情绪激昂，慢则展现沉静与思考，这是得到公认的、约定俗成的艺术符号。急或缓，连或断，轻或响，虽都有相似的情感传递作用，但因为音乐的抽象性，人们所赋予这些音符截然不同的故事。这完全取决于每一位听众不同的阅历，不同的生活经验，不同的文学修养，以及不同的审美感。所以，挖掘他人故事终不得果。其实，当你的想象力不断地在头脑中浮现时，你便已深陷其中，整个审美应运而生，我们无须在交响乐中去找寻他人的故事，只要遇到那个动人的自己便足矣。

很多人都听过贝多芬的《第五交响曲》，也就是我们所熟知的《命运交响曲》。其实当年贝多芬在写这部作品的时候，并没有冠之以"命运"这一主题，但后世之人在其写给友人的信中发现"我要扼住命运的咽喉，决不能被命运打倒"。从这句话，联想到同时期的《第五交响曲》，认为这部作品反映出贝多芬对抗疾病的坚强不屈、对命运的顽强抗争，所以将它命名为《命运交响曲》，一直延续至今。

在音乐史上有许多伟大的音乐家，比如舒伯特、莫扎特、贝多芬……虽然后世赋予他们极大的荣耀，但实际上，贫困潦倒的不乏其人，滥赌成性的也不在少数——生活，如一记皮鞭，在鞭笞着众人前行，所以，交响乐并不全如听到的、了解到的，我们无法全然理解。

欣赏交响乐，并不一定非要听懂，只要能够浸入音乐之中，勾勒出自己的故事，听出情感，便也是一种理解。其实，交响乐在当今世界仍旧是小众的文化。而在近些年的中国，其发展是极为迅猛的，30年前，中国没有交响乐，如今，深圳音乐厅几乎场场爆满，人们对文化消费的概念日渐增强。交响乐作为悠久文化的结晶，不是某一国、某一区所特有的，它如一座桥梁，沟通各个民族、国家，只要你怀有静听之心，它便会走近你的身边。

## 二　欲品其乐，必先近之

章诒和所著的《伶人往事》是我印象极为深刻的一本书，它讲述了 20 世纪三四十年代北京梨园那些老艺术家（马连良、梅兰芳、尚小云……）的故事，书中描述的戏迷们看戏并不是去凑热闹的，而是怀揣一种审美与评判的心态去欣赏，他们对所有的唱段都耳熟能详，对各个流派、各种唱法，甚至是每一个唱词的咬字腔体，都会细细研究捉摸，当然，这些人中大多也会自己唱上几曲，这些戏迷在欣赏的过程中，并非被动接受，其实是主动去鉴别的。

欣赏交响乐大致也是如此，一定要事先做功课，才能更好地接近它。深受观众们喜爱的《梁祝》《黄河》，每每我执棒这两首乐曲时，都能感觉到台下的观众群情激昂，喜不自胜，这种情感上的共鸣并非天生而来，靠的是生活中反复倾听、阅读故事、不断思考。观众们甚至能够判断出哪位小提琴演奏家或钢琴家演绎得更加完美，所以，欣赏音乐并不难，这一切的前提就是要做功课。

我们拿前一阵南山保利剧院音乐厅里上演的"一带一路"音乐节闭幕演出——《天方夜谭交响曲》为例。首先，在欣赏这部作品之前，大家要清楚作品的历史背景，了解作曲家的生平事迹，每个作曲家都有自己特殊的身世经历、气质个性，这对作曲家的世界观与作品的风格，都会产生直接影响；其次，在有条件的情况下，多听几遍这部作品，在大脑中勾勒出更为准确的音乐形象，更加有助于大家的想象；再次，还要了解一下乐曲本身的信息，比如《天方夜谭交响曲》的四个乐章分别讲的是什么故事，什么样的主题代表什么样的人物，这部作品主要想说明或表达何种主旨……不要把这些看成负担，其实这是一项有趣味、有情调的享受，试想大家在繁忙的工作之余，翻翻书、听听唱片，是一件多么惬意的乐事。

我们继续以俄罗斯作曲家里姆斯基–科萨科夫写的《天方夜谭交响曲》为例，为大家解析一下。

《天方夜谭》是一部神话故事，其中有两个贯穿始终的重要人物：一个是残忍的国王，另一个是聪明漂亮的女孩舍赫拉·查德。国王每天晚上都要找一个美丽的姑娘为他讲故事，稍不称心就要取人性命，机智的舍赫拉·查德看到国王的凶残，通过不断讲故事来打动国王，甚至最终让国王爱上了她，故事的结局也十分圆满，国王与他深爱的姑娘幸福地生活在一起。

整个交响乐依据故事分为四个乐章。第一个乐章用大海的汹涌和船靠岸时的宁静衬托人物，低音的国王是如此果断、粗鲁；然而，那后进入的小提琴声却是如此柔美，仿佛姑娘明镜般的内心。第二个乐章则带我们来到热闹的波斯市场，各样乐器飞扬交错，俏皮幽默的音乐语言，犹如姑娘的一个个故事，引人入胜。第三乐章国王与女孩的爱情，让故事一下显得万般柔情融于一身，和缓的音乐随之响起，或抒情，或吟唱。那娓娓道来的故事，让国王从一开始的无情残暴，变为随后的温柔沉静。第四乐章，我们的水手辛巴德出场了，他驾驶着船出海不幸遇到风浪，撞到礁石上，一声巨响，船身碎了。音乐不断推向高潮，让人的心也始终不能平静，矛盾的音乐冲突令人悬着的心更加颤抖。这就是作曲家的高明之处，前后既有关联又有变化。

这是我对《天方夜谭交响曲》的理解，并非官方的解读。我们完全可以根据自己的欣赏习惯和想象力去判断和填充。形成属于自己的故事之后，我们自然就懂得如何欣赏音乐，这无疑是对我们精神生活的一种提升。

还有一点要和大家探讨的是：我们可以听唱片，为什么还要跑到音乐厅花钱去欣赏音乐会？其实，唱片和现场演奏有着天壤之别。首先，唱片是通过精心剪辑后的标准化样板，它是固定的，而非灵动的；现场演奏则不同，音乐家们会根据每天不同的情绪状态、氛围，演奏出不同的感觉，那是鲜活的、有生命的。除此之外，大家还能观察到舞台上专注的音乐家，感受现场的氛围，这一切精神层面的东西都是难以在唱片中找到的。所以，我建议大家多去音乐厅，养成去音乐厅的习惯，对提高生活质量和文化素养，都有莫大的帮助。

## 三　欲鉴其乐，必修己身

追求美，是人的共性，不分民族、种族、肤色、语言……人类对美的追求是无止境的，世代传承，总不能穷尽。交响乐，是美的一种表现形式，但凡热爱艺术的人，一定也热爱美，也拥有热爱美的这份心，人类对于自己的行为又有了无形中的约束。日本爱知县世博会时，五万人撤离现场时连一张纸片都没有留下。东京虽是世界上人均居住密集度最高的一个城市，但是它的车速非常快，究其原因：没有一辆车擅自变道，也没有任何一个人会闯红灯。

音乐看似与一个城市的文化建设没有直接关系，但却在无形中推动了城市文化的发展。它虽没有物化的呈现，却与人的方方面面有着千丝万缕的联系。有了音乐，才会有高雅艺术的传播，人对于美的追求能力不断提高，本身的素质也会有所改变，会以更高的准则约束自己的行为，从而大大促进社会文明的进步。艾涅斯库曾说：音乐是一种语言，它能确切地反映个人和人民的精神品质。优秀的音乐使人向上，优秀的音乐文化不仅能够使个人身心愉悦，还能提升整个城市大众的素质修养，提升城市文化高度。

精神引向的能动是一个国家、一个民族自强不息、繁衍生息的主要能力和向导。而音乐，是在漫长历史长河中对于人类精神的最深层次的提炼，它唤起人类内心的渴望，又将那些沉淀传承下来的文化与精神不竭地传递下去。

# 画画有速成的方法吗

—— 国画篇

邢　东

## 邢　东

美术教育家，明代著名书法家邢侗后裔。擅长油画和国画。代表作：《我需要和平，我需要爱》《紫气东来》《水月观音》《关帝圣像》《春江水暖》等。

## 绘画的好处

绘画有什么好处呢？绘画动手能力主要开发的是人的左半脑。不论是成人还是儿童，在画画前都需要思考画什么？怎么画？画画对手部运动的控制会促进左脑的智力开发，这是多年的科学研究证明的。绘画无意间培养了人类对颜色、形状、空间的判断认知能力，这个对右脑又有很大的益处，所以说绘画是左右大脑的运动操。

在绘画的过程中，你会不断地打破固有思维，可能有的人考虑问题是一根线式的思维，但是经过绘画你可能会拥有立体的思维。绘画是多面的，要把一个物体的形状画出来，也就是上下左右的描绘，甚至要画出三维空间，因为此刻的两维空间已经不足以表现所描绘的物体了。在绘画时，前后左右你是能够看到的，但是物体的内部结构看不到，你的绘画就能通过想象绘画表达出来。所以绘画在锻炼脑的能力方面是非常有效果的。它对提高人类的观察力、形象的思维力、构图能力、对形状的认知能力等都是大有好处的。所以说，绘画是一种艺术，它跟音乐、舞蹈一样，是一种情感的宣泄。

美术是一个多彩的世界，我们每个人内心里都有自己的一种美好，它包含了对世界的美好，对朋友、家人的美好。美术能改变人的思维，也就是说可以把世界看得更加美好。我常说的一句话是："我心唯美，满目世界皆图画！"就是说我的心看到的东西都是很美的，我看到的世界到处都是一幅画！

绘画在全球不同的地区、不同的人中的认知度不同，也和各个国家地区人们的信仰、审美和生活习惯相关，所以就诞生了油画、国画，还有钢笔画、油漆画、铜版画、木刻画等不同的种类。

目前在国际上最具代表性的是油画，这是全球公认的一个画种。这个画种来自欧洲的蛋彩画，也就是拿蛋清去做调和剂来调颜色，但是有一个问题，就是蛋清画当时看上去颜色很鲜艳，但时间长了以后就出现细纹，像土地干枯了一样的裂纹，所以它不适于保存。后来欧洲有一个画家在一次绘画过程中偶然发现，油和颜料的融合效果很好，因此诞生了世界上第一张油画，他也被称为油画之父。自此以后，画家们又研究使用了亚麻子、核桃油和松节油等油类来调和颜料，但这些油类味道有的很刺鼻。随着时代的发展，又出现了一种无色无味的调色剂，而且可以速干。一幅油画有时候需要几个月，甚至许多年才能干透，原因就是它画得很厚，可能有一厘米、两厘米厚。这种速干和无味无色的调色剂出现了以后，就把油画彻底地改良了。

诞生在欧洲的古老画种还有一个就是水彩画，当时和包括现在的画家还是喜欢用这种画风来画插图，也有一些专业的画家拿它做油画的打底稿，就是画家在创作一个作品之前用这个水彩画来打底稿。

水粉画也诞生于欧洲，是很重要的一个画种。它介于油画和水彩之间，水彩是用一种透明的颜料来一层一层地覆盖形成一个物体的形状，但是水粉它完全不透明，遮盖性很强，所以说它是不透明的水彩。

让我们的视线回到华夏文明来，国画和书法是仅中国有的艺术方式，国画的纸张和世界上任何一个画种都有所区别，它用棉质的纸张，统称宣纸，来绘画，用水和墨色进行渲染，形成一种独特的艺术形式。尤其是书法，更是世界上独一无二的将日常生活中的文字书写形式演变成我称为半绘画方式的一种艺术形式，为什么说是半绘画方式呢？因为书法和国画是难舍难分又相得益彰的绝配关系！一幅绘制好的国画在完成以后必须用中国书法在上面书写题字，题字的内容包括绘画的时间年代、画家当时的心情、画赠予谁以及画家的名字。而且书法题字的好坏可能决定了这张作品的一个品相。中国画的绘画作品不可能替代书法，书法也不可能替代绘画，但是在绘画中它们的关系又紧密相连。绘画最后会用书法来补充它的美，这也是中国画一个特殊的地方。

## 画国画需要五个阶段

绘画是人类的本能，7万多年前，人类先祖开始在岩石上刻画符号记录群体遇到的重大事件，这演变成早期的绘画。只要是正常的人类在幼年的时刻，都会本能地拿起笔来，写写画画，所以说这是人类最早期的一种本能。

绘画本身能给你带来一种美，这个美是一种所有的学科都不能体现的一种美。比如音乐，音乐能带给人们美，可以歌唱，可以使用多种乐器来表达这种美好，但它必须要发出声音，这就有可能会干扰到别人。但是绘画是一种安静的工作，在绘画的过程中不会干扰影响到任何人，你可以随时随地在任何一个地方用手中的画笔来表现你内心的一种情绪。

画国画需要经过以下五个阶段。

第一个阶段，就是绘画的临摹，这个过程非常重要。你想画出一幅很专业的作品来，就一定要去参照前人的优秀作品，有很多名画可以去参考，也可以从里面找出自己喜欢的一个画家来模仿他的画风。画风有很多种，如果你非要去挑战那种不经过学习就直接演变成自己风格的画法，这是非常困难的。不可能一下就说我要超过梵高、超过毕加索，这是不可能的，要认真谦虚、极具耐心地临摹名家的作品，以此初步认识绘画，这是最重要的一个初级阶段。

第二个阶段，是认知阶段。在这个过程中，你会发现周围的事物不一样了，你会发现它的形状可能跟你原来观察的有所区别了。原来你可能就像儿童看画一样，就是你看到这个人就是一个人，这个人穿的花格衣服没什么特殊的。但是你学习了绘画以后，会发现这个人的方格不是均等的方格，它不是像尺子打出来的那样。因为随着身体的移动它会产生变化，这个方格可能就不是个方格了，可能有的地方变成了三角形或者弧形了，你的观察角度开始转换了。

第三个阶段，就是你开始有自己的风格了，因为经过一段绘画练习，你会找到自己熟悉并且喜欢的一种绘画方式。这时候你已经开始思考究竟我该怎么画，怎么才能画得更像、更好。

第四个阶段，是感情绘画创作阶段。这个时候你已经对绘画有了深刻的理解。你开始逐步发现生活中处处深藏的美，有的时候你会观察建筑物的影子和光线的美。你在生活中还会发现对称和不对称的美，这个阶段的你基本有当画家的思想了。

第五个阶段，开始成为真正的画家。你开始尝试超越古人，而且是超越所模仿的名画和很知名的画家，极力想形成自己的一个风格。这个时候是可以喷发的、可以随时创作出作品的。也就是说你看到什么、想到什么、听到什么，你可能都会把它画出来。这个时刻你就是一个真正的画家！

# 画国画的工具

中国有句古话说："工欲善其事，必先利其器。"也就是说你要想做好一件事情，先要把你的工具准备好。画国画的工具是什么呢？第一是毛笔；第二是墨汁和颜料；第三是宣纸；第四是用来调色的碟子；第五是绘画的姿势。

第一，毛笔。绘画国画所用的笔和欧洲油画的笔有很大区别，通常用的是狼毫、羊毫，还有兼毫这三种。羊毫非常软，它是由羊毛制作的，可以用以渲染、涂色，也用于写书法。狼毫是由黄鼠狼的毛制作的，毛比较挺，适合中国画中的勾线，就是画细线轮廓，描绘物体或者人物的外形线条。兼毫就是狼毫和羊毫的结合体，也可能还有其他动物的毛结合来做的毛笔，这种毛笔涂色效果非常好，中国的画家们画叶子或者画写意的花卉、人物及山水，都习惯用兼毫笔。

画油画的笔是平头和半圆头。但国画笔只有尖头，它绝对不会用平头或一个圆头笔。但是随着时代的进步和绘画手法的更新，慢慢地有些画家也开始借鉴使用油画及水彩笔。

第二，墨汁和颜料。中国画的墨汁和颜料也是非常讲究的，分松烟墨和油烟墨两种。用松烟墨调出来的颜料在宣纸上容易渲染，油烟墨适合写书法。因为书法不能渲染渗出墨汁太过分，在国画方面，墨汁的选用和绘画作品有直接的关系。

第三，宣纸。宣纸本身就是棉质的，它适合水墨渲染，能突出柔和的感觉。中国宣纸表现出的松软的效果和绒毛的质感是西方绘画的材质所不能替代的。

第四，用来配套染色或者调色的盘子。这个是比较简单的，用普通的白色碟子就可，不能用彩色的。

第五，绘画的姿势。对于初学者来说一开始就要养成良好的绘画姿势。首先，它关乎你的健康问题。如果一个人养成不正确的姿势以后就很难改掉了，他可能会有肩周炎或者腱鞘炎之类的问题。因为绘画不是一天两天的事情，可能是几十年的事情。其次，绘画的姿势可以确定你的国画的构图和那种溢于言表的气势，也就是中国画中所说的气韵！

## 中国画的要素

中国画的要素有以下重要的几点。

一个好的作品首先要有气场。一张好的画打开的第一眼就是感受到那种气韵，即使是一个小品扇面，都能感觉到它的气场。比如他画了一个荷叶，但可以让人联想到河塘。你画了一个飞鸟，你可能没看到天空，但是可以感觉鸟从空中飞过去，这就是中国画的特殊气韵。

在世界上所有的绘画种类里，只有中国人把线条当作一个真正的作品来表现。西方绘画的速写、素描也用线条，但它的线条是用铅笔去勾线，打底稿，目的是要画出最后的形状和成品。而中国画的线条就是为了表现一幅单独的作品，有时简单到一根线条、一个墨团也是一幅作品，就像清代八大山人的画。

中国画的笔墨是非常讲究的，古人总结墨分五色，即干、湿、浓、淡、焦，五色是代表很多的意思，在墨色和水粉的晕染过程中，通过宣纸的渗透和跑墨，又会出现甚至几十种颜色来。在中国传统画家的眼里，用墨色就相当于使用彩色。

中国画还有一个最大的特点就是把空白来当墨使用，也就是说黑色和线条代表了一个重色，然后这个空白代表一个浅色。中国古代有即白当黑的说法，就是拿白色去当黑色，拿黑色去当彩色。这是非常绝妙的思想，大概是古时候颜料是一种奢侈品，非常难搞到，所以就用墨色来代表彩色，渐渐地形成了一种独特的绘画风格，延续至今。

再说说中国画的构图。国画构图讲究章法和布局，所谓章法就是指把一个要绘画的物体放在这个画面的正中，还是上下、左右；如何布置摆放物体更符合这张画的美感。这种章法布局除了传统构图外，有时还取决于画家的心情，因为随时可能要添加一些情节和人物、花鸟，平添一些雅趣，这就是国画的巧妙灵活。

意境，在中国绘画里是重中之重。这里不得不说唐代大诗人王维，王维的诗歌作品盖过了他画家的名头，实际上王维才是禅意绘画的开拓者，他是第一个画出禅意山水的画家。王维的诗词里面歌咏了很多山水，他既是一个诗人，也是一个画家，正所谓是画中有诗，诗中有画，再配以优美的书法，非常唯美。

从五代时期，国画就越来越偏离对真正色彩的追求，开始在这个墨色的世界里徘徊。时至今日，还是有很多画家喜欢用墨色来绘画。但是我更喜欢彩色的绘画方式。因为我们现在这个世界到处都是彩色的，你看到的都是美好的景物。没有必要把它画成一个黑白的，因为它需要有色彩对欣赏者产生一种冲击力。这种冲击力是对作品的一种理解。

在任何时候一个作品的创作，一定是发自内心的一种美好。

# 舞蹈文化与审美

于　平

## 于　平

教授，博士生导师。享受国务
院政府特殊津贴专家，国家有
突出贡献的中青年专家，文化
部优秀专家。曾担任北京舞蹈
学院副院长、中华人民共和国
文化部艺术司司长、文化科技
司司长。主要著作：《中国古代
舞蹈史纲》《中外舞蹈思想概
论》《中国现当代舞剧发展史》
《舞蹈文化与审美》《艺术学的
文化视野》《新时期中国"新舞蹈"史述》等。

## 舞蹈的定义

舞蹈最早产生的时候，其实都是一种部落的、群体的活动。因
此，我们要了解舞蹈就需要更宽一点的视野，也就是要了解舞蹈形成
的文化背景，通常我们把这叫作一种文化生态。那么，首先我们需有

一个舞蹈生态的视野。

一位名叫资华筠的先生，建立了舞蹈生态学这一学科。她是将一般的生态学平移到了舞蹈，进而创建了舞蹈生态学。简言之，就是我们把舞蹈作为一种研究的对象、一种核心放到它的研究背景中，看看是哪些因素影响了它？

舞蹈最初是一个部落、一个群体的自发行为。在最初的艺术理论研究中发现，人们在一种游戏的行为中，不会费力地去做自己做不好的动作，而会做自己身体习惯的动作。并且，我们现在渐渐丧失了对这一游戏的原有感觉，即随着时间的变化，舞蹈曾经的诸多功能都渐渐消失了，其中包括宗教的、祈神的，或是部落求偶等功能。这些功能消失后，呈现在我们面前的便是一些纯粹的舞蹈形式。

由于专业舞蹈工作者的出现，舞蹈发生了最重要的变化。其实，早前没有专业的舞蹈工作者时，人们将舞蹈作为一种文化而并非是一种艺术。当专业舞蹈工作者出现后，专业舞蹈工作者可以将原本作为文化的舞蹈跳得更为精彩、更为集中，也更为典型。再后来，专业的舞蹈工作者认为，我们应当以舞蹈为手段来表达他们的个人思想和情感，因此便需要对舞蹈进行创作，并且创作舞蹈并非非职业舞者力所能及的。

有了这样一个认识，人们便将文化的舞蹈和艺术的舞蹈叫作自然的舞蹈和创作的舞蹈。所谓"自然的舞蹈"，是不存在创作的，任由舞者肆意舞动。在都市生活中，每个人的生存环境、生产方式都是不同的，这对人体的动态亦是一种制约，因此跳起来是多种多样的。这便给舞蹈下了一个定义，并且该定义与作为艺术的舞蹈的定义不同。一般而言，舞蹈就是用运动的人体，强调它的节奏性、造型性，表达舞蹈家的思想和感情。但是从文化的角度来看，它包含几个因素，即舞蹈是以人的形体动作作为媒介，以表现浓缩而升华了的感情为目标的社会艺术活动。我们真正谈舞蹈是一种艺术之时，是不会加上"社会"二字的，只有把它放在文化、生态背景中，才强调"社会"二字。而后，舞蹈经过长期的积淀、自然的传演，形成了相对的语言体系，就是一种风格化的动作。这便是舞蹈的定义。

有了这样一个定义后，我们现在谈论舞蹈便不会具体到某个舞蹈作品或是某部舞剧，而是要回到舞蹈的本源，即那些不是人为创作的，而是经过一个民族长期的生活积淀和传演下来的具体化的舞蹈。进而，通过我们认识到的舞蹈的本体特征，对舞蹈进行形态分析。

所谓"舞动"，生态学里面叫"舞动"，我们称之为"舞蹈动作"，它实际在舞蹈的研究中是一个特定的概念。什么叫"舞蹈动作"？我们在舞蹈里面出现的动作，是不是就可以叫舞蹈动作？不是。首先，我们需要界定哪些东西是我们文化的舞蹈，哪些是自然传演沉淀下来的舞蹈。也只有那里面的动作才会被称为"舞蹈动作"。这里，我们便需要提及另外一名学者王元麟。20 世纪 80 年代初，整个中国进入美学讨论热，那个时候舞蹈美学也跟着讨论，但是非常有意思的是，舞蹈界的美学讨论，是从批判王元麟开始的。为何要批判王元麟呢？这是因为王元麟写了一篇文章叫《论舞蹈与生活的美学反映关系》，他要给"舞蹈动作"做一个界定。他说：研究舞蹈美学，首先要研究舞蹈动作，舞蹈动作的纯然形式就是这个动作形态本身，就是我们舞蹈美学的内容之所在。就因为这一句话，便得罪了所有对舞蹈美学进行讨论的人。舞蹈美学的内容，怎么是只研究动作形式呢？难道我们不要研究形式所表达的思想、所塑造的形象吗？其实，这里面有一个巨大的错误，即批评者将它转移到我们现在创作的舞蹈上了。我最初接触舞蹈理论的时候，还在剧团里面跳舞，那个时候请来了一个搞理论的老师给我们讲课，他上来讲的第一课就是舞蹈和原始舞蹈不是一回事。我怎么也听不明白，我说原始舞蹈也是舞蹈，怎么就不是一回事？！你可以说原始舞蹈是舞蹈的一个类别。实际上他想讲的，就是群众自发形成的舞蹈和艺术家创作的舞蹈并非一个概念。

## 影响舞蹈的四个因素

其实王元麟认为，任何一个民族，就是同一个民族不同的地区也会有差异。因此，具有风格特点的舞蹈动作，都和这个民族地区特定生产、生活动作相关联，只不过今天不一定能找到它的蓝本。我在做舞蹈形态学的时候，对它进行分析，认为不完全是这样。我认为，不管哪个民族、哪个地区的舞蹈，都有四个影响因素：第一个是生理机能；第二个是生存环境，即你是住在戈壁地区还是丘陵地带；第三个是生产方式，便是我们所说的劳动；第四个是生活习俗。

关于生理机能的影响。人的生理机能主要关注两点，一是人和动物生理机能的差别。我们常讲，人就体态而言是可以直立行走的动物，动物是四个脚在地上，所以动物即便跳起来也只有蹈，人类则可以"手舞足蹈"。人在直立以后，就有手足的分工了。其实还有一个更重要的，就是人只有在直立以后，视觉的接受才重要。所以很多学者认为，人类最早的语音不是声音语言，而是动作语言，即身体语言。二是人类有男女两性之分。这男女两性为了同样的目的做出来的动作，是不一样的。男性动作带有一种开放性，女性动作是有一种内敛性的。即便是同一个民族、同一个地区的舞蹈，女性的舞蹈具有内敛性，就是一种闭合性；男性的舞蹈则往往是一种开放性的。

除此之外，我们还注意到，同一个地区同一个民族的舞蹈，男性的跳跃动作比较多，女性舞蹈很少跳跃，更多的是向下蹲，这与男女的生理结构有关。男女的社会分工不同，女性肩负着生育的任务，因此为了生育的需要，她的骨盆较宽。而盆骨宽了之后，便导致其躯干呈一个正三角形，所以女性的身体重心就偏低。男性的社会任务则是狩猎、谋取物质资源。由于狩猎需要，男性臂膀的肌肉力量便需要发展。因此，男性的肩部就比较宽，躯干呈现一个倒三角形，相比较而言，男性的身体重心比较高。所以，重心高的向上的运动便较多，而重心低的向下沉的动作偏少。

社会分工，还会带来一个结果。那就是男性普遍较为凶悍，因为他们需要跟野兽搏斗，否则便不称其为男子汉。女性则普遍比较和善、慈祥。因为女性需要带孩子，整天抱着自己的孩子当然很慈祥了。在这样的社会分工影响下，生理机能的不同便导致了这样的一些差别。

关于生存环境的影响。例如现在汉民族地区的民间舞蹈，南方的都是花灯类的，类如花鼓灯、花灯、采茶灯等，北方则是秧歌。但是即便是北方人都跳秧歌，各地区的秧歌也有所不同——东北的秧歌是小步快走，陕北秧歌都是跳起来的，虽然跳得不高，但跳起来后是往下砸，而非向上抬的，这就跟黄土高原经常要上坡下坡造成的腿抬升的肌肉运动有关。而在东北天寒地冻的时候，为了防止滑倒，就会加强大腿外侧的肌肉力量。这就是不同的地理环境对舞蹈的不同影响。

对舞蹈影响最多的就是生产方式。生产方式在舞蹈里面的影响太明显了，以致很多人认为舞蹈老在模仿生产动作。其实，舞蹈中出现生产动作往往并非模仿，例如有些渔民出海打鱼，他把网撒在海里，绳头带回来，然后一家人往回拉，要三个小时才能上来。就这样一个拉网的动作便要重复三个小时，因此我便理解为何有关打鱼的舞蹈，其典型动作是龙指手花，这一动作便是这么拉网拉出来的，该动作的形成并非模仿，而是天天重复该动作的舞者，觉得该动作舞动起来很顺，因此跳起来便是这一样式。还有为何蒙古族舞蹈的腿是 O 型的？这是因为蒙古族人常年在马背上生活，腿夹在马肚子上，就夹成了 O 型腿……因此，生产方式是影响舞蹈最多的因素。

最后便是生活习俗的影响。行走和生存环境有关系，这在前面已说过。而在物质生活中，最影响舞蹈的便是服饰。例如大家熟知的傣族女性穿筒裙，这里筒裙的一个特点便是将人的膝盖部位束缚住。因此，在傣族的舞蹈中是绝没有前踢腿的动作的，并且不论怎么往前走，舞者都需要从旁从后将小腿抬起来向前走；但如果步子要迈大一点，舞者便需要将胯部送出去，这都是因为这个筒裙把她给束缚住了。所以服装会对人的动态产生一定影响。

另外苗族人头上戴着诸多头饰，因此在苗族的舞蹈中，你便看不到高山族和佤族那类甩发的大幅动作，而苗族人又想点头，因此苗族舞蹈中的点头点得特别细碎。这也是跟其服饰有关。

所以，任何一个民族舞，只要它是一个自然积淀、自然传演的舞蹈，都可以从这四个方面分析它是如何来的。

## 东西方舞蹈的区别

笼统地说，不同民族、不同地区会有不同的舞蹈，那么这个世界上的舞蹈是否有一个大致分类？中国本身那么多的民族和地区又能否有一个分类？东西方整体的动作风格有没有一些根本的文化差异？下面就跟大家讲一下这个。

目前，对整个世界自然积淀的舞蹈研究最充分的便是犹太籍学者库尔特·萨克斯。为此，他撰写了《世界舞蹈史》这本书。他在写舞蹈历史之前，首先划分了一块叫舞蹈世界的章节，共有四章，分别包括舞蹈的动作、题材类型、形式设计和舞蹈音乐。他认为，要研究舞蹈，就要从沉淀了一定文化内涵的动作开始入手。他没有从不同的外在环境来入手，因为这位学者是以纽约的国会图书馆作为写作资源的，并没有那么多直观的资料，或者是他不认为舞蹈一定和外面的生态有多大关系。他首先把舞蹈分成两个类，即人体活动不协调的舞蹈和人体活动协调的舞蹈。所谓不协调的舞蹈，例如神经式的颤动之类的，你认为是不协调，但其实对舞者而言可能是协调的，因为人不可能去做自己不协调的动作。后面他又把舞蹈分成伸展型的和收缩型的，用我们的话来讲，大部分游牧民族是属于伸展型的，即向外拓展的，而大部分农耕民族的舞蹈是收缩型的。

早前，我们东方歌舞团的一个学者于海燕，将世界舞蹈的人文格局分为八个，分别是中国舞蹈文化圈、印度舞蹈文化圈、东南亚文化圈、波利尼西亚文化圈、阿拉伯文化圈、非洲文化圈、拉丁美洲混合文化圈和欧洲文化圈。我觉得不是特别准确，应该先将东方和西方从舞蹈文化形态上给它划分开来。那么，东方舞蹈的人文格局可以分为中国舞蹈文化圈，包括东亚和部分东南亚；印度舞蹈文化圈，包括南亚也包括部分东南亚；埃及舞蹈文化圈，包括阿拉伯地区和西亚地区；西班牙舞蹈文化圈，包括南欧和拉美文化圈。而西方的就可以分成以英国为代表的西欧、以俄罗斯为代表的东欧以及以美国为代表的北美。

很多人在做东方和西方舞蹈文化比较的时候不完全是以中国为例，有的包括印度的舞蹈文化，有的还包括日本的舞蹈文化。一位台湾舞蹈学者写的一本书还是比较全面的，他比较了东西方舞蹈的动作的区别。

第一，外射和内收。当然是讲西方舞蹈是外射的，东方舞蹈是内收的。我们通常有一句话，西方舞蹈的外射，就像那个十字架文化，由一个中心向四面外射。而东方的舞蹈似太极图，是盘旋着向内。有一个现代舞的理论家认为人的动作可以分为两种：一类是播撒式；一类是收割式。播散式就好像我们在撒种，就是由内向外；收割式就是由外向内。我们民族舞蹈更多的是由外向内的。

第二，示形和示意。他认为芭蕾的动作不包含具体的意思，但中国的民族舞蹈的动作包含具体的意思。

第三，行圆动方和行方动圆。我们的民族舞蹈要求的姿态是见棱见角的，但是它在走的时候是圆的。可是，芭蕾的动作要求你绝对的圆，但是走的时候就是直线条偏多。关于这一点，我们好多学者研究不够，实际上脚底下一个动作就决定了以后的发展。大家知道，芭蕾一出脚，便是绷脚，那一绷脚，必然走直线。而中国的民族舞蹈一出来要勾脚，勾脚就走不了直线，就只能跑圆场，一绷一勾，就已经决定了它是直线运动还是曲线运动。

第四，重心。重心在舞蹈中是一个极为复杂的问题。西方舞蹈重心偏高，东方舞蹈偏低。我们的农耕文明会相对偏低，游牧文明会偏高一点。但我们维度高低还有区别，男的女的还有区别，还有不同的运动方式也有区别。

## 中国舞蹈文化的构成

中国过去将少数民族称为边疆民族，边疆民族也就是说它可以跨境而居。但是也有一些少数民族不属于边疆，比如苗族等。东部以朝鲜族舞蹈为代表；北部以蒙古族舞蹈为代表；西部以维吾尔族舞蹈为代表；西南部以藏族舞蹈为代表；南部以傣族舞蹈为代表。这样就构成我们的一个舞蹈文化圈。

但是，实际上关于这个舞蹈文化圈的划分不同人有不同的看法。罗雄岩先生一辈子就研究民族民间舞，他有一个分法，便是将中国的民族民间舞分为农耕文化型、草原文化型、海洋文化型、农牧文化型以及绿洲文化型。

李雪梅是北京舞蹈学院一个教地理的老师。她主要是从文化地理学角度来划分，她将汉族舞蹈分成了两块，即秧歌舞蹈文化区和花鼓舞蹈文化区，就是我们讲的汉族的南方和北方，然后是藏族舞蹈文化区、西域舞蹈文化区、蒙古族舞蹈文化区、铜鼓舞蹈文化区。

但是这些分法，我个人认为并不是太理想。因此，我提出了从语系的角度来划分。后来我按照语系把它划分了，一块是汉语族，其实要再分就可以分成南方的花灯舞和北方的秧歌。再一块就是藏缅语族，藏缅语族包括藏族、彝族，在西南基本上是这一块。还有一块就是阿尔泰语系，再有便是汉藏语系当中的苗瑶壮侗。汉语族主要是秧歌；藏语族是锅桩；阿尔泰语系是萨满、跳大神。秧歌的特点就是扭；跳月的特点是踏；锅桩的特点是颤；萨满的特点是摆。它们的功能也是不一样的，汉族过去跳舞就是要祈求丰年、求雨等；跳月主要是求欢，即自由择偶的一个过程；萨满当然主要是治病的，就是逐疫驱邪；藏缅语族是跳丧超度，但现在这个已经淡化了。

最后，我们讲中国传统舞蹈的动态内敛和形体约束。首先是袖手，袖手是农耕文明稻熟拔其穗的产物，然后就是束腰和隆臀，最后是裹脚。中国人对小脚美的欣赏，已经达到了一定的程度。

# "一带一路" 与中国发展创新之路

王　文

## 王　文

中国人民大学重阳金融研究院执行院长、中国社会科学院世界社会主义研究中心常务理事、"一带一路"智库合作联盟常务理事、中国金融学会绿色金融专业委员会常务理事兼秘书长。2011 年"中国新闻奖"获得者。翻译、主编、合著、专

著的著作包括《世界治理：一种观念史的研究》《政治思想中的国际关系学》《真话中国》《大国的幻象：行走世界的日记与思考》《金融是杯下午茶》《欧亚时代：丝绸之路经济带建设蓝皮书 2014～2015》等 15 部。

## "一带一路" 概念的提出

从 2014 年开始，我们调研了很多"一带一路"沿途的国家。我们所想象的世界，和经过"一带一路"调研以后认识的世界，是完

全不一样的。这个世界上有很多国家都在崛起，都在谋求国家民族的伟大复兴。到土耳其，土耳其人就跟我们说，你们有中国梦，我们土耳其也有土耳其梦，你们中国有两个百年梦想，我们也有一个百年梦想，就是到 2023 年土耳其共和国成立 100 周年的时候，土耳其要成为全世界十大经济强国之一，伊斯坦布尔要成为全世界最重要的六大城市之一。到伊朗，伊朗人也告诉我们：我们有伊朗梦，我们寻求伊斯兰的复兴。到中亚的哈萨克斯坦，我看到这个国家太伟大了。在哈萨克斯坦的首都努尔苏丹，我去了它的博物馆，一进门就看到一幅硕大的地图，上面标明了哈萨克民族在历史上的伟大事迹。到波兰，波兰人讲述他们伟大的历史。到埃及，发现埃及的历史更加悠久。到希腊，希腊人也为他们的民族感到骄傲。走一路，会发现每一个民族都是伟大的，每一个民族都渴望自己的强大，每一个民族都在寻求往前发展。如果你不到全世界走一圈，你会觉得好像只有中国自己在发展，其实不是的。

调研回来，第一个判断，我们必须要重视中等强国。过去，我们太重视头等强国了。中国，当然其他的国家也一样，都太重视美国了，都太重视日本、欧洲了。现在突然发现，土耳其你该不该重视？当然该重视。土耳其是中东非常重要的一个强国，甚至是中东最强大的国家之一。伊朗需不需要重视呢？当然需要重视。印度需不需要重视？当然需要重视。哈萨克斯坦需不需要重视？当然需要重视。波兰、埃及、肯尼亚、埃塞俄比亚、希腊、南美的巴西和阿根廷等都需，有太多的中等强国了。

第二个判断，就是现在中国真的已经达到了梁启超先生讲的第三阶段。100 年前梁启超先生曾经讲过中国发展的三个阶段：第一个阶段是中国的中国；第二个阶段是亚洲的中国；第三阶段是全世界的中国。所以看待这个世界的时候，你不是从中国的视角去看待世界，你也不能从西方的视角看待这个世界，要从全球的视角看待世界。

今天就从全球的变化讲起。全球到底是什么变了？学术用语把它称为"全球的转型"。这个转型有以下三大特点。

第一大特点叫全球重心的亚太化。就是全球的重心转移到了亚洲，即太平洋西岸。一千年前，当时宋朝的经济占全世界的一半左右，我们是文明古国，有四大发明，还有非常强大的军力等。那个时候，全世界也有很多帝国，但是中国那个时候是非常富有的，这是世界历史上公认的事实。随着工业化革命和工业化的兴起，世界重心逐渐从东方转移到西方，转移到大西洋沿岸。到 20 世纪的时候，整个大西洋的沿岸国家，包括美国、英国、法国、德国，这些国家成为整个世界的重心。到了 21 世纪，整个世界的重心又开始向东方转移，因为财富逐渐东移了，东方越来越强。

到 21 世纪末，亚洲的财富资本总量，将会占全世界的 60% 以上，这是亚洲的崛起，以中国为代表的亚洲的崛起。亚洲的崛起，当然也包括印度、土耳其，以及东南亚国家共同的崛起。

2015 年，中国 GDP 的增长量就相当于瑞典一年的 GDP。2016 年，中国一年创造的就业相当于德国的 5 倍。2016 年中国为世界经济的增长贡献了 39%。这还不是最多的一年。回溯 2009 年，全世界发生金融危机的时候，中国对全世界的经济增长贡献达到 50%。

在全世界十大电子商务市场中，中国是最大的。

中国拥有最多的世界市场销量第一的商品。中国在全世界市场销量第一的商品，是全世界所有国家的市场销量第一的商品的总和。这就是中国作为全世界制造中心的一个重要标志。中国给全世界制造了大量商品，所以现在全世界大约有 130 个国家的第一贸易伙伴是中国。

所以，2013 年中共十八大以后，新一届的中国领导人非常明智地借用了一个古代的概念叫"丝绸之路"。丝绸之路，这个词是德国一位非常著名的学者李希霍芬在 19 世纪末的时候提出的，概括的是古代的时候，中国和西方贸易的交通要道。借用这个词，中国在 2013 年的 9 月和 2013 年的 10 月，分别提出"丝绸之路经济带"和"21 世纪海上丝绸之路"这样核心的概念，这个概念简称"一带一路"。就是在全球转型的情况下，全球重心转到了亚太，尤其是转到中国方位的时候，中国向全世界输出了一个重要的公共产品，就是"一带一路"。

第二大特点是国际互动的网络化，就是未来国际的互动更多地通过网络，通过互联互通来实现。亚欧大陆有很多铁路网，在 21 世纪初使各个国家之间变得更加互联互通。而这个互联互通，促使中国跟每一个国家的贸易变得越来越便捷。

2015 年中国向全世界投资 1400 亿美元，2016 年投资 1700 亿美元，中国已经成为全世界第二投资大国。这也是因为互联互通。越来越多的互联互通，使中国跟全世界的互动越来越频繁。我们投资投到哪了？我们更多地投到了亚洲地区，因为亚洲的互联互通的设施使亚洲变得紧密起来。

第三大特点就是价值观念的分裂化。什么叫价值观念的分裂化？就是 2008 年全球金融危机到现在，全世界越来越多的国家和人民开始怀疑西方那一套价值观。以前，人们学习美国的发展模式：第一，所谓的政治的选举化，一人一票选举；第二，就是经济的私有化；第三，就是市场化，把水、电、暖等都推向市场，由私营公司来安排。这些发展模式，在 20 世纪开始在很多国家推行。但是很多国家这样的实验都失败了，连美国自己也在反思。所以，全世界越来越多的国家开始向往中国。他们问这样一个问题，中国同样一个政党，同样一批老百姓，同样一个国土面积，没有发生任何战争。但是，这个国家过去三四十年就完全变了一个样子，为什么？中国没有走美国的道路，但是这个国家完全不一样了。这使全世界的观念发生了巨大的变化、巨大的分裂。当然有一批人仍然喜欢所谓西方的那套东西。但是越来越多的国家开始去了解、学习中国的价值观，以及中国的发展经验。

全球转型对"一带一路"来讲，有创新发展的意义。第一个意义就是因为全球重心逐渐转移到亚洲，中国希望推进和亚洲各个国家以及欧洲各个国家的合作，共建一条亚洲整合的创新发展之路。第二个意义就是因为国际互动给每一个国家的经济发展带来好处，所以我们要更多地向海外推出我们的基础设施。通过跟全世界合作，把我们的基础设施跟全世界分享，而全世界也需要中国的基础设施，这种互动本身就是创新的发展。所以，全球转型对"一带一路"的创新发展来讲，有非常重要的作用。

全世界在变化，中国也得变。中国不能像过去一样，闷声发大财，独善其身。中国的发展要考虑到世界，要考虑到如何与世界更好地互动，这就是"一带一路"的背景。

## "一带一路"是什么？

我们要怎样来解释"一带一路"？我用一、二、三、四、五、六、七、八、九、十来描述。一，就是一个顶层设计，我们现在已经有了"一带一路"领导小组，有专门的领导小组来负责"一带一路"。二，就是两条共建的主线，即"一带"和"一路"，"丝绸之路经济带"和"21世纪海上丝绸之路"。三，就是三个原则，即共商、共建、共享。四，就是四大丝路精神，即和平合作、开放包容、互学互鉴、互利共赢。五，就是我们经常讲的五通：政策沟通，我们和其他国家要有更多的政策沟通；设施联通，把我们的基础设施更多地跟世界上的基础设施连接起来，连接公路、铁路、航线、海运线，连接我们的通信网络，连接我们的物流网络等；贸易畅通，让我们的贸易频繁起来；资金流通，让人民币与其他国家的货币能够更加互相兑换起来；民心相通，中国跟这些国家要更多地互相了解，在文化、旅游、教育等方面都要更多了解，这就是互通；六，就是六大经济走廊，包括新亚欧大陆桥、中蒙俄、中国—中亚—西亚、中国—中南半岛、中巴和孟中印缅经济走廊，通过六大经济走廊来实现我们"一带一路"的经济建设；七，就是七大对接样板，包括中巴经济走廊、中哈重大产能合作、中印尼的高铁合作、中泰铁路、中白工业园等；八，就是八大合作方向，即基础设施、产业投资、资源开发、经贸合作、金融合作、人文交流、生态保护、海上合作；九，就是九大资金平台，我们有丝路基金、亚投行等；十，就是十个标志性的对接项目，我们跟巴基斯坦、俄罗斯、哈萨克斯坦等有十大对接项目。中国、亚洲、亚欧大陆，通过各个领域的经济走廊、各个产能合作的项目，实现了在亚洲大陆更多的融通，更多地成为一体化的市场。

政策沟通方面，中国跟各国之间的沟通越来越多。我们有许多周边合作的平台，有很多高层的互访，有很多国际性的大论坛，还有国际全面对接的意向。

在基础设施建设方面，推进的速度非常快。比如中国跟很多国家签署了行动计划、基础设施合作协议等。推出的中欧班列，现在差不多有四千辆火车。中欧班列，一条从义乌经过新疆，再到欧洲，还有一条从郑州经过新疆到欧洲，即义新欧、郑新欧。渝新欧，是从重庆出发的。蓉新欧，是从成都出发的等。这就是设施联通。

未来，有可能让亚洲的东部和欧洲的西部，通过各种互联互通更多地连接起来，连接起来以后，沿线就会出现经济的改变和变化，让这个世界，尤其让欧亚大陆，所有的地方都能够亮起来。这本身就是"一带一路"的一个非常伟大的构想，即希望中国自己发展起来，也让全世界发展起来。所以在这个过程中，要推进贸易的畅通。中国与"一带一路"沿线国家的进出口总额越来越大。通过贸易增长推进产能合作。还有非常复杂庞大的资金平台，包括亚投行、金砖银行、丝路基金、中国保险投资基金、中国亚欧经济合作基金、中国中欧投资合作基金等。中国在过去几年，设立了很多投资基金，高达几千亿元，甚至更多。

有了基金以后，还推进了"一带一路"生态的合作、卫生健康的合作、人文交流合作等。在这些交流合作过程中，出现了大量的机遇，我简单概括为八大机遇。第一，出现了更多的宏观经济增长的机遇。因为有了"一带一路"，中国在未来相当长的一段时间内，仍然会保持6%、7%的经济增长。第二，更多的基础设施、互联互通的大项目机遇。第三，国际产能合作方面有重大机遇。第四，贸易投资有重大机遇。第五，自贸区和便利化也会有重大机遇。第六，会产生越来越多的新投融资的平台，在人民币国际化中产生许多机会。第七，海洋经济与旅游经济会出现重大转机。第八，能源资源的生态化的机遇。

## "一带一路" 所面临的挑战

"一带一路" 目前也遇到比较大的挑战。

第一，因为这是中国提出的一个倡议，很多国家还没有反应过来。因为中国过去不是这样的，过去很多人批评说我们闷声发大财；我们也不参与任何冲突；我们也不参与其他的争执，就以经济建设为中心。现在突然间，中国要在全世界有所作为了。有些国家就会揣测中国，所以这个时候我们要更多地去解释、更多地去沟通。有了更多的沟通，才能有更多的理解。

第二，就是中国国内发展的问题。国内很多城市、很多省份都希望发展 "一带一路"，但是这个发展倡议的步调还不够协调。很多省提出的方案很有同质性。你发展这个，我也发展这个，你发展那个，我也发展那个。这个时候，就会产生比较大的各个省之间所谓的同质化竞争，即恶性竞争。

第三，就是中国大量的基础设施建设走出去，而金融运作能力实际上是不足的。我们给全世界建造港口、港湾、铁路、公路、高速等，但建造这些设施的时候，需要大量的投融资贷款。而公路、铁路的回本周期非常漫长，可能需要 10 年甚至 20 年，需要有长期的贷款。金融公司在这个方面的确还跟不上。

第四，就是研究的整体性不足。一方面是学者做得还不够，另一方面老百姓对 "一带一路" 的了解也不够。我举一个最简单的问题，如果我在我们面前摆一幅中亚地图，你们在座各位谁有 100% 的把握能指出中亚五个国家分别在哪里吗？哈萨克斯坦、土库曼斯坦、吉尔吉斯斯坦、塔吉克斯坦、乌兹别克斯坦，你们能指出这五个国家在哪里吗？谁能背出来，这五个国家的首都在哪里？所有人都知道美国的首都是华盛顿、英国的首都是伦敦、法国的首都是巴黎，但是几乎没有人知道中亚五国的首都在哪里。但是你们有没有了解过，中亚的城市阿拉木图乘飞机到中国西部的城市乌鲁木齐仅仅需要一个小时，而北京飞到乌鲁木齐还需要四个小时，深圳到乌鲁木齐需要五个小时，到底谁离乌鲁木齐更近？换句话说，离中国那么近的国家，我们去了解了吗？连它的首都在哪里都不知道，连它的版图在哪里都不知道，整个中国的国民心里就存在世界的巨大盲点。比如问我们世界在哪里？大家的地图中只有美国、日本、欧洲国家这么几个少数的国家。学者也是如此，研究美国的人特别多，研究欧洲、日本的人也比较多，那研究中亚的呢？研究印度的呢？研究土耳其的呢？研究伊朗的呢？少之又少。所以我们实际上对"一带一路"了解不够。

当然还存在投资风险，在西亚投资风险最高，在南亚次之，在中亚，风险相对较低。

## 我们的目标是建立欧亚大市场

我们经济上的一个重大目标是建立欧亚大市场。怎么推进呢？首先就是往西走，"一带一路"当然是往西，还要往北走，也要往南。往南就是要构建中巴经济走廊，往南走还要构建一个走廊，就是中缅印孟经济走廊，即中国、缅甸、印度、孟加拉国的经济走廊。通过这个走廊，我们还要跟中南半岛合作，跟东面合作。另外我们也要跟日本、跟太平洋沿岸国家合作。通过自贸区以及区域全面经济伙伴关系（RCEP）推进跟太平洋沿岸国家，包括澳大利亚、新西兰、美国这些国家的更多的自贸区合作。然后通过北方的道路，跟俄罗斯一起开发西伯利亚。那么这个过程，就产生了跨欧亚发展带。

在这个发展过程中，就出现东北振兴战略和俄罗斯的东西国家战略的对接。北边还有一条北方航线，通过北冰洋也可以运货到达北欧。那么，这里有一条线就是我们的新亚欧大陆桥，从中国的西部一直修到波罗的海。更重要的是，从波罗的海还有一条线可以修到印度洋，那么这条线，我们称为南北交通要道。这里面还有美国提出的新丝绸之路。最后跟美国进行合作，最后形成一个统一的欧亚大市场。

当然这里有中国的一个理想，就是希望通过互联互通，即贸易畅通、设施连通、资金融通、民心相通、政策沟通，能够让欧亚这个市场变成统一的大市场，变成能够贸易便利化、金融投资便利化的统一的大市场。过去我们的市场是两通，即在欧洲一通、美国一通，忽视了亚欧腹地的发展。而现在整个亚欧腹地变得更加一体化，这个一体化是中国为全世界做出的巨大贡献。

2017 年 5 月 14 日，习主席主持召开了"一带一路"国际合作高峰论坛，取得了非常大的成果。比如在这个国际论坛里面，中国在五通上取得了 76 个大项、270 多项的具体的成果。中国更多地加强了与各个国家的项目合作，跟 20 多个国家签署了关于运输、核能、水资源、港口、信息、发电、基础设施、水利、班列、港口的工业区、公路、机场、轻轨等领域的合作意向。中国还跟 30 多个国家签署了贸易方面的协议，进一步明确中国要向"一带一路"的建设增资7800 亿元人民币，而这 7800 亿元人民币能够发挥杠杆作用，撬动 8万亿元人民币投入"一带一路"的建设中。中国在行动，中国的行动也让全世界跟着中国在行动。

## 对深圳创新发展的建议

最后，在"一带一路"的大背景下，对我们深圳的创新发展提出我的四点建议。

第一个建议，我认为要从理念上认清"一带一路"改革开放 2.0的意义。我们现在很多老百姓、很多学者，还没有认清"一带一路"的意义。很多学者说，"一带一路"只是一个暂时的现象。这是不对的，如果你真的那么想的话，你一定落后于时代了。所以我们人人都应该去理解"一带一路"的内在含义，每个人都可以为"一带一路"做出贡献，比如大家如果出国旅游，就尝试去一下中东，土耳其、伊朗，还可以去一下印度、巴基斯坦、斯里兰卡，去一些你过去没有想到的那些国家旅游，你会发现这个世界还有另外一面。

第二个建议，我认为每一个人，尤其是中国的企业家，应该去钻研"一带一路"。因为钻研"一带一路"，你会发现又找到了企业的增长点。我看到许多企业家在"一带一路"的推进过程中，找到了自己的方向。我在埃及看到了中国的企业家，通过产能的合作把中国的企业转移到了埃及和开罗，并获得了很大的利益。我看到一个浙江的企业家，他把服装厂转移到了坦桑尼亚，这是个非常著名的牛仔裤品牌。坦桑尼亚女工的工资才六百元人民币，而她们做的牛仔裤的质量，能够达到中国人做出的牛仔裤的大概九成的质量。你想想企业家把这个服装厂转移到坦桑尼亚，成本将会下降相当大。产能合作是相互得利的，中国工厂能够减少成本，而对方国家也提升了就业率。这些年，我觉得广东这方面做得还是相当不错的，例如华为、腾讯，它们在国际化这一块中做得相当不错，也都是瞄准了"一带一路"。

第三个建议，就是要提升我们的风险偏好。我发现深圳市民的风险偏好没有像 20 年前、30 年前那么大了。有些深圳人说"一带一路"有风险。风险永远跟利润是成正比的，深圳人应该是个不怕风险的群体。"一带一路"就是我们第二轮的改革开放。深圳人应该在这个时候勇于、敢于冒风险，获取更大的利益。

五

养教育才

# 我们的孩子未来工作在哪里

## ——人工智能时代的家庭教育对策

赵 刚

### 赵 刚

东北师范大学家庭与学校合作教育研究中心主任兼家庭教育专业研究生指导教师。中国家长与教师合作管理委员会（CPTA）理事长、中国教育学会家庭教育专业委员会副理事长、教育部《关于中小学家长委员会建设指导意见》的主要起草人。多年来致力于家庭教育、家校合作等领域的研究与推广。主持国家"十一五"重点课题《构建符合中国国情的家长教育体系的研究》。主要著作：《中华家庭教育学》《家长教育学》《现代家政学》等。

## 信息化时代，职业更加个人化、工作平台化，重复性工作将被机器人所取代

我的主题是"我们的孩子未来工作在哪里？"现有研究表明，10

年到 20 年之后今天人类的职业，可能有 50%～60% 在这个地球上消失。如果今天你的孩子读小学，孩子大学毕业以后，他所从事的将近一半的工作，在今天的地球上都还没有产生。因为技术的发展，以及人类职业的分工，已经使我们的孩子没有现代意义的工作可做。现代意义的工作：单位、上班、公司，是工业革命的布局。它的特点是什么？产业不是你的，你不会为工作结果负责。未来的时代，一切都是透明的，甚至你做公司没有现在的利润可赚。因为商业寻找物价的差别，现在很多东西都是透明的了，你如果有很大的物价差别，恐怕不会有顾客买账。

信息化时代的人类有太多传输工具，人工智能互联网时代就可以去添加工作。因此，传统意义上的公司和用人单位的体制已经被打破，传统学校背后的那种整齐划一、共性培养模式正在逐渐地走向黄昏。那么，家庭如何根据孩子的特点，给予精神上的支持、发挥人生引导的功能，越来越被重视。所以，家庭教育必须改变。中国有一句话，即"三岁看大，六岁看老"。人的成长过程中，家庭是教养的起点，尤其在入学之前，80% 的智能、心性、习惯都是在家里面培养成的。德国有一本书叫《小脑袋大世界》，里面有句话与中国的这句话不谋而合，说一至七岁，不到人生的 10%，但是决定了人生的 70%。人的智力、心性、习惯都在这前七年形成了。

马卡连柯曾经说过一句话，教育工作什么最有效，就是力争一开始就把一切都做对。做得越早，孩子的人生质量越高，赢一辈子。什么都做对也很难，但是我们做的工作叫力争。

在这个变化的时代，你是否还有应对相关变化的准备？大家可以看一组数据，人类从发明了第一台电脑到出现了互联网，用了 44 年。互联网出现以后，到现代意义上的网上商业出现，人类用了 5 年。网络购物，迅速打败了传统的实体商店，滴滴打车、顺风、优步，迅速分割了出租车的市场。自媒体迅速地革了传统报纸媒体的命。网上直播，冲击了电视台，电视台的受众率也逐渐下降。人们接受传媒的多元形式的改变，支付宝部分地取代了实体银行，平台化逐渐取代公司化，你会发现互联网使每个人都可以实现个体的劳动。超级个体的崛起，将成为未来的职业的一个特征。未来的职业可能是什么呢？未来可能是人与人之间长期网络联络，实现工作和情感的互通。你会发现，人们可以实现多元化的工作，也许你的工作伙伴可以在这个地球上任何一个角落。我在1984年大学毕业后从事出版工作。办一个出版社要招哪几类人呢？文字编辑、美术编辑、发行人员、校对人员、办公行政人员，这些人招全了，那就是一个单位。现在，出版社的工作形态变了，文字编辑改名叫策划编辑，不再是以伏案修改文字为主了。策划编辑的工作是什么呢？是研究选题，寻找选题的经济价值和社会的影响力，修改文稿可以找其他的人，校对人员也没有了。一个出版社往往有一个校对科，有一个小女孩，可能就扮演着邮递书稿，往很多的校对人员家里去送稿这样的一个角色。我的校对人员，很多都是那些报社退休的老编辑、大学退休的老先生。我根据文字内容的难易程度，阅读每千字从一块到五块钱不等。他们除了自己退休收入之外，每天阅读，一个月能拿到几千块钱收入，很高兴。出版社没有美编了。我现在的设计工作交给了周边个人的文化工作室和各种文化创意公司，需要什么就找谁去画。现在很多的工作都是平台化。

以往传统社会中，家庭背景、社会背景、学历、社会人脉决定你的社会地位和寻找工作的水平。以后人们追求的更多的是什么呢？知识拥有量、创造能力。你是否有自己的绝活？有自己的特色和个性？这可能是区分一个人很重要的标准。你会发现，传统的用工制度都是公司＋员工，每个人都是被动劳动、被管的。那么未来的时代，你会发现是平台＋个人，每一个人都想链接，都是自己意义上工作的责任者。你做不好，就意味着什么呢？没有人替你负责。传统意义上的工作，好坏跟我关系都不大。未来这个个体劳动的链接，每个人都是老板，每个人都要享受他的荣誉，承担他的亏损。那么在未来的时代，我们就从被动的劳动走向主动的创造。那么一个人的财富的路线就从你的基本行为、学历走向了能力。最终你在社会上创造更多的财富靠的是什么，这就是你的美誉度、信誉度。今天这个德的话题，在未来人工智能的时代被提到了很高的高度，人格决定你的财富。

整个技术革命在改变我们的生活和工作模式，我们的社会形态随之发生巨变。中国改革开放多年来，依赖资源和低劳动力成本，今天，资源被挖得越来越少了，劳动力成本越来越高了。所以，中国必然要从制造大国转向创造大国。李克强总理说，中国的发展方式必然从依靠自然资本，转向依靠人力资本。其背后就是这个原因。

我最近阅读了美国两位学者的书《与机器人共舞》，其对 1960 年到 2009 年人类这半个世纪到底产生了多少新职业做了一个研究。研究的结果是，传统三百六十行这个概念已经没有了。说人类不论产生多少新的工作，人类的职业不外乎分成五大类：第一类工作属于信息处理类工作，分析问题、解决问题、脑力劳动，这将是人类的主流工作；第二类叫解决弹性问题的工作，脑体并用，高智力、高体力工作，最典型的是外科医生；第三类工作叫弹性手工，这就是重体力又技术含量很高的工作，如 NBA 球员，对体力要求是很高的，但是它的技术含量也是非常高的；第四类工作叫非弹性手工，就是那些没有多少技术含量重复性的劳动，如流水线的包装工；第五类工作是非弹性认知，别看你坐办公室，你那些工作几乎也没有什么技术含量，总是重复昨天的工作。这两位学者发现，由于这半个世纪的两大发明，一个是电脑，一个是机器人，人类工作开始出现一个进化的特点，即产生的新工作不断增加，像你过去都没有听说过的，包括金融分析师、精算师，甚至还有二手车鉴定师，而后两类的工作逐渐减少，甚至消失。为什么？因为后两类工作都已经被电脑和机器人取代了。因此，他们得出一个结论，凡是人类的工作可以标准化、流程化、逻辑化的，将会大量被机器人取代。人类的特点决定其将在智慧、判断和决策的领域中寻找到工作。因为机器与电脑和活人相比，它的优势是快速、准确和效率，而人的优势是智慧、判断与决策。

今天富士康集团逐渐引入机器人去取代人干活，就避免了枯燥带给人的无望。现在富士康生产线已经部署了 4 万台机器人，稳步推行机器人生产计划，实现了黑幕工厂，24 个小时不停地工作，不需要点灯，且快速、准确、高效。

机器人不仅取代以往的蓝领工作，很多的白领工作也已经被机器人取代了。高盛公司在纽约交易的部门，由过去的 600 个交易员，减至两个交易员，因为大量的工作都被电脑、编程程序完全取代了。过去很多人要经过 3 万个小时进行大量的计算工作，华尔街第一大投资银行摩根大通研发了一个软件叫 COAN，可以在几秒钟完成。谷歌的两个总裁写了一本书叫《谷歌模式》，他说，21 世纪最抢手的人才就是灵活的创新者。灵活的创新者是什么呢？就是头脑灵活、求异思维，他有财富追求，善于与人合作，有自己人生发展的格局。我阅读《参考消息》，奥巴马时期的副总统拜登，到宾夕法尼亚大学演讲。演讲之后有一个中国留学生问他，总统先生，与你们美国相比，我们中国还有哪些差距？这个总统没有直面回答问题，说，中国是一个发展中的国家，我们期待它的成长。但是我们今天的美国，拥有比较完善的风险投资机制和比较完备的高等教育体系以及比较完整的法律体系。接着他又讲了一个故事，乔布斯曾在斯坦福大学演讲，也是中国留学生问了他一个问题，说乔布斯先生，我怎么样才能成为您那样的人？乔布斯回答说，你要想成为我那样的人，你就要有另类思维，那就是创造和创新的思维。

## 我们孩子未来的工作在哪里呢？

那么我们孩子未来的工作在哪里呢？我在阅读伦敦商学院格兰顿教授的一本书。其中有几个观点，我觉得可以推荐。他说的第一句话是，不能培养跟机器人抢饭碗的孩子。我们对孩子的启蒙和培养，要从强制性基本知识的记忆走向创造性思维。记忆八百首唐诗宋词，而电脑可以储存到八万首；学会使用工具是人的核心素养，未来人是工具的主人。人类的三大能力是什么？就是数字的处理能力、阅读的能力和信息的判断能力。孩子的阅读水平的高低和质量，直接决定了他的高度，所以国家高考的发展方向，就是大量地把传统文化和阅读能力作为一个重中之重。这是一个信息爆炸的时代，很多的信息莫衷一是，但是在信息的检索能力、媒体修养能力上，可以看出人和人之间的差别，人家可以在垃圾中拾到黄金，但是很多人看到的都是垃圾。

教育最有价值的东西是什么？未来的教育就是发现一个人的天赋和兴趣，找到这个人的优势，最终把这个优势保持下来。多元智能理论认为，每个人来到这个世界上一定有他的特长，这个特长与社会之间的衔接，才形成了社会当中有价值的组合。一个人未来的高度、地位取决于他的眼界、视野、心态和心怀。因为在未来的社会，人类工作形态发生了转变。过去工业革命是把人变成机器，今天的智能时代实际是把机器变成人。大量的工作都可以让机器去工作，那么人类要永远地掌控机器，需要的就是人类的智慧、判断和决策。农耕时代，男人就是力量，牲口就是财富；人类进入工业革命时代，知识就是力量，技术就是财富；而人类走向信息时代，信息就是力量，眼光就是财富。

中国改革开放多年来，深圳这么多人，为什么有的人是富人，有的人还是穷人？我记得 20 世纪 90 年代，很多单位发行内部职工股，有的员工拒绝，认为是摊派，有的人果断出手。3 年之后，1 块钱变成 15 块钱、20 块钱了，他成富人了，你还是穷人。差别在哪里？那就是眼光。

互联网使每一个地球上的人都可以汇集到那里去，你有码头，就有船停靠，有可能停靠一个万吨的轮船，哪怕来一个舢板船，你也要欢迎。未来的时代，不仅要讲逻辑，还要懂关怀。因为未来人讲究情感，人性的升华。讲道理似乎有用，但是人性之间更多的是连接。未来的时代，可能是鸡犬相闻，老死不相往来。传统意义上的单位，同事之间会闹矛盾，会产生各种隔阂，而在未来的时代，两个人闹矛盾的机会都没有了。人类的情感需要多种工具的表达，一个人不仅要严肃，还要会玩儿，玩的能力是一个人品性、德性的实在的表现。一个人不光要会赚钱，还要懂得生活的意义。我们即将从物质意义的时代走向一个精神意义的时代。我们要跟踪这个时代的变化，才能引领孩子人生的成长。让他在这个时代当中不断地适应，不断地寻找未来生活的地位。那么背后就是我们成人有没有能力引导这个家族成员不断地提升。

## 未来教育的重点在哪里？

那么，变化的背后你会发现人类的职业的角色也在不断变迁。工业化的时代主角是工厂和工人，进入资讯时代主角变成知识分子了。未来的时代，有创意的人会引领格局，背后就是教育格局在转变。现在中国家长头上都有一根高考指挥棒，现在就得让孩子去补习，逼着他学习。但是社会发生了变化，老模式也要变，国家高等教育的格局也在转变。有研究表明，到 2020 年前后，那个时候即便把所有想上大学的人都给录进去了，还缺少生源接近 300 万。这背后是什么问题？上什么大学的问题，学什么专业的问题，能不能找到工作，找到工作能不能站住脚跟的问题。后面的两个问题都是素养和能力的问题。中国和国际社会一样，从一个学历社会走向能力社会，这是一个必然的趋势。

未来的大学，它将建立在线上学习和线下学习的相互结合上，很多传统意义上的课堂教学会被技术改变。你的孩子没被哈佛大学录取，但是哈佛大学大多的课程已经可以在线上学习。你支付 5 美元，你就可以购买网络课程，如果网络课程经过考试达到一定的学分，你一样也可以拿到哈佛的文凭。未来的大学，你回到钢筋水泥的传统学校，它更多的是什么？校园的实操体验，人际关系的处理。教育格局在转变，师生关系在转变，人类教育的优化的形式在转变。传统学校学制过长、效率低下、校园暴力频发等弊端不断地涌现出来，不断地受到诟病。现在，人类教育的格局转向了一个新的形态，即家庭选择优质教育和学校教育的基础功能进行结合的时代。因此，学校统治教育格局的时代已经被打破。在一个人一生的成长当中，如果你把教育都寄托给共性的标准化的学校，你的孩子不会受到优质的、有高度的、有层次的教育。孩子上当地的名校，叫接受优质教育吗？在人的一生成长当中太多的是学校教育无法代替的，比如为人处世、谈吐习惯，这些东西学校没有开课，孩子更多的是受到家族的影响。学校教育是公平的、义务性的，是一个基本大众层次的。但是今天教育从这个层次走向了优质化和个性化的教育，人类的教育走进了家校共育的时代。

未来社会当中，一个人的社会的高度、素养、能力，更多的不是学校所带来的。背后是什么？从以往的文凭认证走向能力定岗，这是未来发展的趋势。弗里德曼的书《世界是平的》中有一句话我印象很深，他说，学历不能证明能力，世界只在乎你能做什么。至于你在哪里学的，怎样学的，还重要吗？未来是给一个人敞开无限发展机遇的社会。孩子如果有创意，有自己的个性、自己的特点，那么通过跟社会的连接，也可能你的家里就诞生出未来的比尔·盖茨和乔布斯。在未来社会，什么样的人才能站得住脚？我记得美国一个著名的专栏作家丹妮尔·平克说，未来人的核心的能力是什么？是设计感、讲故事的能力、整合事物的能力、共情的能力。未来人必须会跨界，你一辈子学啥干啥的可能性没有了。未来一个人可能一生要经过 10～15 个工作岗位的转换。未来人类的财富高低取决于什么，取决于你的人脉、你的圈子。如果你的孩子不会合作，不会交朋友，这是致命伤。

未来社会被淘汰的人有以下八种。

第一种，凭一纸文凭定终身的人。

第二种，对新生事物视而不见的人。出现一个新生事物，他总从负面去否定它，这种人永远发不了财，不是财富的占有者。

第三种，不会合作的人。你单打独斗，你就没有财富。

第四种，心理脆弱的人。

第五种，技能单一、没有特长的人。你这个行当很快会消失了，你不学习，就会这一种工作，可能就没有饭吃了。

第六种，计较眼前，目光短浅的人。

第七种，智商高、情商低的人。

第八种，观念落后、知识陈旧的人。

5 年前，我曾对 5000 家机关、企业和事业单位做了一个问卷调查。问题是，你们单位喜欢近 10 年进入你们单位工作的年轻人哪 10 种素质？收上来问卷，发现用人单位最欢迎的 10 种素质是诚信、沟通、合作、谦虚、务实、勤快、细节、责任心、谨慎言行、大智若愚。文凭的关注度排在第 17 位。不输在起跑线上，不仅是学业能力，更重要的是社会的适应能力。

美国的《纽约时报》说，中国的留学生有诸多特点：考试能力强、数理能力强。但是中国孩子生存能力、与人合作的能力、责任担当、关爱的能力有所欠缺，这些是中国教育所缺乏的。为什么缺乏？我们的教育只重智能，忽略了体能；只重智商，忽略了情商。我曾经给中国的家长编了一本书叫《一百位企业家给家长的忠告》，这本书现在是网络畅销书，卖了五六年了。我发现企业家看教育问题，角度非常独特，有的人看问题一针见血。为什么同样的年轻人，在职场中有的上去了，有的被炒掉了，差别在哪里？来的时候，文凭都相同，差别在于做人的能力。

著名华为企业的老总曾经给我讲过一个故事，华为企业刚刚进入深圳的时候，大家知道华为起点是高标准、高工资，对员工的要求也非常严格。有一次给 30 个人考试，笔试结束之后，主持人说，请跟我参观我们的生产区。中间路过一个水房子，水龙头哗哗流水，所有人都嘻嘻哈哈一走而过，只有其中一个女孩子顺手拧死了。来到了开阔的地带，那位主持人对 30 个考生说，经过考试，我现在宣布录用结果，这次考试我们只录用了这位女同学，其他 29 人请另谋高就。这一说，29 人不干了，质问我们成绩差在哪里。这位主持人说，既然你们如此想问，我就告诉你们原因。刚才路过的水龙头哗哗流水，就是我的一道考题。你家水龙头这么流水，你都不把它关上，你是不是一个败家子，我们的企业能录用一个败家子吗？一句话把 29 个孩子说得哑口无言。你会发现，我们人生适应职场的能力，更多的是来自家庭教育的智慧引导。因此，今天专业的学习，即生产性的教育，只有与家庭生活性的、适应能力的教育相结合，才能寻找到他应有的位置和高度。

人生成功只有 20% 靠智商，80% 靠情商。太多的家庭把精力、财力都放到那 20% 的智商培养了，认为考试能力替代了一切。在未来，你可以当学霸，但是你成为不了领导者，当不上老板。人到中年，社会认可的是你为人处世的诸多的能力。你的智商可以决定成绩，而情商决定成功。过去说，宰相肚里能撑船，考察宰相的是他的包容、胸怀和心胸。

我给大家举五个孩子的事例，你就可以看出今天的教育我们应该反思什么。第一个孩子，10 岁考入北大物理系，一路念到美国大学拿到博士学位，才 28 岁，前程如何？大家猜猜；第二个是农村孩子，全国物理比赛考试拿过二等奖，考入了云南大学，前程如何？第三个高中没有毕业，这个人将来在社会上发展如何？第四个，成绩三流，数学尤其糟糕，考大学两次没有考上，第三次考上了一个专科，前途如何？最后一个，14 岁就是申奥形象大使，4 岁学习钢琴，8 岁学书法，请的都是名师，读的是名校，中国人民大学附中。我把这五个人的真实身份告诉你都是谁。第一个叫卢刚，美国校园里最大的枪案就是他制造的，杀死了三个大学教授和一个副校长，把同寝室的中国留学生也打死了。这个孩子从小就是学霸，考试成绩拔尖，但生活能力被学校、家长都包办了。为了上清华、北大，不遗余力。一个智商高、情商低的人就这么报销了。第二个就是典型的智商高、情商低的案例，云南大学学生马加爵。这个农村孩子自卑，结果他发现和同学的关系渐行渐远，总觉得别人都在嘲笑他是农村人。所以，这种矛盾的冲突不断升级，最后他半夜举斧砍人，亡命天涯，最后被捉拿归案，以命偿命。第三个高中都没有毕业的人，他所有的爱好、特长被他不断地发挥，执着地追求，这个人就是韩寒。第四个考上专科的孩子，他有信念的追求，有顽强的性格，有一个自己的格局。他自己有一句名言：我不知道什么叫成功，我只知道什么是失败，我倒下一次爬起来，倒下一次再爬起来，我离成功就更近了。这个人就是创建了阿里巴巴的马云。最后那一位，你只能在北京郊区的某个监狱找到他——著名歌唱家李双江的儿子李天一。这五个人中，一、二、五本来有着美好的前程，但是其家庭太注重智能培养，忽略了孩子的德性、家庭的教育，这是孩子失败的一个重要原因。另外两个人学历并不高，但是他们在人生当中找到自己的位置了。所以，教育根本的目的就是让每个孩子在未来的社会中都有用，让他找到自我。这就是我们家庭教育应该关注的出发点。

# 高等学校资源配置
# 与"双一流"建设

杜育红

## 杜育红

北京师范大学教育学部教授,
博士生导师。北京师范大学教
育经济研究所所长。中国教育
学会教育经济学分会理事长、
中国教育会计学会常务理事。
荣获"第三届全国教育科学优
秀成果"一等奖和"教育部高
校优秀哲学社科学成果"二等
奖。主持省部级以上项目近20
项,出版学术著作、译著20余
部,发表论文、提交咨询报告120余篇。

## 我国高校面临的一些问题和哈佛大学的做法

"211"是20世纪80年代末期提出来的,即21世纪要重点建设

100 所高校；"985"是 1998 年 5 月北京大学百年校庆的时候，提出要建设若干所世界一流大学；2016 年又提出要建"双一流"大学。实际上这三个政策从内在讲是连贯的。关于高等教育，党的十八大提出高等教育内涵发展。为什么提内涵发展呢？过去 20 年，是高等教育发展最快的一个时期。1998 年有一个特别重要的政策，高等教育开始扩招，扩招政策表面上是我们招生数的扩大，实际上是中国社会发展对高等教育的需求越来越强烈，需要一个特别强大的高等教育来支撑我们经济社会的发展。快速发展有的时候也会带来一定的负面效应。一定要停一停，回头调整一下，然后有更好的能量再进一步升级发展。过去 20 年我们相对更注重外延式的发展，即规模的扩张。今后一段时期可能更关注内涵的发展，就是质量的提升。

从这个意义上讲，"双一流"面临的挑战，可能比过去 10 年、20 年还要大，因为我们做的事情更难了。过去 20 年的高等教育的发展，一个最大的效应就是跟世界一流大学的差距在逐渐地缩小。10 ~ 20 年前，如果我们引进一个海归人员，人家提的问题不是待遇低，最大的问题是，人家回来没有相应的实验条件开展工作。这说明我们大学的这种基本的办学条件、科研条件跟国外的差距是非常大的。这些年经过"211"和"985"的建设，国内一流的研究型的大学，在人才储备和教学科研条件上已经具备了跟国际一流大学竞争的基础。但是还是有很大的差距。差的什么呢？差的就是我们内涵的地方。通过"双一流"建设，把我们的实力、条件和能力充分地发掘出来，这就是"双一流"跟过去"211"和"985"最大的区别。"双一流"建设，将更多地关注大学综合改革，关注大学的体制机制，关注大学的人财物，思考如何为大学的教学、科研、学科建设服务；大学本科教学、研究生教学、科研到底怎么搞；这些工作，需要什么样的条件和制度来支撑它。

一提到一流大学，大家一定会想到哈佛大学。哈佛大学是一个历史悠久、在国际上也特别有影响力的一流大学。围绕"双一流"建设相关的问题，哈佛大学到底给我们什么样的启示？

第一个方面，学科设置。提到哈佛大学，我们刚才讲了，看大学不仅要看大学名气，还要看学科设置。学科首先看什么，就是看学院。哈佛大学到底有哪些主要的学院呢？有文理学院、商学院、法学院、医学院、政治学院等各种各样的学院。那么文理学院跟医学院、法学院、商学院的最大区别是什么？哈佛大学所有的本科生，都在文理学院。那么则意味着商学院、法学院、医学院、政治学院、神学院是不招本科生的。这是哈佛大学很重要的一个特色。从学科建设的角度来看，这也正反映出哈佛大学对于学科的一种理解。文理学院包括数理化、天地生、文史哲，是以基础的文理学科为主的。MBA、MPA等这些学院，也不招本科生，只招研究生。这些是社会声誉比较高的、需要高技能的职业。最简单地讲，医师、律师、教师、牧师这些行业，都是社会地位比较高，需要长期训练的。这是哈佛在学院设置和它的招生上的一个特别大的特色。

我的理解是哈佛实际上把学科至少分为一个基础学科，一个综合实践学科。为什么呢？综合实践学科，对应的是社会上高度专业化的职业或者领域；而基础学科、数理化、天地生、文史哲是一个知识体系，或者是一个学科，并没有对应社会某个职业。哈佛的本科生教育是不关注职业的。它关注的是，你学的什么，作为一个高级人才，你必须具备哪些东西，你必须掌握哪些知识和技能，我要训练你这些东西，但不是针对某个行业进行职业训练。如果你对某个职业感兴趣，毕业了你可以去读一个专业学位，然后你可以当教师、当医生、当律师等。这是哈佛在学科上的一个最基本设计。

哈佛的本科教育特别强调的是通识教育。在哈佛的历史上，有多次的课程改革，尤其是本科生的课程改革。那么这个课程改革的核心都是在回应哈佛到底要培养什么样的人才？适应经济社会发展的要求，哈佛要培养什么样的人？然后根据培养什么样的人来设计课程体系。因此，像哈佛这类的高校，它的前身是一个文理学院，是不太强调职业训练的。它认为，本科生阶段最重要的是，掌握人类思维发展过程及其对自然界的认识，对社会的认识，对各个方面认识的最高的知识。它更注重的是掌握知识过程中的思维训练和能力训练，通过这些学习，它认为学生就能干很多很多的事情，这是它的一个逻辑。

哈佛的硕士研究生也分两类。一类是专业硕士，一类是学术型硕士。哈佛所有的学术型硕士都在文理学院。也就是说你偏重基础研究，偏重基础学科的，都是在文理学院。而专业学院授予的都是专业学位，所以你在商学院拿的是 MBA，法学院毕业是法学硕士，教育学院毕业拿的是教育学硕士。专业学院只能提供专业学位，这也是哈佛一个很重要的特征。并不是每个学校都这样坚持，包括对专业学位和学术型学位的区别认识，也是有差异的。但是哈佛是很坚决的。到目前为止，哈佛所有的专业学院，如果想要授予 PHD 学位，都必须跟文理学院联合授予。专业学院是没有独立权利授予 PHD 学位的。它可以授予教育学博士，授予法学博士，但是不能授予 PHD 学位，PHD 学位只有文理学院能授予。从某种意义上来看，在哈佛的体制设计里面，文理学院是特别核心的一个学院。而且在哈佛看来，文理学院的基础研究是最重要的。

跟这个相关的是大学里面进行的科学研究。我们刚才也谈到，哈佛文理学院可能相对更偏重基础，而专业学院因为面对一个职业，所以面对医学、教育、法律，以及很多具体的领域。那么，专业学院的研究是否相对来说更实用一点儿？如果比较一下学科的话，我们会发现，专业学院的学科是特别综合的。以管理学为例，你在管理过程中有什么问题，它就从相关的基础学科吸收它的问题。管理学有哲学问题，就有管理哲学；有心理学问题，就有管理心理学；有经济问题，就有管理经济学；有财务问题，就有会计。管理学其实是通过多学科来研究问题的。所以我把管理学称为综合实践学科，面向实践，汲取各个学科的知识来解决实践的问题。同样，我们看到 MBA 的教学为什么跟其他的硕士生教学不一样，它特别强调实践。有很多 MBA 要双导师，既有学术型的导师，也有实践导师。为什么呢？因为最终的目标是要去管理一个企业，到企业做管理工作，没有一线的直接经验的导师，是很难指导学生的。

另外一个问题就是资源配置。一个事情在大学里面能不能有效地持续下去，资源的配置特别重要。有钱有资源，才能把事一直坚持干下去，应该把人和钱配置到它最需要的地方。哈佛的做法是，一个教授跟美国联邦政府去申请科研项目的时候，联邦政府给大学的拨款，一部分是给教授进行科研，另一部分是补偿大学的成本。因为一个大学的教授在学校里进行科研，他需要利用大学里各种各样的资源，图书馆、水电气暖、仪器设备等，这些都是学校要承担的费用。因此，在美国这样的管理体制下，一个大学老师在获得联邦政府的科研经费之后，不仅能获得支持教授研究的科研经费，还能获得间接经费。这种科研经费和间接经费的核算方式，对研究的资源保障和持续研究非常有利。

在哈佛大学的科研体制里面，特别重要的是它通过科研经费聘用了大量专职的研究人员。这些专职人员基本上只做科研，不上课。这就保证了一个科研项目的负责人有足够的人力资源在帮助他运转。而我国大学里面现在很多的大学教授面临的问题是什么？就是有很多的项目，但是没有人干。因为大学里面是很自由的，每个教授很独立，教授和教授之间形成一个团队是很难的。如果能解决团队的问题，通过全成本核算的方式建立科研团队，可能是一个非常有效的途径。

第二个方面，管理。哈佛管理经常说两个问题，一个就是分权，一个就是自治。哈佛在某种意义上有点类似于一个学院的联邦，也就是在哈佛里面，学院比大学更重要。所有哈佛的经费，到了学校之后，首先进入各个院系，各个院系决定怎么使用这个经费。学校怎么获得收入？每个院系在花钱的时候要跟大学交税，大学用学院交的税来维持大学的运转。那么，这个做法的好处是什么呢？就是大学现在变得越来越大。这么大的组织管理是一个无比复杂的问题。怎么管理好一个大组织，最简单的办法是，让其中的每一个小的一级组织有足够的有效性和约束性。哈佛这样的"联邦体制"，实际上每个学院都是一个自主的主体，即有权利对自己的行为负责。某种意义上，哈佛的教授都是学院聘请的，学院有多少钱，它就聘多少教授。学院的预算也是硬约束的，不会出现我们刚才说的问题，即我想干活却没有人。如果给我的钱够我聘人我就干，不够聘人我就不干了。因此，在哈佛，院长是特别重要的。学校和校长保留的权利是什么？第一，院长是他任命的。第二，审核每年的预算。第三，要最终确认聘任的终身教授。

第三个方面，经费的结构和分类的管理。这和前面是有一点儿关系的。哈佛是一个私立大学，它的经费主要由三大部分组成。一部分是学费收入，一部分是科研的收入，还有一部分是捐赠基金的收入。一个学校要运转好的话，一定是在能获得资源的情况下来决定如何配置资源，如何做事的。因此，哈佛在岗位设计上很重要的就是以教学收入为主，来支持它的教学与科研岗位设计。教授职责，也是教学为本，科研是他的一个追求。科研人员，是以科研经费的支持为主。所以，在哈佛，真正工作的人员有上万人，全职聘任的终身教授，可能只有两千人左右，剩下的七八千人可能都是通过各类项目聘任的专职做项目的人员。这样的话，就保证了项目的运转能够有足够的人力、物力的支持，同时，保证了资源运用的合理性。哈佛有一个专门的机构，和我国很多大学不一样，就是一个计划和预算的办公室，把学校发展规划、招生和经费的预算统筹到一个机构来，以此保证整个学校的发展规划和预算之间的有效衔接。

## "双一流"大学建设所要解决的问题

"双一流"大学建设，就是在原有"211"工程和"985"工程的基础上，进一步提升高等教育水平。

第一个方面，大学内部学科之间的差异应该是资源配置，这是首先要考虑的问题。大学这个组织跟其他的组织相比，最大的一个难题就是内部差异巨大。那么，数学系、物理系、化学系与工程学的差别很大，文史哲与自然科学的差距很大，经济学、心理学与文史哲差距也很大。哈佛最基本的划分，是基础学科和综合实践学科的划分。如果从研究范式、教学科研的特点看，这些基础的理学、人文的学科、工学，都是有很大差别的。基础理学，更多的是对自然规律的一个探索。而工学，往往应用了基础理学的很多知识来解决实际问题。工学研究很重要的是以社会的需求为导向，人文学科是研究我们人类的语言价值思维意义，它的很多研究需要长期的、比较扎实的对社会的理解，是建立在综合的基础之上的一种研究。所以，每个学科的特点都是不一样的。在资源配置上首先要考虑的就是学科的差距。

第二个方面，资源的配置要考虑大学的核心功能。教学、科研、社会服务，是大学的三大功能。但是，大学的核心功能就是教学和科研。从历史发展来看，我们大学最早是关注人才培养，德国的洪堡大学重视研究，美国威斯康星大学提出重视社会服务。功能各自不同。在某种意义上，社会服务、社会培训实际是教学的延伸，解决社会问题是科研的延伸，最基本的人力资源的配置，也要围绕教学和科研的功能来设定。那么，从这个角度来说，大学最重要的就是人力资源的配置。

人力资源的配置要依据教学的功能和收入，来设计教学科研的岗位。大学里面除了聘任的教学科研人员之外，各个层次的学生也是大学重要的人力资源。本科生学习多一点，可能实践相对少一点儿；到了研究生，可能实践更多；到了博士生，可能以研究为主、学习为辅。在大学里老师承担本科生教学，或承担研究生教学，或承担博士生教学，意义是不一样的。现在大学很重要的一个竞争，就是博士生的指标。为什么呢？因为博士生是老师工作的一个重要助手。大学的科研，其实就是老师带着博士生、硕士生来做。因此，对于人力资源在教学科研上的配备，就要综合考虑这些特点。在大学教学的人员，包括教学、科研岗位的教师，以博士生为主的各类助教，聘任为综合实践学科服务的兼职教师。大学里搞科研的人员，包括教学科研岗的教师、专职的科研人员、各类研究生及博士后，以及来自实践部门兼职的科研人员。

第三个方面，要关注教学。中国大学跟国外的大学存在一定的差距。现在有很多的家长，还是愿意把孩子送到国外读书。一方面有一个认知的问题；另一方面，我们本身的教学质量确实有问题。我们的质量差在哪里呢？是我们的学生在学习过程中，得到的个性化的指导比较少。一个知识的掌握，更重要的是在学的过程中，尤其大学阶段，是边做边学、边用边学。如果老师只上课，作业很少，也不批改作业，学生怎么知道他要改正呢？但我们的大学还没有从根本上改变教学状况。举个例子，很多同学学英语多年，背一两万的英文单词，最后也张不开嘴，也写不出东西。描述事物时，就那么两三百个单词在蹦，什么原因呢？就是教学过程上存在很多的问题。

解决教学资源重视外围而忽视课堂教学实践环节这个问题，要怎么做呢？我觉得有这几个方面。第一，岗位设置，应该以教学为主设立岗位。哈佛大学的教学科研岗位是以教学为主来设计的。就是你的岗位就是教学，没有教学就没有岗位，就不存在不重视教学的问题。这些年，教育部出了很多文件，要求教授，尤其是知名教授要给本科生上课，为什么解决不了这个问题？核心就是岗位设置和资源配置上没有建设好。第二，就是让教学从外围走到教学过程核心的环节上去，把更多的资源投到这上面来。我们过去重视建设特色课程、精品课程、教学名师、特色专业等。现在我们的钱应更多地花到学生身上，让学生从入学到毕业每个环节都能得到激励。在教学过程中，学生在德、智、体、美各个方面都能得到鼓励。通过设计更多的助教、助研、助管的岗位，让学生既得到实践训练，又能够得到激励。更多的经费应该投到对学生个性化的辅导、更多的实践环节中去。

第四个方面，就是要改变大学内部资源的分配和配置的方式。比如很多国外一流的大学，学生在不同的院系上课。它是有一个内部市场的。内部市场做什么呢？就是物理系的学生到文学院去上课了，根据选课的学分，物理系是要给文学院付钱的。那么这样一个内部的学生市场，也是让学生更多地自主选择，让学生更多地跨院系选课是很重要的资源基础。如果没有这样的一个资源基础的话，各个院系会愿意支持这件事情吗？所以，必须要有相应的资源配置政策来做保证。

社会需要复合型人才，学科高度交叉融合，科学和技术的界限越来越不明显了。这些特征如何在我们的课程中和学生的学习中得以体现？除了学校提供之外，学生可以自己选，自己构建自己的知识结构。哈佛共有八大类核心课程，学生在其中去选学分，这就保证了学生有一个特别宽广的知识基础。我们很多的学生，之所以培养后劲不足，就是在打基础的时候把面扎得太窄了。在进行拔尖人才培养过程中，比如说，数学系拔尖人才的培养，就是把数学学得更尖更深；而生命科学学院的院长认为，生命科学院的拔尖人才培养，除了要学习生命科学之外，更重要的是把数学学好；物理学院的教授也会说，把物理搞深了的基础是数学学得好。各个学科对拔尖人才培养的理解存在差异。

第五个方面，要厘清科研生产的方式，有效地配置科研资源。我国的大学在文章发表以及科研经费方面，已经可以与国外一流大学竞争。但差距是什么？就是重大的原创性成果太少，真正解决经济社会发展问题的能力不足。深圳是一个科技创新的中心，社会提出了很多的需求，大学能不能拿出自己的解决方案？科研是一个特别复杂的事，各个不同学科之间的科研差别也是非常大的。如果没有充分地研究每个学科的科研怎么做，没有结合做科研去配置资源和组织科研的话，我们的科研是很难达到目标的。

在科研方面要提高水平，有几点要关注。

第一，提高对基础研究和应用研究的差异的认识。比如现在推行改革，推行终身教授制。终身教授，很重要的一个逻辑就是这个教授水平很高，教授可以自主进行研究，自己想做什么研究，就可以做什么研究，而不用别人去监督。就是说，终身教授是一个自律的人，我们信任他能在自己的领域中做高水平的研究，这就是终身教授的逻辑。从某种意义上来说，终身教授可能更适用于我们的基础研究，而应用性研究如果没有一个硬性规定，就很难推进。应用性研究，一个企业委托你去做一件事情，目标是很明确的，到了时间你拿不出产品来，拿不出技术来，你怎么交卷呢？应用性研究，不是你想做什么就做什么，而是让你做什么你就做什么。

第二，要关注团队生产和个体生产的差别。大学的科研，是一个特别尖端、特别前沿的工作。大学里面对科研进行管理的方式，从经济学来看，是一种比较落后的组织方式。很多教授带着自己的硕士生、博士生进行研究，特别像个体户。个体户怎么能做高效率、大团队的工作呢？肯定做不出来。从解决实际问题的角度来看，我们大学科研的团队活动缺的恰恰就是行政。任何一个组织都是科层组织，没有规矩不成方圆，没有一个有效的组织是不可能干团队的事的。因此，当我们要做大规模的、应用的、解决实际问题的研究时，不是教授自己想做什么才做什么，而是给你任务让你做什么的时候，就需要一定的科层组织来保证这样一个团队的有效运转。

第三，科研经费、科研的直接成本和间接成本的问题。我们的大学，做科研活动时没有进行全成本核算。一个老师拿到科研项目之后，站在学校立场看的时候会发现，科研项目越多，做的科研越多，这个学校的负担就越重。为什么呢？因为科研经费学校是动不了的，只有课题组在使用。但是这个课题组却占用了学校的图书馆、信息、资源、实验室、实验设备、水电气暖，占用了老师的时间。因此，大学的科研越多，学校的运转越难。怎么让这个大学的科研做下去呢？就必须要补偿大学的科研成本，很多间接的成本必须得到补偿。如果不补偿的话，这个科研活动是不可能长期地、可持续地做下去的。

大学对科研活动的全成本核算是非常必要的。刚才我举的是我同事的例子，其实开玩笑说，为什么这么多的人找你干活啊？我说原因很简单，就是你太便宜了，你要价太低了。为什么要价太低呢？因为教授没有感觉到学校的成本，他只是觉得，我这个活需要多少钱。为什么总缺人呢？他干活需要人，他就聘人，学校出钱聘，最大的成本由学校承担了。你只要有一点钱把这个实验的设备、实验的仪器买了，或者能做实验的测试了，你就可以做科研了。但这只是科研的一部分成本，更大的成本是学校成本。只有科研进行全成本计算之后，教师在接课题的时候才会谨慎。现在老师的忙是不正常的，如果实行全成本核算，老师就不那么忙了。

谈到科研活动的复杂，各个学科的差别非常大。做文学研究的教师，可能他有一支笔、一个办公桌，就可以做研究了。做数学研究的教授，大部分也如此，只要有一支笔就可以了。但是做工程的就不一样了。做工程，就需要大型的设备，还有大型的实验室，甚至有试验场，他才能做。大学必须意识到，不同类型的科研差别是非常大的。不同的科研应有不同的管理方式和组织方式，而不是简单的一刀切。

第四，我们现在新的体制叫什么，就是给任务。我不是给你定一个编制，是给你任务。定任务之后，你可以来领一个任务。过去做教授，是想干什么干什么，而现在是要解决实际问题的时候了。所以，管理的方式也要发生很大的变化。所以我说，大学的学术自由、大学的自治是有条件的自由和自治。如果没有考虑到每个学科不同科研方式的差别，简单地强调自治自由，可能就把科研工作简单化了。那么，针对不同类型教授的认知来设计不同科研的制度，可能是下一步提升大学科研水平非常重要的一个方面。

第五，就是预算的硬约束，要厘清校院的两级管理的逻辑。现在的学校都是很大的，那么大规模的组织本身，管理就很复杂。再加上大学每个专业又是高度专业化的领域，每个学科之间有巨大的差别，所以大学是分院系来管理的，分校院两级来进行管理。但是，这会出现问题，就是校院的行为主体的激励和约束机制不健全。最典型的例子就是，每年到进人的时候，各个学院到学校去争进人指标。为什么呢？因为进的人的工资，主要由学校来承担，每个学院为了自己的发展都想进更多的人。

哈佛是怎么做的？它以学院为主体，然后硬约束。就是这个学院能够获得多少资源，你就聘多少人。以资源决定你聘人的数量。甚至你是多聘点儿人、待遇低一点儿，还是少聘一点儿人、待遇高点儿，这都是学院自己的事情。资源就是硬约束。而我们在校院两级责任不清晰的情况下，没有资源约束的概念。所以，每年一说要招人，每个学院都会要很多的人。说明现在大学管理的一个缺点就是我们每一个行为主体的行为约束是不清晰的。至少在院一级，要建立一个硬约束的机制，计算各种收入，来决定聘任的人数。否则的话，不出五年你会发现，一个大学的人员的配置在学科之间、在学院之间，都会存在非常大的问题。

因此，在“双一流”的下一步建设中，很重要的是院系的综合改革，厘清学校和院系之间的权责利益关系。学科很复杂，必须由学院来决定各个学科的科研、人才培养和学科建设。同时，必须把责任交给学院，使它具有责任意识与约束意识。当我们各个学院做规划，不仅知道干什么，还知道自己有多少资源能干什么的时候，我们的管理就比较有效了。当各个院系不敢多要钱，不敢多要人的时候，就说明学校的管理到位了。所以，“双一流”大学的建设，要厘清资源配置的逻辑。只有厘清了逻辑，把教学、科研质量提升和制度的建设有机地结合起来，才能办出真正一流的大学。

# 学校教育的困境与突破

程红兵

## 程红兵

深圳明德实验学校校长。特级教师，特级校长。华东师范大学特聘教授，教育部中学校长培训中心兼职教授。曾任上海市建平中学校长，浦东新区教育局副局长，浦东教育发展研究院院长。享受政府特殊津贴专家。全国"五一劳动奖章"获得者，先后荣获"全国优秀教师""上海市劳动模范""全国师德先进个人"等称号。主要著作：《"瞎子摸象"》《做一个自由的教师》《直面教育现场》等。发表论文200余篇。

## 应试教育、学校、教学、学习
### 和教材都存在很多问题

我曾经写过一篇文章，题目叫作《中国的教育会好吗?》，许多问题讲了十年没变化，许多问题讲了二十年仍然如此，许多问题讲了三十年，可能愈演愈烈。

比如应试教育的问题。在今天的社会环境下，谁都知道这是一个问题，但同样看到这个问题在不断地演化，不断地加速，愈演愈烈。中国的教育会好吗？我想还是会好的。首先第一步就是要正视问题。把问题厘清楚，看清楚，先尝试着让自己去解决一点点问题，不期望自己能解决太多问题。问题在哪里？我罗列得很多，比如学校的问题、教学的问题、学习的问题、教材的问题、评价的问题、文化的问题。还有许多问题可以罗列出来。我们知道今天的教育，不是说抓住一个问题，就能根本去改变。我们不可能期望，改变了一个举措，发出了一个政令，真的就能把整个教育彻底颠覆，这不可能。教育是一个系统的问题，教育原本就不是我们一个学校能解决的问题，不是教育系统本身能解决的问题，是整个社会的问题。所以我们讲教育步入困境的道理就在这里。

学校的问题，我说今天的学校是"一种模具铸所有的学校"，这是夸张的说法。我当然知道中国有不少学校在改革、在探索、在实验。但从总体看来绝大多数都是这样一种状态，也就是说它是应试教育同质化的现象。不瞒大家说，我到过许多地方，中国几千所学校我都去过。当我每次走到一所校园里看到张榜挂的是"高考考到清华是哪个同学、北大是哪个同学"，我就知道这个土壤没有变化，这个文化没有改变。我就知道我们所谓的应试教育根深蒂固很难撼动，原因就在这里。所以我们学校的应试教育同质化的现象仍然十分严峻。比如有的学校将"考过高富帅，战胜官二代"这样的话赫然醒目地贴在教室里。我还看到过"只要学不死，就往死里学""提高一分，干掉千人"。我们学校培养什么？我们是培养人还是培养狼？分数提高一分上去了，一千多个或者几千个孩子就被我刷下去了。我提高一分就干掉了千人，你最后培养出来的孩子就有"狼性"。虽然不少专家在歌颂狼性文化，但我个人以为，人还应该成为人，人应该有人的基本要义，人有文明素质，人应该有互相帮助的基本要素，人应该有相互理解、相互同情、相互搀扶的基本素质。有的学校提出这样的教育口号"生时何必久睡，死后自会长眠"。这样的话怎么能用在孩子身上？用这样的励志口号激励孩子，负面意义远远大于所谓的正面意义。有的高分学校，把几乎每一分钟每一秒钟都高度精确地计算好，这个时间段干什么，那个时间段干什么，这五分钟干什么，那三分钟干什么。

教学的问题，我曾经做过研究，中国的教师创造力很强，初步统计下来，校长、教师发明了 6000 多种教学模式。但这 6000 多种教学模式不过就是传授加训练而已。老师要讲知识吗？肯定需要。但如果我们天天都在传授，意味着孩子就成为容器了。我们需要训练吗？当然需要训练。德国大哲学家雅斯贝尔斯说过一句话，"训练既可以针对人，也可以针对动物，而教育却是人所独有的"。如果我们永远用训练的方式对待学生，那我们的老师就成为驯兽师了，孩子成了小动物，学校成为马戏团了。换句话说，我们不能用训练的方式覆盖所有的教育、所有的教学。实话实说，今天很多课堂，很多教学，是用非道德的方式教德育。所谓道德是对人性的尊重，是人的伦理。换句话说，人的伦理应该对人本身的天性保持尊重。今天的道德教育，今天的德育，常常是把它作为一门孤立的学科来教学。也就是说教学的方式违背了道德的基本要义。

比如说语言教学，我们是用非语言的方式来教语言。有多少学校的语文课、英语课就是靠刷题刷出来的，不是真正提高语文能力，而只是提高解题能力。而解题能力和语文能力是不能画等号的。我们用非科学的方式教科学。今天科学课的课堂教学，有一个非常重要的毛病在于它是去背景化、去情境化的。科学教育如果去掉了情境，去掉了背景，科学教育就没办法真正培养孩子的科学技能。科学一定要和生活联系起来，科学一定要和生活情境紧密相连。我们培养出来的科学素养，才能真正在生活中发生，它才能真正面向具体的问题，才能真正解决生活当中的实际问题。我刚才提到美国托马斯·杰斐逊科技高中。这个学校的所有高中生每个人都有一个项目，每一个项目都是研究具体的问题。他们在研究癌症、研究新的能源、研究太空发射器等之类的问题。而我们的教育，去情境化的现象真的比较严重。

学习的问题，现在是一种思维套所有的孩子。我在上海、深圳做得最多的一件事情，就是听课。作为校长，作为院长，我干的最多的事不是别的，就是听课。听课使我发现很多课堂的问题，我们讲教育或者学校教育，主要的呈现方式就是课堂。我现在看到很多老师上公开课、观摩课、示范课、表演课，我们的老师在干什么？很多老师就是带着孩子们去寻找标准答案。我们的老师也会提问题，也回答问题。老师提问题，学生回答问题。老师引导学生看书，我们看书的目的是什么？寻找标准答案。找到标准答案这堂课就结束了，找到标准答案这节课的目标就达成了。这是当下的许多课堂存在的问题。这样的结果就是培养孩子的求同思维。他脑海中就是找答案，找知识，找所谓的真理。但他们没有求异思维的能力，没有质疑的能力，没有批判性思维。如此下来，这个孩子怎么可能真正成为人才，怎么可能具有创造力。

教材的问题，现在是一种教材教所有的孩子。统一了教材，最终结果是什么？我们的教材没有张力，很难满足孩子们之间的差异需求。因为学生是不一样的。有的孩子智商非常高，有的孩子智商可能一般。但现在的教材的内容是完全一样的，这样是不是会走向一个新的误区。我们就需要思考一个问题，能否校本实施。我觉得完全可以，我们正在这样做。能否因人而异？每一个孩子的差异很大。我原来在上海建平中学担任校长，上海建平中学是上海非常好的学校，可以说是排在上海前五位的学校。我现在到深圳明德实验学校，小学和初中是就近入学，学生差异非常大。因此，在明德实验学校有特需课程，因为每一个孩子是不一样的。如果让每一个孩子按照同一个思维模式来做，我们可能就会抑制孩子的个性了。

怀特海在《教育的目的》里面说了这样一句话，教育改革的第一要务是：学校必须作为一个独立的单位；必须有经过批准的自己的课程；这些课程应该根据学校自身的需要由自己的老师开发出来。

## 教育问题的根源在于用分数作为评价的唯一标准

诸多问题，原因何在？其原因在于评价的问题。

现在是一把尺子量所有的孩子，用高考分数量孩子，因此问题随之产生。我说规则错，全盘都错。打一个非常明显通俗的比方，好比我们要求乌龟和兔子赛跑，用赛跑评价它们俩的能力高低、水准高低，通过跑步比高下，我们总是寄希望于兔子打盹，这是异常情况。竞赛过程中谁会打盹？我们没有想象这个规则意味着什么。这个规则首先否认了人和人之间本身存在自然的差异。换句话说，我们要求乌龟崇拜兔子。要崇拜兔子，看兔子跑得多快，进而让孩子否认自己，数学考不过人家，物理比别人差了 20 分。崇拜兔子之后还要否认自己。不但这样，还让我们的孩子和家长、社会都接受这种评价，这种评价多么公平。如果这样下去，我们会给孩子带来什么？给教育带来什么？给老师带来什么？当老师脑海中只有高考的时候，一切荒诞的事情都会随之发生。

举例，有一位老师在天气变化的时候给家长发了一条短信，内容是这样说的，"尊敬的家长：你好！最近天气比较冷，感冒等流行性疾病很容易传染，希望能注意孩子的营养，也可以给孩子买一些板蓝根作为预防"。家长看到这个短信之后心里很温暖。他托了很多朋友，找了很多关系，好不容易进了一所好学校，好学校的重要标志就是有好老师。但是当年的手机短信比较长，上页没完，下一页还有。下一页是这样说的，"不要让孩子在期中考试时因为身体不适而影响成绩。谢谢配合！"当家长看到短信的下一页以后，他心里一下就凉了。他知道这个老师不是出于对孩子身体的关心，而是对考试分数的关心，对排名的关心，对他在校长心目中位置的担心。实话实说，像这样的实例可以举出一连串。今天很多学校真的有些莫名其妙。

学校的问题真的只是老师的问题吗？学校的问题真的只是校长的问题吗？其实它是整个社会文化的问题。现在有一种价值观笼罩着所有的家长，就是功利文化。成功的标志是什么？我的孩子是成功的，在高中时代考上优秀的大学。这个功利当然需要，但当把功利极端化，同样带来新的问题，家长的价值取向会影响整个社会的文化氛围。所以，当这句话流行的时候，就是问题非常严峻的时候。"不要让孩子输在起跑线上"，这种口号十分荒唐。起跑线不能决定问题，决定问题的不是起跑线本身，人生是马拉松长跑。教育能不能让孩子有坚强的意志力，教育能不能让孩子按照自己的兴趣、爱好生活，安排自己的人生，让孩子真正慢慢地走下去，让孩子按照自己的逻辑去完成人生规划才是我们应该思考的。

现在高考成为社会大事件了，省市相关领导也在现场，对高考高度关注。为什么？整个社会对高考高度关注。我们的焦虑，传递了焦虑氛围，所传递的焦虑的氛围不但影响整个社会，还深深地影响孩子。所以，学生课业负担越来越重。政府要求减负，学校禁止以分数排名，禁止节假日补课。但家长主动加负，有条件的家长几乎都选择补课，无条件的家长创造条件也要补课。机构应运而生，社会机构抓住商机，经济效益日进斗金。这是社会传递的氛围，必然会影响学校、影响老师、影响学生。所以说我们走入囚徒困境。我们老师和学生，在高强度的应试教育下，并不快乐，我们全都是受害者，但没有人愿意第一个住手。大家都知道我们越陷越深，但没有一个人愿意首先跳出来。这就是现状。

## 解决中国的教育问题突破点在哪里

突破点在哪里？我想，根本的方略还在"围绕核心素养"。国家意志体现在核心素养。核心素养并非这几句话就能充分表述的，但这几句话体现了核心素养的要义所在。使孩子有一定的文化基础，能参与社会的许多实践，能自主发展，能规划自己的人生，能找到自己的兴趣点，按照自己的兴趣去策划自己的发展路径，这是我们家长和社会乃至学校几方面共同要做的。

改变价值观念。我非常认同这句话。什么叫教师？教师是成人世界派往儿童世界的文化使者。他被赋予了什么样的责任，有什么样的担当。所谓的文化使者应该具有精神引领的作用，是孩子人生成长道路上的引路人。我们做到了吗？我经常反问自己，实话实说，我做了很多自己不愿意做的事情，做了很多妥协的事情。我也经常批判自己。我写过一系列批判性的文章。我经常跟编辑说，所有的批判都是自我批判。

举例，你看轻什么？这就是价值取向。有位中学校长还是名校的校长，在一次全校晨会上，面对全校所有同学，做了一个讲话。主观意图是想让孩子树立崇高远大的理想，但是说着说着就露出这句话："虽然炸油条也算是一种职业，但是我们学校毕竟不是培养炸油条的。"有一个学生向他的家长也向他的老师提出了问题，他说我们校长的这句话本身就传递出对这种劳动的鄙夷，瞧不起。这不是一个校长应该说的话。连我们的孩子都知道，这是对普通劳动者的极不尊重。

你看重什么？这是个真实的案例，我隐去了真实学校的名字。一个师范大学的校长非常自豪地说了这么一段话，他说："我们学校的毕业生大都不需要当老师。"请注意，师范大学的校长，他引以为豪的竟然是"我们培养出来的学生被分配到省直机关的毕业生人数位居全省第一"。他列举了很多优秀校友，全部是行政干部，有多少局级干部，多少副省级干部，多少省部级干部。同样的问题，我们问西点军校一位白发苍苍的老教官：在您心目中，您教了这么多年的书，教了这么多孩子，谁才是你优秀的校友？这个白发苍苍的老教官说："既不是当过常春藤盟校校长，又当过美国总统的艾森豪威尔；也不是先后担任两届总统的格兰特；麦克阿瑟和巴顿才是西点军校最令人骄傲的校友。因为他们在学校期间出类拔萃的学业成绩和战场上卓越不凡的战功，都不折不扣地诠释了西点军校的精神。"反过来讲，对照一下。我们的价值观念是不是有问题？所以我说价值思想的缺席是最可怕的。我们能不能多多少少去思考一下这些形而上的东西，改变思维方式，改变思维的视角。

举例，马鞍山二中的前任校长在任期内曾经在《中国教育报》发表了一篇文章，把自己校园里发生的事情祖露出来。我觉得这个案例非常有意思。马鞍山二中是安徽省最好的学校之一，升学率最高，奥赛成绩最好。2012年元旦校方发布了"马鞍山二中十件大事"：1. 获得"全国文明单位"；2. "全国消防安全教育示范学校"；3. "全国中小学德育工作优秀案例单位"；4. 办学质量继续提升，高考指标再创历史新高，学科竞赛成绩稳居全省第一，巫与天同学获得第42届国际物理奥林匹克竞赛银牌；5. 获得2012年北大"中学校长实名推荐制推荐资质"，2012年清华大学新百年领军计划推荐资质，2012年复旦大学旺道计划推荐资质；6. 获得第21届全国中学生生物奥林匹克竞赛承办权；7. 成功举办全国新学校研究年会、安徽省"六校研究会"年会等大型会议；8. 成立学生事务中心，实现学生事务一站式办理服务；9. 竞选产生马鞍山二中首届学生校长助理，建成教师书屋，成立教师奖励基金，首批筹集资金134万元，启动"最受学生欢迎十大教师评选活动"；10. 汪正贵校长赴美参加第二轮中美人文交流高层磋商会。

这个学校学生会的干部们看到校方发布之后灵机一动也要发布他们心中的"马鞍山二中十件大事"。这是官方的发布，我们能不能听听孩子们的声音，于是发动全校同学投票。学生无一例外地参与了投票。结果孩子们投出了自己心目中2011年学校十件大事：1. 每周五成为自由着装日；2. 跟校方一样；3. 跟校方一样；4. 在高一年级和高二年级推行无人监考；5. 课程调整，取消早读，每一节课调整为40分钟，每天9节课；6. 举办2012年元旦大型文艺汇演；7. 举办校园心理剧创作、表演比赛；8. 跟校方一样；9. 跟校方大致相同，但是校方只看重结果，校方看重的是获得的称号，但是请注意，微小的差异显示出成人和孩子的差异，孩子还看重过程，开展 119 消防演习孩子很开心；10. 举办 2011 年秋季运动会。

两个一比较就知道，管理者和学生只有 40% 的内容相同。学生关注的是自我满足，关注自我的心理需要，关注自我的表演需要，关注自我的成长需要。他们关注与自己相关度较为紧密的事情，给他们留下印象深刻的事情。而学生认为的大事，我们也许觉得是小事。穿自己的服装，在我们成人看来是微不足道的事情，但孩子认为是大事。而我们自己认为重要的事情，孩子并不在意。比如校长到美国考察，对孩子来讲根本不是一个事，他们并不在意这件事情。

反过来学校能不能更多地站在学生的视角，看看孩子们想什么，听听学生的想法，听听学生的意见？能不能换一换思维方式，比如回到原点思考问题？

有一位家长给自己的孩子写了一封信："父母不需要你成为运动健将，只希望你有健康的充满活力的身体。"实话实说，成为运动健将是要有条件的，没有姚明的身高就不可能有篮球巨星姚明的成绩。我们学校的体育教育不是为了培养金牌选手，而是让孩子真正养成运动的习惯，喜欢某一种运动项目，这是关键。我们的体育教育，不要深陷在金牌制造的怪圈里。明德是这样的，我们有 20 多门体育选修课，不喜欢篮球还有足球，不喜欢足球还有羽毛球，不喜欢羽毛球还有乒乓球，不喜欢乒乓球还有击剑，不喜欢击剑还有国际象棋，不喜欢国际象棋还有围棋，你总会找到你喜欢的一项，而且让你养成热爱运动的习惯。

还有，我们应该换位思考，思维方式有很多，能不能从对方的角度来思考问题？哈佛的前任校长来到北大，讲了自己的亲身感受。他说有一年他向学校请了三个月的假期，然后他告诉自己的家人，不要问他到什么地方去，他每星期都会给家里打个电话报平安。这个校长去美国南部的一个农村，去农场干活，去给饭店刷盘子，在田里干活的时候，他背着老板抽根香烟，和自己的工友偷偷说上几句话，他开心得不得了。最后他到一个餐厅找了一个刷盘子的工作，工作了四个小时，老板就给他结了账。因为他年龄大，餐厅老板对他讲"老头，你刷盘子太慢了，你被解雇了"。一个哈佛大学的校长，连刷盘子都刷不下来了。他回到哈佛，回到自己熟悉的工作岗位，倍感珍惜这个位置带给他的崇高荣誉。我们有时候要换位思考，我讲这个故事不是让我们都到农村体验一下，不是让我们都到餐馆刷一下盘子，而是要换位思考。有时候我们作为成人，可以孩子的眼光去看待问题。作为教育者，可以换位站在学生的角度去思考问题。

迈克·波特是一个世界级的战略大师，他说过一句话，"一个企业如果要生存、发展，只能选择两种战略：第一，成本领先战略；第二，差异化战略"。这个差异化的战略很重要的一点是差异化的定位。所谓特色，就是学校要有办学特色。这个办学特色在很多校长眼里，其思维方式是单一的。比如他们说人无我有就是特色；别人虽然有，但我做得好，是特色；别人虽然有，但做得比较弱小，我强大，是特色；别人虽然有，但我比较多，我是特色。这可不可以算特色？可以。应该不应该算特色？应该算特色。但如果从思维角度来讲，你可能就会有局限性。能不能换一个角度来思考问题？人有我无是不是特色？我说人有我无也是特色。很多东西就是人有我无出来的。

比如纽约的一个广播电台，有一天晚上插播一则广告，就是美国纽约国际银行的开张广告。这个广告很有意思，"听众朋友，从现在开始播放的是由本市国际银行向您提供的沉默时间"。接下来广播电台同时中断十秒钟，这十秒钟没有请好莱坞大牌明星，没有请NBA大牌的运动明星来做广告，没有花巨额投资。几乎没有任何投入，但取得了非常好的效果。第二天家喻户晓，人们都在谈论这个中断十秒钟的广告很好玩，给了我们一个沉默的时间。今天社会发展节奏太快，劳动强度太大，工作节奏太辛苦，导致我们连沉默的时间都没有。我们是不是应该思考一点问题，人有我无，也是特色。当别人都热衷于追逐什么的时候，我不追逐什么，当别人都看中什么的时候，我不看中什么，那也能成为特色。在教育界，有很多好玩的事情。许多老师研究了很多教学模式，我刚才说有 6000 多种教学模式。中国有一位非常著名的特级教师——于漪老师。有人就问她："于漪老师，很多名师都有教学模式。您的教学模式是什么模式？"于老师说，我没有教学模式。这个没有教学模式反而传递出她的思想，她的追求，她对艺术化教育的真谛的追求。所以我们要由狭隘思维走向宽阔思维，由保守思维走向开放思维，由零乱思维走向系统思维，从浅表思维走向深刻思维。

所以，有人说："比'阶层固化'更坑爹的是智商的固化。"我仿造他的说法，我要说"智商的固化源于思维的固化，源于学习的中止"。成人更应该学习，更应该改变自己的思维。思维体现境界，思维提升境界。

改变思维，学校需要做什么？我们都认为围墙里面的叫学校，错了，我说围墙外面的广阔世界还是学校。我说不能让孩子在浴缸里学游泳，应该让孩子在大海中搏击风浪。我们的教育如果是封闭的，就将造就孩子封闭的个性，而开放的教育，将培养孩子开放的人格。我们的学校教育能不能有所变化，课程需要怎么设置？我们理解的课程，教科书就是学生的世界，孩子读来读去读课本。现在不但读课本，而且读高考试题、练习册，读到最后孩子的思维方式就成问题了，人格都成问题了。那今天应该说什么？世界就是学生的教科书，让孩子走向广阔的天地，让孩子在这个过程中获得更多的启发。怀特海曾经说过，"教育只有一个主题，那就是五彩缤纷的生活"。这句话非常有意思，值得我们深思与学习。

让孩子进入真实的、真正的情境中去学习，这非常重要。我到美国的学校去看我们的教育和他们的教育之间的差异在哪些地方。我们学校也搞研究性学习，也让孩子做课题，换句话说，我们是包装好的一种情境。然而到了美国，我们发现他们在做真实的研究，有一个真实的情境在里面。换句话说，如果是假的或者是包装的情境，那就是"秀"而已。所以，还应该考虑到学习情境的真实性，而不仅仅是作业和考试。伯恩斯坦的课程理论说："不同课程之间并没有严格地分开，而是出现在一种开放的关系中。社会是开放的，世界是开放的，但学校却是闭关自守的。"有人曾经讲学校是最保守的地方。

课堂给学生什么？课堂是给逗号、给句号就完毕吗？课堂能不能不但给逗号和句号，而且给很多问号和省略号，让孩子去追求、探索、研究？有一个案例，北京有一个历史老师叫魏勇，他上一堂历史课《美国独立战争》，先播放一段纪录片，请注意，这段纪录片是站在美国人立场的。站在美国人立场拍的纪录片，一定认为美国人不该向英国人交税，于是美国独立战争爆发。教科书就是这个答案，老师们组织孩子讨论最后得出了这个结论，我们掌握了知识，这堂课就可以结束了。但魏勇不是这样的，他接下来又放了另外一段视频，是站在英国人的立场拍的视频。站在英国人的角度拍摄的视频，一定是认为美国人必须向英国交税，敢不交税我就打你，美国独立战争因此爆发。当同一个历史现象，两个截然不同的观点同时涌进孩子脑海中的时候，孩子的思维一下就被激活了。很多东西有标准答案，很多东西没有标准答案。问题的关键是我们能不能把学生的思维激活，让孩子的思维活跃起来。这是课堂的本意。也就是说，给我们的孩子多一点问号，多一点省略号，留个空白让孩子自己去探究，不要给他答案，让孩子有一定的思想力是教育很重要的任务。

# 六

## 历史社会

# 祠堂、族谱与祭祖

杨国安

## 杨国安

武汉大学历史学院教授，博士
生导师，副院长。兼任中国经
济史学会理事、中国社会史学
会理事。主要研究领域为中国
社会经济史、中国农业史、乡
村社会史。主要著作有《明清
两湖地区基层组织与乡村社会
研究》《国家权力与民间秩序：
多元视野下的明清两湖乡村社会史研究》《明清以来的国家
与基层社会》《明清两湖地区乡村社会史论》等。

## 宗族在中国的历史中起着很大的作用

我今天讲的主要是有关祠堂、族谱和祭祖的问题。我们知道，以
前传统社会，国家正规官僚体制到县为止，县以下处于一种相对自治
的状态，其中作为四民之首的士绅起到了地方领导者的作用，所以县

以下的地方治理有时候被称作乡村绅治，即乡村是由士绅来治理的，具体到一个组织形态，则是宗族。

中国社会的稳定，很大程度上是因为其有一套自我的运行机制。我们把宗族叫自组织即自我运行的组织。现在我们国家的民主首先是在哪里推广和实行的呢？答案是在乡村。大家可能会觉得有疑问，为什么文明、文化程度更高的城市没率先推行，反而是在农村里推行的呢？这在一定程度上跟我们传统社会里所蕴含的那种宗族的乡村治理、自治的因素有关。

一般认为宗族的标志有三个：建祠堂、修族谱、举行祭祖活动。

我们所有人都有一个姓，那么这个姓的意义是什么呢？姓，表明了一个人的出身，即他是从哪里来的。姓氏最早起源于母系氏族社会，它最主要的功能是作为区分人的血缘群体的标志。中国人对姓氏的重视，可以说是全世界独一无二的。我们除了因为某种政治原因，历史上有过改姓的情况发生，一般情况下是不会改姓的，所以有"行不更名，坐不改姓"的说法。中国现有的姓氏大概有一万多个，常用的大概是三千多个。其中有十个大姓（当然这个数据可能会调整，因为随着人口的发展，这个数据在变化），它们分别是李、王、张、刘、陈、杨、黄、赵、周、吴。这十个大姓，几乎占了中国人口的40%。

那么，姓氏的重要性在什么地方？姓氏背后是宗族，是对血缘的一种认同。中国对宗族或者血缘的重视程度，在世界上是独一无二的，这也是中华文化能够延续下来的一个重要原因。我讲一个小故事，第一个到太空去遨游的华人叫王赣骏。他在进入太空之前，他的宗族——台北的王氏宗亲会给他提出了一个要求，希望他作为王姓的后代，将王姓的家族徽标带到太空里面去。他后来真的把徽标带到太空去了，之后又把它交还给他的家族。因为这件非常荣耀的事情，宗族破例为他打开中堂，在祠堂里面款待了他。这个故事说明，中国人做某件事情的时候，会觉得自己是为自己的家族或者为自己的这个姓氏在做这个事情，会有一种责任感和荣誉感。

所以，有学者说，美国、中国和印度有三个标志：中国是宗族；印度是种姓；美国是俱乐部。这就强调了宗族对整个中国社会的影响和作用。即便在国外，只要有唐人街的地方，几乎也都会有各种形式的宗亲在里面。

我们传统社会有两极，即家庭和国家。现代的宗族经过长期演变之后，不仅是一个同姓的亲属集团，而且还变成一种文化和生活方式。比如，一位出身华南的小伙子，博士毕业在香港工作并结婚，但即便他们已经领取了结婚证书，还必须回家乡，在族长长辈们的见证下，在祠堂拜过祖宗牌位，并宴请父老乡亲之后，婚姻大事才算是得到宗族的认同。广东是宗族势力比较强的地方，在广东传统乡村中，一个人除了取得国家户籍之外，当地社会能不能够接纳你，与你的宗族接不接纳你有关，这就是有学者指出的"入住权"，即在一定疆域内享用公共资源的权利。只有你是这个宗族的人，你才可以在这个村落里面上山砍柴或者下河捕鱼；如果你不是这个宗族的人，那么任何东西你都是没有份的。

所以，在以前宗族社会盛行的时候，最厉害的惩罚是开除你的族籍。特别是广东这个地方，族产是非常多的，在明清至民国时期，广东的族产大概占到 60% ~ 70%。宗族也是一个控产机构，它控制着很多经济资源，其中核心部分就是族田。现在，很多宗族可以办公司，使宗族公司化，就因为广东传统社会的宗族本来就是一个控产机构，它控制着族田，像地主一样经营土地，这也是宗族在中国社会的一种作用。

## 泛家庭主义的社会关系在整个社会扩大

以往整个中国社会的运行模式有一种泛家庭主义。什么意思呢？我们整个社会的关系往往是模拟血缘关系的，以秘密社会的构建过程为例：众人把各自的血滴入酒中，然后共同喝下，之后就成为好兄弟，这个仪式叫作歃血为盟。这些原本具有不同血缘关系的、不同姓氏的人群，通过歃血为盟的方式，形成一个具有模拟血缘关系的群体。

还有很多人把师徒、师生关系，比作家里面的父子关系，这也是一种泛家庭主义，即把家族里面的各种关系，或者家庭里面的很多行为方式和心态，扩大到非家族的组织里面去。泛家庭主义，或者模拟血缘关系，就是在整个社会不同的群体或者不同的组织结构当中，体现出家族的一个功能和作用。

另外，中国的社会结构是一种家国同构的。即家庭里面的关系，比如以子孝、妇从、父慈为准则建立的家庭关系，恰如我们国家的民顺、臣忠、君仁的这一种社会关系的缩影，可以说，我们国家把它的组织原则贯彻到家庭里面去，或者说，家庭里面的原则被贯彻到国家里面去。家国同构某种程度上也许被认为是这样一种模式：家是国的缩小，国是家的一种放大。所以在中国，家长是可以处罚子女的，体罚子女也是被认可的，因为家长就像皇帝，在家里拥有至高无上的权力。

## 中华文明延绵不断的经济和文化因素

我想在这里说一个比较宏大的问题，中华文明为什么能够延续下来？

第一个是经济上的原因。传统中国的小农经济是世界上最先进和发达的。中国的农业是锄耕农业，农具具有小型化和多功能化的特点，譬如一把锄头几乎可以完成农业种植过程的所有环节：从翻土到播种，再到收割。尽管锄耕农业的弱点也很明显，遇到灾害的时候，经不起大的风浪，但受到破坏后，它再组织生产的能力特别强。因为小农经济可以以家庭为单位，以锄头为工具，很便捷地从事农田劳作，而不需要像规模化机械农场那样，一旦大型机械毁坏之后，就可能要经过特别复杂的修复过程，锄耕农业则简单得多。所以小农经济的生命力很顽强，在中国，小农经济养活了世界上最多的人口。

第二个是文字。我们都知道文字的出现是人类进入文明社会的重要标志之一。中国的独特文字可以跨越不同的民族，方言不同也没关系，因为我们有共同的文字，而且中国的文字是象形文字。因此，我们可以说不同的话，也许我们听不懂彼此说的话，但是，我们会认同样的字。这样的话，就可以确保国家的政策或者信息能够准确地传达到下面来。这是一种文字、信息或者文化的传承。

第三个是中国的生育文化。中国人口的繁衍和昌盛，是因为中国人对血缘的重视和多子多福的观念。由于这一生育文化，才使人口的繁衍能够生生不息。几乎每一次战争，无论明末农民起义战争，还是各王朝更迭之争，中国的人口消亡都在 50% ~ 60%，但是在很短时间内，王朝的第二代或第三代皇帝的时候往往能达到盛世。盛世的标志是土地和人口的大量增加，那么背后就是我们国家的高生育率，而高生育率的背后，则是对血缘的重视。中国人总是希望自己的子女越多越好。这种生育文化，也使中国的人种能够一直保持延续下去。归根结底，文化最终还是要人来传承的，没有人就没有一切；没有人传承的话，文化就不可能传承下去。

当然，这也与家和国的关系有关。从社会组织结构来看，在王朝被摧毁之后，家庭是不可能被摧毁的，它很容易建立。组织结构在家庭的基础上再继续扩大化，然后就变成国家，虽然中国王朝有兴亡，但是全国的系统并不紊乱。主要原因是什么呢？中国家庭就像细胞一样，保存着国家的原动力。由家到国，是我们每一个人都懂得的治国理念，从家开始做起，齐家、治国、平天下。于是，家庭的能力和国家的政治道德合二为一。家国同构的社会结构，也使王朝体系能够不断地得到复兴。从整个基层社会来看，宗族是维持基层社会的一个重要的纽带。

## 宗族发展的历史进程和运行模式

回顾整个宗族发展的脉络和演变，血缘一直很重要。从氏族社会开始，我们就重视血缘。那么，宗族是怎么样走到今天的？我们现在所说的宗族，主要是指明清之后的宗族，原来的宗族和现在的宗族很难说是同一个概念。

先秦时候的宗族是和政治相关的，那个时候叫宗法制度，即大宗和小宗，宗族祭祀活动只有皇帝和贵族可以做。他们靠在家族的地位决定其在朝廷的地位，大宗可以继承皇位，其他的小宗被分封为公卿，公卿的下一代又分封为士大夫等，它是逐步的分封过程，所以这是一个典型的上层的宗族社会。

到了秦汉隋唐的时候，宗族开始出现了分离。但还是讲究宗族姻亲关系的，所以能否当官，和你所处的宗族门第是相关的，只是宗族已经开始由皇帝这一个层面，或者国家这个层面，向官僚士大夫集团下沉。不过，你当的官和你出任的官级，也是和你在家族里面的地位有关系的，因为是由宗族来推荐人当官的。但它毕竟开启了宗族由君主皇帝向官僚集团的下移。那么真正的下移是什么时候呢？到了宋元之后，宗族就开始向民间下沉，老百姓也开始做宗族了。

宋代是宗族演变的一个标志性时代。这是因为从宋代开始中国传统社会有一个较大的转变，即宋代开始出现了知识分子将人生经营的重心向地方上转移，这个过程在史学界上有一个术语叫“士”的地方化，这个“士”就是读书人。宋代之前读书人比较少，所以读书人主要是在朝廷里面当官。而宋代以后读书人多起来了，这是因为中国活字印刷术的出现，书籍开始普及了，读书的人随之增多了，但是中国的官僚队伍人数一直相对比较稳定，意味着科举考试竞争变得更加激烈，在这种情况下，大部分读书人就可能没有机会到朝廷里面做官了，但这些人毕竟是读过书的，头脑中多少还是有一种经世济民的思想，于是这些读书人就不得不沉淀到基层社会里面，并开始把重心放到经营地方上去了。

以张载、朱熹等为代表的宋代大儒，针对当时社会贫富分化的现象，极力主张重建宗族组织以维系社会秩序，并且提出了完整的家庙和祭祖制度的设想。在此理论的指导下，很多读书人在地方构建宗族组织，修建祠堂，修纂族谱等。同时还设置了集体财产，诸如祭田、义田、义学田等族田，其用途主要是祭祀祖先、赡养老人和教育族人等，其中最有名的就是范仲淹设立的范氏义庄。

而宗族组织真正的转型，变成我们现在说的平民化或者说庶民化的宗族是从明清开始的。此时宗族开始大众化和普遍化。老百姓自己开始修祠堂、修族谱，是从明代嘉靖皇帝大礼仪之争开始的。祭祀权力开始下移，无论是官员还是百姓，都可以祭祀四代祖先。祭祀的祖先越远，意味着联络的族众越多。

在我看来，宗族大致分为两种类型：第一种是制度性的宗族；第二种是广义的文化宗族。我们现在说的宗亲会大体属于文化宗族。文化宗族没有一种强有力的约束机制，你可以加入也可以不加入，它体现的更多的是一种文化观念上的认同感。但是制度性的宗族是有约束力的，是有家法族规和宗族组织为保证的，而且它还有一个先决条件——聚族而居。因为大家是聚集在一起的，血缘和地缘高度统一，于是祠堂、祭祀、族长等要素才能发挥组织的功能，这就是制度性宗族。如果大家分散的话，甚至一个在中国，一个在美国，但还认同彼此有共同的祖先，这样就主要是一种文化宗族，同姓见面之后，大家还是有一种"五百年前是一家"的亲切感。

传统中国的村落社会，很多都是聚族而居的居住形态，这有几个原因。其一，安全方面的考虑。因为古代战乱频繁，所以建村庄的时候首先要考虑安全。大家聚集在一起，形成一个合力，来保卫安全。因此我们发现传统的古村落几乎都有一个防御工事。其二，经济因素的考虑。传统社会里面的农业生产有一个所谓的"耕作半径"，也就是耕地和住宅之间的距离，必须满足土地承载量以及日常耕作的便利。湖区很难形成聚族而居的形态，而是以散村为主，主要是因为湖区水网密布，很难形成成片的聚落形态，只能沿着堤坝修建村落。因此，湖区的宗族组织相对比较弱一些。山区的宗族也比较弱，因为它的住宅也很分散。一般在丘陵地区，宗族的势力是比较强的，因为盆地较多，它很容易形成成片村落的聚集形态。其三，宗法思想的影响。中国人注重血缘关系，追求一种五世同堂等大家族的生活方式，这样就很容易形成聚族而居的形态。

聚族而居的传统村落，它让血缘和地缘得到了高度统一。光有血缘没有地缘，也很难形成一个集体；只有地缘和血缘高度统一的时候，它才强化了宗族组织对族众的管理和控制。所以我们看到宗族势力比较强的地区，都是聚集而居的地区，像广东、福建、江西、湖南等地区。

制度性宗族会做几件事情：第一，修祠堂；第二，修族谱；第三，举行各种祭祖的活动。这些就能维系宗族组织的有效运转。

首先，制度性宗族一般拥有以族规、族长和祠堂为核心的一套组织管理系统。在古代社会，宗族法，也就是我们平常所说的家法，也是一种法律，也是得到国家认可的。族规和家训则对你的一言一行、一举一动，到你的职业选择、婚姻大事等，都一一做出了详细的规定。而且触犯家法族规，是会受到相应的处罚的。一般的处罚可能比较轻，比如罚你请客，在祠堂里面请族人吃酒席，然后在这个聚会上做出道歉，让你在经济和精神上面都受到一种惩罚。再就是让你在祠堂前下跪，或者把你捆绑起来示众等。最厉害的一种就是在宗族社会中，通过家法族规可以把犯罪之人处死，或者沉塘或者活埋，因为它过于残忍，这些行为是不会写到家法族规里面去的，只是一种约定俗成的规矩。族长是选举出来的，一般由长老或者地方的权威人士来担任。祠堂是宗族办公的地方，是执行家法或者开会的地方，所以祠堂在整个宗族社会的运行当中是一个象征权力的空间。

其次，除了管理组织之外，制度性宗族还有另外一套系统，即以族田、义庄、义学为核心的一套救济系统。在传统社会，国家对地方民众的救济和保障是很缺失的，那么在宗族聚集地区，族人的社会保障是由宗族组织来保证的。宗族为什么可以做这个东西？是因为宗族有经济实力。譬如在广东地方，宗族就是一个控产机构，它拥有大量的族田。这些族田是怎么来的呢？一般是家族里面出了官员或者富商，他们会捐出一些银两买田置地送给宗族公用。族田的作用是从事公益事业，诸如修桥修路，或者救济贫困的老人。宗族承担了很多国家的功能。还设有族学和义学，帮助贫困子弟读书。在传统社会宗族势力比较强的地方，它不会让它的族人中特别优秀的孩子失学。因为以前宗族之间的竞争，就是看哪个宗族里面出了考取科举功名的名人。所以它会把家族里面比较优秀但家里很穷的子弟挑选出来，用宗族的力量来资助他读书。当然有个条件，就是受资助的子弟读书当官之后，要反哺乡村，反哺这个家族。

最后，制度性宗族还有一套以祭祀、族谱和族训为核心的礼仪教化系统。我们知道，没有活动就没有关系，关系是流动的，换句话说，各种社会关系，是通过活动才能够建立起来的。宗族组织会通过各种仪式活动，让广大族众从心理上、文化上、精神上认同家族文化，这个过程也就是所谓的"族化"过程。比如同姓宗族内部不同支派之间，就是通过连谱修谱的活动，将相关的族人通过入谱的方式连接在一起。因为修谱有一个联谊的过程，修谱之后会有一个祭祀活动，那么通过这一套活动，加上平时的宣讲（在祠堂里面他们有一种宣讲活动，内容可能涉及家族的起源、家族的祖先、家族的传奇等一类的传说与故事，其中的核心可能就是祖先如何筚路蓝缕、开疆扩土、建设家园的光辉历程），以此来激励后代奋发图强，加强整个家族的凝聚力。正因为有这三套系统，所以整个传统社会里面的宗族才形成了一个自我组织，在基层社会里面发挥组织功能的作用。

## 祭祀和祠堂

我们知道祭祀有三种方式：家祭、墓祭和祠祭。这是三个不同的级别。

家祭，是在自己家里面举行的祭祖活动。以前的乡村社会，每个家庭在修建房子的时候，一般都会有一个中堂，中堂的香案后面往往会有一个牌位，这个是祭祀自己的父母或者自己的直系亲属的。一般在清明节的时候，或者逝去的祖先的忌日的时候进行祭拜。现在也有很多家庭开始挂一个祖先的遗像，逢年过节进行祭拜，这些活动相当于家祭。

墓祭，是在墓地进行祭祀。墓祭是最普遍的。墓祭每年有两个日子，一个是清明节，一个是重阳节。现在重阳节墓祭大部分人不太重视了，但是清明节的祭祀是越来越兴盛了。我们知道以前清明节国家是不放假的，后来为了弘扬传统文化，改为清明节放假，现在我们看到这个墓祭是全国性的。每到清明，境内家家户户都有人上山祭扫祖坟。祭祖者的态度十分诚敬。

祠祭，是在祠堂里面举行的祭祀活动。在南方村落遍布祠堂的地方，每年的元宵节或者其他规定的时间，由族长或族内的长辈主持祭祖仪式，全体族人都必须参加，仪式隆重，有的家族在祭祀之后，会举行宴会，进行分肉，甚至举行演戏等活动。

就整个中国的宗法文化来说，南方祠祭比较多，广东、福建表现得最为明显。北方，特别是华北地区，主要是墓祭。从历史上看，墓祭比祠祭要早，我们从祭祀的演变历史来看，祠堂是比较晚建的，在以前普通老百姓是不能做祠堂的，从宋代之后才开始，特别是明清之后，我们现在看到的祠堂几乎都是明代中后期到清代建的，所以祠祭是较晚出现的，墓祭是比较早的。

祠堂是由家庙演变来的，它有一个不断演变的过程。周朝，庙是有等级的，那个时候叫宗庙，实际上是国君才可以建的。到了唐宋之后官员就可以建家庙，到了明中后期老百姓才可以建祠堂。所以祠堂最开始是从帝王的系统里面逐步地开始往下移，由帝王系统，到官僚系统，然后到老百姓的系统。

祠堂的修建是宗族组织化的一个重要标志。第一，这个宗族需要凝聚、需要有一个管理的机制。第二，需要出来一个有影响力的人物，要么出来一个当大官的，或者一个大商人，修祠堂。修祠堂是需要资金运作的，还需要有号召力。所以宗祠祠堂的修建，是一个组织化的标志。

祠堂最开始是靠近坟墓修建的，后来才靠近老百姓居住的村落，为了做活动方便。那么这个转变的背后还意味着什么呢？功能的转变。如果从祭祀的角度来说，肯定靠近坟墓更便于祭祀，但是如果就日常管理而言，为了生活娱乐、为了开会讨论，或者为了宗族组织宣讲活动、管理族众等，靠近村落更为方便。祠堂开始由坟墓向村落转移。而且随着祠堂的发展，出现了宗祠—支祠—家祠的三个层级。在一片宗族聚居区里面，宗族会建设一个总祠堂，这个总祠堂往往是位于始迁祖所在的村落，或者是在一片聚居区的中心。支祠主要是不同村落内部修建的祠堂，与宗族内部随着人口的繁衍，不断产生新的分支，即房份，然后不断扩展新的村落有关，所以大部分也居于村落的中心位置。家祠则仅限于一些大的家庭才有。

祠堂的功能，最开始是祭祀祖先。祠堂还有一个宗族的象征性功能。一个村落里面，有时候你会发现普通老百姓的房子可以很破烂，但是村子中间的祠堂却修建得富丽堂皇，巍峨壮观。为什么？因为祠堂是一个宗族的实力象征，所以普通族众可能没多少积蓄，但是说要修祠堂的话，他们所有的族众为了宗族的面子，一定会想方设法将祠堂修得非常豪华。当然还有一个原因就是人口规模效应，当一个家族繁衍到一定规模的人口数量的时候，哪怕是每个人丁出一定的丁钱，累计起来也是一笔巨大的收入。而且受宗法文化的熏陶，家族群体也会积极参与到宗族的各种活动中去，以体现作为家族后代光宗耀祖的价值。

在乡村社会里面，祠堂的功能是逐步扩展和延伸的，即由祭祀祖先到其他日常管理功能。乡村的祠堂同时是讲各种道德的宣讲场所，也是宗族办公和讨论集体事务，以及处理各种纠纷的地方，所以祠堂是有实际的功能和作用的，它现在几乎变成乡村社会的公共建筑或者公共空间。在鄂东南的乡村，一些村落的祠堂在当地直接被称为"公屋"。在乡村社会的田野考察过程中，我们可以看到有的村委会

就在祠堂里面，这里面还可以有图书室、资料室、文艺室等，开辟为
学校的则更为普遍。总之，在现在乡村社会里面，我们可以看到祠堂
功能的泛化很普遍。

## 家谱、族谱的编撰和体例

现在乡村社会能够找到很多族谱。当然，族谱的名字很多了，比
如房谱、支谱、家谱、家乘、同谱、连谱等。甚至还有墨谱，墨谱是
什么呢？墨谱是一种还没编成的，就像稿本一样的谱，是还没有正式
印刷出来的抄本。

在这里我想讨论两个问题，第一个是谁来修谱？第二个是为谁修谱？

从族谱修撰的历史来看，最开始是官修的，到宋元时开始出现私
修，宋代是一个转折。我们现在修谱有两个体例，一个是欧式，一个
是苏式。欧式是宋代欧阳修创立的，他是用图的方式。苏式是苏洵创
立的，他是用表的方式，这两种方式各有各的优缺点。我们现在族谱
的格式几乎是把两个体例合在一起了。我还要讲到一点，现在最新的
发展形势是什么呢？在网上建立祠堂和族谱，这个是最新的一种演变
方式。在当今的多媒体时代，或者信息时代，我们的宗族也在变，这
是一个很有意思的现象。

那么修谱的时候谁来修谱呢？古代的时候，我们知道修谱是有一
套程序的，它会建立一个谱局，这个谱局一般由族长，或者由房长以
及宗族里面的长老们这些有话语权的人组成，由他们来撰修。20 世
纪 80 年代之后，也就是改革开放之后，修谱的人是谁呢？一些乡村
的教师、医生、退休的干部等，他们是目前中国修谱的主力。

那么未来，我觉得利用网络是一种趋势。电子化时代，现在修谱
不需要任何一个程序或者一个什么东西了，在网上，每一个人都可以
建立自己的族谱。第一，你可以寻找一些老谱；第二，没有老谱没关
系，你可以在网上建立一个谱，然后让你的后代不断地续这个谱。哪
怕能够追到三代，开始建立一个谱，就可以让你的子子孙孙逐步来续

这个谱，就是说，这个时代所有人都可以修自己的谱，而且网上的家谱还有一个功能，它可以把全世界的所有的同姓的人连在一起。

修谱到底是为了什么呢？族谱是一个家族的历史，它是对老百姓历史的记录。所以，族谱现在已经变成我们研究普通老百姓历史的重要资料，我们现在从事社会史研究，在研究老百姓的历史的时候，在研究日常生活史的时候，主要依靠的就是族谱。所以族谱和地方志、正史构成中国历史的三大史料来源。

在古代，族谱的修纂，就类似于签订了一个契约，它确立了一个人的身份。每一个人来到这个世界上，有单位的人，当然是单位的一部分，如果是没有单位的，活在这个社会上，你总得归属一群人，毕竟人活在这个社会上是有社会属性的。所以，族谱的编纂过程是确认一个人的身份的过程，同时建立一种家族秩序，以辨别你和哪些人构成一个群体。这个家族群体在古代是关系到利益划分的，是关系到你在这个宗族里面的地位和权力的。譬如前面提到过，在广东这个地方，宗族是有族产的，族内的民众在从事祭祀活动之后聚餐，并分胙，即分肉。现在有许多宗族性公司，其族众可以参与分红。同时，成为家族成员的一分子，也是一个人取得入住权的体现，即有资格在这个地方生活下去，享受一切的公共资源。这个入住权不是国家给你的，而是地方宗族给你的。老百姓的养老助学等福利也是所在的家族给予的，这些举措无疑更加强化了宗族的归属感。另外，宗族修谱，也是凝聚力的体现，修谱的过程和藏谱的过程，都有很多传奇故事在里面。修谱的实质，是在不同的人群之间，建立一个更紧密的家族关系。

最后说一点，即我们怎么样来看待现在网上修谱的问题。网上的这个谱，它是新的时代下宗族的一个新现象。我们现在每个人都可以是自己的历史学家，都可以书写自己的历史，现代的媒体给了所有人这个机会。网上修谱，现在很多人都在做，它有助于保持联系，了解家族历史，以及相互帮助。在网上寻根或者修谱，是把泛家族主义渗透到整个社会里面，全世界所有同姓的人都可以建立一个集体，集体来做些事情，可以一起做生意、办公司、开俱乐部、组织各种活动、发掘血缘关系，使得我们在现代社会可以充分利用宗族。正是因为中国人对血缘的天然亲近，所以整个社会构造跟宗法文化有很深的关系。宗族是一个可塑性特别强的组织，它会跟着时代的变化而变化，这也是它的生命力所在。

# 徽商精神与商业文化

卞 利

**卞 利**

南开大学历史学院教授、博士生导师。安徽大学徽学研究中心原主任,安徽省学科与技术带头人。兼任中国社会史学会副会长和台湾东吴大学客座教授等职务。主持或参与国家社科基金重大课题数十项。荣获安徽省人民政府社科成果奖多项。独著《徽州民俗》(中英文版)、《国家与社会的冲突和整合》、《徽州古桥》等12部,发表学术论文180余篇。

## 徽商是儒商

今天讲的徽商主要是传统的徽商。业界对新徽商还没有完全形成一种认知和认同,所以,今天我们讲的还是老徽商。

大概在 15 世纪中期，开始出现"徽商"这个名称。在安徽南部山区徽州府下辖的六个县，包括歙县、休宁、婺源、祁门、黟县、绩溪，由那些外出经营的，主要是做商业买卖的这一批人所组成的商业群体，我们称为"徽商"。过去讲商帮，中国当时有十大商帮，徽商就属于徽州商帮，简称为"徽商"。在明清时代，徽州这个地域上，70%～80% 的人口是外出经商的，在全国号称第一大商帮。当时能和它并驾齐驱的，主要是晋商。

东汉末年，中原地区陷入战乱，大批的世家大族往南迁徙，最后来到徽州。由于这里四周高山环绕，比较封闭，是一个相对理想的避难场所，所以那些大家族到了山区里面，便拓展自己的势力，把北方世家大族的传统带到了这里。南宋以来，他们对大理学家朱熹的思想非常认同。朱熹的思想在南宋以后的徽州得到了继承和发扬光大，最后徽州被称为"东南邹鲁"。徽商秉承儒家思想的基本理念，依靠灵活经营的管理艺术，在市场中进行经营，逐渐取得优势，成为富甲一方的商帮，同时也创造了独特的商业文化。

徽商被称为儒商。在中原地区的大家族迁到徽州以后，先是用武力站稳脚跟，养成重武的风气。到了唐宋时期，这些大家族逐渐安定下来以后，开始重文，通过科举考试来进入仕途，振兴自己的家族，光宗耀祖。

自东汉末年至南宋之初，历史上三次中原地区大家族的南迁，奠定了徽州人口的基本格局。因为社会相对比较安定，所以到了 12 世纪以后，徽州本土就出现了人多地少的生存危机。如何摆脱危机？大家族就选择了两条路：一条是通过科举考试跻身仕途，但科举考试受名额的限制；那么另一条出路就是经商。

徽商重视读书、重视科举，通过科举入世的途径来寻求光宗耀祖之道。但是徽商并不拘泥于此，而是直面现实。当很多地方还看不起商人的时候，他们已经在观念上进行更新了，认为"读书好，营商好，效好便好"。所以，和其他的地方性商帮相比，很多徽商是掌握一定文化知识、弃儒从贾的。他们在读书、准备科举考试时，熟读四书五经，而且阅读一些传统的商业书，且掌握得非常熟练，如范蠡的《生意经》、司马迁的《史记·货殖列传》。他们不仅能读书，而且能够灵活地运用。他们出去经营的时候，走了很多的地方，会把那个地方的风土民情、经营时的一些注意事项记录下来，编成商书，然后印出去销售。有人说，徽商"贾而好儒"，就是说家里穷了，我去经营，现在有钱了，我还是要持贾而张儒。这个儒，已不仅仅是指文化了，包括读书做官等的理念和实践，是一个非常广泛的概念。徽商在社会实践和经商实践中，因为掌握了知识，掌握了文化，所以能够做到游刃有余。

## 徽商的商业精神

尽管一些徽商后来生意做得很大，但是很多都是小本起家的，开始时并没有多少资金。在相对安定的社会环境下，人口不断地繁衍，超过了土地所能承受的负荷。在这种情况下，只有外出经商才能找到一条活路。所以他们在经营的过程中，是不甘于失败的，敢闯敢干，艰辛开拓。我们在一个家谱中看到这样一句话，"一贾不利再贾"，就是一次经商失败了，再来第二次；"再贾不利三贾"，第二次经商失败了，再来第三次；"三贾不利，犹未厌焉"，第三次失败了，从哪儿跌倒，还从哪儿爬起来，仍然孜孜不倦地追求，直到最后的成功。这是徽商的精神，一种不甘失败、勇于进取的拼搏精神，人们把它称为"徽骆驼"精神。

徽商小本起家，钱从哪儿来？有七个渠道：其一，共同资本，我们合伙经营，你出钱我也出钱；其二，委托者，我有钱我委托你去经营；其三，遗产资本，这种是祖辈留下来的财富；其四，官僚资本，做官的入股；其五，婚姻资本，妇女把嫁妆首饰卖掉作为丈夫的经商资本；其六，援助资本，就是我借给你、支持你，或者无偿贷款；其七，劳动资本，没钱就靠自己的劳动获取本钱。

那么，徽商是怎么从小本起家创造辉煌的呢？

第一，不为良相，即为良贾的务实精神。徽州人比较务实，读书、做官，当然是人生最好的选择，能够光宗耀祖。但是考不上怎么办呢？弃儒从贾，我不为良相，当官做到最高的就是宰相了，我要为良贾；我去从医，我要为良医、为儒医。在商业经营中，他们能够实践儒家的思想，"仁心为质，乐善好施"，能够在力所能及的范围内，尽可能地帮助别人。

第二，做人厚道。这是徽商留给我们的一个宝贵经验。我们来看看徽商吴嵩堂的商业经。他是清代歙县的盐商，在经营时"仁心为质，视人之急如己急"。什么意思呢？把别人急的事情，当成自己的事情来做。他留下了 12 个字的遗嘱，就是"存好心、行好事、说好话、做好人"。

第三，妥善处理义和利之辨。徽商在处理儒家的义和利之辨的时候，能够坚持以义为利，义利兼顾，缘义生利的儒商的精神。孔子说过"君子喻以义，小人喻以利"。很多徽商是粮食商人，在外地运粮食，突然碰到当地发生灾荒了，他们不是去乘人之危、趁火打劫，而是把他们的粮食无偿或者低价，散发给当地的灾民，救活百姓无数。明朝末年，上海发生灾荒，在当地专门做粮食生意的是吴惟禄，他就运了一千担小麦，全部散发给当地灾民，在救人的同时他也赢得了商业的声誉。等到灾荒过后，广大的民众客户都愿意和他做生意。至于徽商靠一己之力，架桥、修路、教学、捐款等事，也是非常之多。

第四，忠诚品质、礼貌待客的礼仪精神。我们经常说做生意要和气生财，无论对亲友、顾客，作为一个生意人，在交谈之间、在待人接物之间，都要和颜悦色、以礼相待。有个盐商叫黄崇敬，他致富以后为人非常低调，也很谦和，用老子的话"深藏若虚，盛德若愚"作为座右铭，"襟怀冲淡，远避名势，清心寡欲"。还有一位商人叫吴艺馨，他的座右铭就是"虽三尺童子也不以为欺"，这是什么意思呢？就是老少无欺。这也是徽商的成功经验之一。

第五，守法经营、信誉至上的诚信精神。买卖公平，天经地义，童叟无欺，诚信为本。可以说，诚实经营，守法经营是一个生意人最基本的致富之道，或者说是获取利润的源泉。无论是徽商还是徽州的家族，都教育人在做人、置家、交友的时候要有诚信，要至公无私，要至诚无伪。价格欺诈，销售假冒伪劣商品，一直是不法奸商获取暴利的一个手段。徽商的可贵之处就在于它在这两个方面都达到了一种新的高度，拒绝价格欺诈，拒绝销售假冒伪劣产品。

第六，善观时变、灵活经营的变通精神。善于根据市场的变化来变化，来采取一些出奇制胜的策略，这是徽商能取得成功的一个法宝。每一个成功的徽商都有他自己一系列的出奇制胜的营销方略和商业战略。

第七，知人善任、审时度势的用人理念。不管做什么行业，人才是必须的，所以立志在我，成事在人。徽商能够取得成功，还在于他们能够善于培养和使用人才，能够知人善任，灵活机智地使用人才。人才素质怎么样，人才的能力如何直接关系到商业的成败。它们往往不惜重金聘请一些能工巧匠，比如胡雪岩花重金招聘刘庆生当掌柜，从别的钱庄把他挖过来，每年给他的薪水是一般钱庄中掌柜的好几倍，还把他的母亲接过来让他没有后顾之忧。后来刘庆生把阜康钱庄经营得风生水起。

第八，爱岗敬业、甘当大任的执着精神。徽商的经营是非常执着、非常投入的。有的人离家别妻，到异乡经营，常年奔波于外，一生经营不止，叫"挟轻资，以贾四方""贸平而取廉""老而倦息"，直到耗尽青春和生命，才罢休。这不仅是一个徽商在战斗，而是他一个家族在战斗，所以徽商的另外一个特点就是族商，家族的商业。通过合伙经商、合资经营这两种途径形成家族经商。家族经商最后的结果，就是产生了大批在外经营的本家族人。

第九，热心公益、树立形象的奉献精神。徽商之所以被称为儒商，就是他们抛弃了奸商为富不仁的传统，在公众中树立了良好的形象。所以，在很多场合，他们能够做到取之于民，用之于民，能够回报社会，大量出资去捐助一些公益和慈善事业。徽商在经营过程中，还深谙公馆之道，为了树立形象，善于同经营地区官府中的徽州籍官员和地方乡绅打交道。他们还会利用地缘关系，成立徽商会馆和同行业工会，如杭州徽商木业公所，通过这些来聚集人脉，树立形象，谋求利益。

第十，团结互助、抱团取暖的团队精神。徽商在外面能够成为一个群体，能够经营得那么成功，就在于徽商在异地他乡经营的过程中，面对茫然不知所措的一些陌生人，能够抱团取暖。他们在一本做生意的小册子里说道："天下有二难：登天难，为人更难。天下有二薄：春冰薄，人情更薄。天下有二苦：黄连苦，贫穷更苦。天下有二险：江湖险，人心最险。"徽商屡屡取得成功，靠的就是团结精神，靠的就是抱团取暖。

## 徽商的商业文化

徽商所创造的商业文化，我们叫它徽商文化。

第一，徽商文化是一种经营文化。当年徽商在流通的领域经营，它所创造的文化是流通、经营类的文化。我们来看看他们是怎么来实现利润最大化的。扬州盐商将盐运到汉口去销售的时候，就提前让他们在两湖的人把稻米买上，等到船卸货以后，把船弄干净，把稻米运回来。这不仅不用空船回来时以石头压舱，而且两头赚。同样的，运棉布、丝绸到北方去卖，把山东产的棉花、海货带回来，绝不放空船返程，这就是他们的物流经。物流经节约了成本，降低了总成本，提高了资金利用率。还有，徽商经营非常讲求实效，一年保本，把本钱赚回来；二年足，第二年就富足了；三年大赚。

第二，徽商文化是一种责任文化。他们和传统的奸商不一样，徽商重视商品质量，拒绝销售假冒伪劣商品，讲究诚信经营，把信誉看成生命，看成一种担当和社会责任。杭州胡雪岩开的庆余堂药店有两块匾：一个是"真不二价"匾，就是货真价实的店不还价；还有一个就是"戒欺匾"，凡百物贸易，均不得欺骗，药业关系性命，万不可欺，就是不能制造假冒伪劣商品。而且他当时发誓，不以劣质产品来获取厚利，所以他希望员工也能够体谅他的这样一种心理，在采办原材料的时候，一定要真材实料；在炮制中药的时候，要注意精致，不要欺骗世人，因为这是造福大众的事情。

第三，徽商文化是一种品牌文化。徽商非常注重品牌，这可以说是徽商文化中重要的一个内容。正因为它童叟无欺，讲求信誉，很多徽商的品牌一直到今天都还在经营。比如屯溪老街上的同德仁药店，杭州胡雪岩的阜康钱庄、胡庆余堂、张小泉剪刀，武汉的叶开泰，还有上海、杭州的汪裕泰茶庄等。这些响当当的品牌，都是徽商在经营的过程中通过诚信经营、守法经营所形成的一个个信得过的品牌。

第四，徽商文化也是一种创业、创新文化。徽商大都是小本经营，为生存所迫，不得已背井离乡，到外面去经商。本身这种经商就是一种创业。他们善于开拓、善于创新，善于在经营交往的过程中发

现、捕捉商机。徽商的创业、创新表现在以下两个方面：一是全民经商，小本经营起家，然后做大做强；二是在创新的过程中有技术创新，有经营方式的创新，有投融资渠道的创新等。

## 徽商可以作为历史的一面镜子

徽商可以说是传统商人的代表。它之所以能够在和其他商帮竞争的过程中脱颖而出、获取利润，主要还是因为其能够把儒家的思想转化为经商的理念，然后变成行动的指南。徽商是儒商，儒家文化中的谦恭礼让、互相尊敬、诚实守信、重义守德等美德，都被徽商所吸收并发扬光大。所以，正确的企业理想、正确的企业伦理道德、求实的理念、良好的企业社会责任、高尚的企业作风，还有熟练的企业技能，这些徽商的商业精神和商业文化可以为我们做好大众创业、全民创新提供一些现成的答案。

当然，徽商毕竟是离我们远去了，今天我们更多地把它作为历史的一面镜子。完全去照搬某一个行业、某一个典型的徽商，都是不可取的。徽商毕竟生活在明清，中国封建社会的后期。那个时代，封建、腐败、苛捐杂税层出不穷，徽商在经营的过程中，没有办法按照自己的经商理念去进行，不得不通过结交官府、取媚权势、捐款捐官来跻身红顶商人的行列，并把它当作重要的公关手段和经营艺术，来达到建立商业垄断、获取商业暴利的目的。实际上，红顶商人是保不住身家的，巨富也是保不了性命的。中国落后的关键，并不在于它没有发达的市场经济，没有发达的商品经济，而是市场的原则，始终没有办法突破皇权、指令性社会的束缚。清朝道光年间，徽商之所以一败涂地，红顶商人胡雪岩之所以最后退出历史舞台，一蹶不振，我想这既是因为时代和历史的局限，也是因为徽商作为红顶商人游走于政、商之间的一个致命的缺陷。游走于政、商之间，协调企业和官府的关系，这是一把双刃剑，利用好了当然游刃有余，利用不好则身败名裂。

# 隋唐的婚姻与家庭

于赓哲

## 于赓哲

陕西师范大学历史文化学院教
授，从事隋唐史的教学与研
究。多次登上《百家讲坛》讲
授《狄仁杰真相》《发现上官
婉儿》《大唐英雄传》《开元
盛世》《大唐巾帼传奇》。荣
获陕西省哲学社会科学优秀成
果奖、陕西省高等院校哲学社
会科学优秀成果奖等多个奖项，2007 年入选教育部"新
世纪优秀人才支持计划"。主要著作有《唐代疾病、医疗
史初探》《狄仁杰真相》《巾帼宰相上官婉儿》等，发表
论文数十篇。

我们今天讲的是"隋唐的婚姻与家庭"。婚姻与家庭的问题非常
复杂，我甚至认为它比很多政治问题都复杂。很多政治人物最终成为
过眼云烟，可是婚姻与家庭，影响到每一个时代的深层次，影响到每
一个人。

# 隋唐婚姻很看重门第

隋唐的婚姻家庭问题，体现出隋唐时期的宗族问题、社会阶级升降问题、妇女问题等。隋唐时期政府对于婚姻的管理，也跟前代和后代不大一样，非常具有特色。隋唐人的婚姻有一个特别大的特点，很讲门第。隋唐前面是魏晋南北朝，那是一个身份等级社会。在唐初，人们的社会观念不认为李家皇室就是血统最高的、门第最高的，而是认为崔卢李郑等家族，以及山东旧贵族才是最高的。唐初宰相向山东旧贵族家求婚，人家不见得答应你，宰相都拿人家无可奈何。唐前期门第是非常重要的。山东旧贵族之间相互婚配，如果你是新兴的贵族想向其求婚，第一不见得痛快地答应，第二要给很多的彩礼。

唐太宗对这个现象深恶痛绝，他下令编《氏族志》。结果《氏族志》的第一版让唐太宗恼怒得不得了，作者仍然把崔氏放在了第一等的排名中。山东旧贵族的社会威望一直持续到唐朝后期。到了唐高宗时期，由于当红的大臣李义府向山东旧贵族求婚不得，因此李义府建议皇后武则天奏请这七大姓之间不准相互通婚，得到武则天首肯。为什么武则天热衷于此事？很简单，因为武姓本身是小姓，武则天也憋着一口气。陇西李氏、太原王氏、荥阳郑氏、范阳卢氏、清河崔氏、博陵崔氏、赵郡李氏，这几个大家族是当时人们观念中一等一的山东旧贵族的大家族，结果他们几家相互之间被禁止通婚。

这些家族听说皇上要禁止他们互相通婚了，趁着诏令还没下达，掀起了一轮突击结婚的浪潮。这些大家族的破落子弟经常拿这事到社会上说事，比如咱俩酒桌上认识了，知道我是谁吗？我是禁婚家。结果此事成为他们矜夸的工具。

无论是太宗、高宗还是武则天，都热衷于打击山东旧贵族。但是，这个事不是一纸行政命令就能改变得了的。武则天要把自己的女儿太平公主嫁给薛绍，结果嫁过去之前，嫌太平公主未来的两个妯娌门第低。两个妯娌一个姓萧、一个姓程。武则天就是霸道，她竟然要求薛绍家先把这两个媳妇休了，理由是"我女岂可使与田舍女为妯娌邪！"，一方面她是门第观念的受害者，一方面她还搞门第观念，所以人是很复杂的动物。

安史之乱之后，社会上讲究门第的风气仍然很盛行，甚至于皇帝要给自己的子女找亲家，一些大族人家也不见得愿意。比如，唐文宗曾经想把真源、临真俩公主嫁给山东旧贵族，结果没人要，唐文宗气得不得了，说："民间修婚姻，不计官品而上阀阅。我家二百年天子，顾不及崔、卢耶？"著名的历史学家陈寅恪专门讨论过唐文宗的事情，他的解释是，李唐数百年天子之家尚不及山东旧门九品卫佐之崔氏，然则唐代山东士族心目中社会价值之高下亦可想见矣。意思是说，山东旧士族这些人代表的是汉魏以来中国传统的文化价值观，而李唐皇室是代表胡风的集团，所以这两个集团在婚姻问题上有落差。

唐宣宗要把万寿公主嫁给新科状元郑颢，媒人是宰相白敏中。郑颢原本正准备向范阳卢氏求婚，而且据说已经谈得差不多了，很有希望。范阳卢氏，就是我刚才所说七大家族之一。结果突然之间传来消息，皇上要他当驸马，郑颢顿时崩溃，就觉得前途一片灰暗。为此，郑颢一辈子记恨宰相白敏中。经常有一句话"皇帝的女儿不愁嫁"，我告诉你在唐代就愁嫁。

从唐代出土的墓志来看，民间也是这样。如果民间谁家娶了一个崔卢李郑王这样姓氏的儿媳妇，必定要在墓志里面大书特书。后来这些家族败落了，黄巢的起义军打遍全国，走到哪里都要杀这些旧贵族，造成了山东旧贵族最后的垮塌。

崇尚门第的事不光发生在上层社会，老百姓也是这样。如果老百姓求不到像崔卢李郑王这样大家的闺女和儿子，他们就要在财货方面追求虚荣，这可以从敦煌出土的《王梵志诗》中看出。王梵志是唐朝的民间诗人，写诗的特点是永远写打油诗。打油诗能反映出老百姓的社会价值观，例如，"有儿欲取妇，须择大家儿。纵使无姿首，终成有礼仪"。这首诗什么意思？给自己娶儿媳妇，尽量选高门大户，因为大家族的女儿，即便没有什么姿色，也是有礼仪的、有教养的。

门第肯定有高低，因此唐朝有很严重的现象就是买卖婚姻。门第如果不高，你向人家求婚，人家答应你之后，你也要付出一定的代价，唐代叫陪门财，意思是你家门第不如我，咱俩通婚，你要用财产弥补不足。唐政府多次下令打击这样的社会风气。贞观十六年（642年），唐太宗下令，"自今年六月禁卖婚"。显庆四年（659年）诏曰："仍定天下嫁女受财之数，毋得受陪门财"。

买卖婚姻的盛行，使媒婆势力格外壮大。唐代的媒婆收钱，是在说定聘礼的总数里面提成的。她一定要把彩礼收得高高的，她提成才高。唐玄宗时期，杨贵妃的姐姐虢国夫人和韩国夫人就当诸皇子的媒婆，每次婚姻谈成，都要收 1000 贯，宦官也干这事儿。

## 隋唐婚姻观念和习俗

唐代结婚，既要有男方给女方家的彩礼，同时女子结婚时，也要有嫁妆。当时有一个观念是，女儿嫁妆少，夫家会瞧不起的。唐代法律还有一个规定，嫁妆是女人嫁到夫家之后的私有财产，公婆无权动用。因此，为了保证女儿的地位，女方父母也要给一定的嫁妆。我们看一下唐代有一首诗叫《寒女行》是怎么说的。"寒女命自薄，生来多贱微。家贫人不聘，一身无所归。"

从墓志里我们发现，唐代的妇女，尤其是中下层社会的妇女，三从四德的观念也是比较浓厚的，《仪礼》解释妇人三从即"故未嫁从父，既嫁从夫，夫死从子"。《周礼》里面有关于四德的内容，指的是"妇德、妇言、妇容、妇功"。妇德谓贞顺；妇言谓辞令，你要会说话，有些不该说的话就不能说；妇容谓婉娩；妇功谓丝枲，你还要会纺织，家里活都要会。三从四德一直贯穿整个中国古代历史，唐朝妇女其实并不能免俗。

唐朝中上层妇女比较自由，具体表现为再婚率高。唐代公主中二婚的很多，甚至还有三婚的，婚外情也非常普遍，基本上是公开的。但是她们的人数少，无法代表基层社会状况。

我们经常可见，唐代妇女因为守节受到官府的表彰。所以唐代的妇女从根本上来说，还是中国传统的妇女，当然上层社会妇女更加自由。中下层妇女与宋代以后的显著区别是在社交方面比较自由，可以抛头露面，走马游玩均是常事，而且可以跟不认识的男性聊天。白居易的《琵琶行》，讲的就是一个男人夜里听见旁边的船上有个女人在弹琵琶，于是，一个已婚男士和一个已婚女士就移船相近邀相见了，然后一起促膝聊天。所以，唐代所谓节妇、贞洁的标准，跟后世是不一样的。张籍写过一首著名的诗叫《节妇吟》，是以一个贞洁的妇女的口吻写的。整篇诗的意思是，你现在突然之间对我表达爱意，我简直感动得不得了。我拿着你送来的东西，我也感动得不得了。但是对不起，我思前想后我还是不能跟你，因为我有丈夫。最后两句是"还君明珠双泪垂，何不相逢未嫁时"。你来晚了，你要在我没出嫁的时候找我该有多好。明清的儒生们一看这个简直气得不得了，你还好意思叫节妇吟，简直是精神出轨。唐汝询说："彼妇之节，不几岌岌乎？"清代的贺贻孙说："节妇之节，危矣哉。"张籍的这首诗，反映了那个年代的价值观。

唐代人怎么选女婿？跟现代人一样，第一门第，第二钱财，第三才气。当然唐代女孩子比后代有一个自由度。明清时期女孩子在没结婚之前是绝对不能跟自己的夫君见面的。但是在唐代可以，家长会创造条件让你见一见。《开元天宝遗事》记载，李林甫有 6 个女儿，到了婚嫁的年龄，他家每天都有年轻的事人到府上奏事，李林甫就在自己办公室的外面墙上开了一个小窗，6 个女儿可以没事儿趴在窗户上看。看着姿容比较俊美、尚未婚配的人，可以跟父亲说一下去提亲。因此，人家把这个窗子叫作选婿窗。李林甫在婚姻问题方面，还是很尊重女儿们的意见的，这点很不错。

# 隋唐的婚姻与家庭

在婚姻的问题上，家长要起到协调家庭关系的作用。唐太宗曾经把薛万彻嫁给自己的妹妹丹阳公主，有一次唐太宗跟别人说薛驸马村气，结果这句话让丹阳公主听到了以后，深以为耻，不与同席数月，几个月不跟自己的丈夫坐在同一个席上。还说："我哥也不知道怎么回事，既然嫌你村气为什么让我嫁给你？"唐太宗听到这句话后想："我这一句话把妹夫家庭关系给弄坏了，这不行，我得弥补一下。怎么弥补呢？要在我妹面前表示一下薛驸马也是可以的。"两个人一块下棋，下棋的过程中，唐太宗故意输给了薛驸马，还把自己腰上佩的一把刀子解下来，送给了薛驸马。意思是在丹阳公主面前展示一下，薛驸马还不错。结果立竿见影，薛驸马下完棋要回家了，习惯性地骑上马准备回家，丹阳公主在后面招手说："过来，跟我坐一个车。"

唐人很重视才气，比如《霍小玉传》中，霍小玉后来为什么嫁给李溢，是早就听闻李溢的才气。霍小玉身份比较特殊，类似于歌伎，她的母亲把李溢请来与自己的女儿相见，霍小玉害羞不敢，结果她母亲说："汝尝爱念'开帘风动竹，疑是故人来'。即此十郎诗也。尔终日吟想，何如一见？"霍小玉低着头细声细语地说，"见面不如闻名，才子岂能无貌"。

唐人的笔记小说中，往往称颂男人的才气。甚至为此，还有诗文决斗。《唐语林》记载，郑颢有一个徒弟叫李郜，去一个女孩家求婚，同时又有另一家男子来这家求婚，结果女孩家就提出一个要求，你们谁能率先准备好一百万钱的彩礼，我就把女儿许给谁。结果同一天，两家把一百万准备好了。再怎么办？这家就问女儿，你觉得谁好？女儿提出不如来场诗文决斗。李郜是有名的才子，结果马上抱得美人归。可见那时候男人的才气是很重要的。

唐人的婚姻与先秦一样，要经过六礼。哪六礼呢？纳采（男方找媒人向女方提亲）；问名（问双方出生年月日），要占卦，算八字；纳吉（卜问吉凶）；纳征，唐代法律规定，婚姻关系从纳征开始确定，如果女方不同意，大可不要对方的彩礼，如果接受对方的彩礼，已经发生钱财的关系，婚姻就必须成立，纳入法律的保护体系内；请期，既然已经接受了彩礼，就要确定结婚日期；亲迎，这才是正式的结婚。唐代的婚姻，都得严格按程序来。

敦煌出土了《婚事程式各种》，这是一个范本，在唐代叫作书仪。唐代有文化的、会写字的人不像现在这么多，如果要结婚，怎么办？按照范本把名字一填就行。这一页，是男方写给女方家的，前面都是先把对方高高地捧起。别纸就是再换一张纸，这时候才进入关键，我某自第几男，我是第几个儿子，年已成立，未有婚媾，还未结婚，听说你家有女儿，"令淑有闻，四德兼备，愿结高援"。女方怎么回答呢？也有模版，这叫答婚书。前面也是讲我久仰你家如何，你家简直好得不得了。别纸，"某自第几女，年尚初笄，未阒礼则，承贤第某男，未有伉俪，愿存姻好，愿托高援"。双方建立起关系来，才进入了正式的谈婚论嫁的阶段，这就是婚书的模板。

亲迎时热闹极了，程序也很多。比如要催妆，唐代的新娘子也要化妆，化妆时间很长。新郎迎亲时，率领亲族骑马到女方家外，要在外边高喊催妆诗。唐代对男性的才气要求很高，你必须还得念诗，不念诗，媳妇还娶不走。什么叫催妆诗歌呢？诗文一般的意思是说，新娘子你快一点吧，你看我都等到什么地步了，我等得日头都上了，赶紧走吧，咱们一块儿走吧。新娘子这才上车去男家。而且，这一路也没那么顺利，娘家会上来一大堆人把你的车马给挡了，然后要红包。后来到了何等地步？新郎家为了应付娘家人，掏的钱竟然比彩礼还多，以致皇帝多次下诏禁止这种现象。说到催妆诗，我摘取了《云安公主下降奉诏作催妆诗》："云安公主贵，出嫁五侯家。天母亲调粉，日兄怜赐花。催铺百子帐，待障七香车。借问妆成未，东方欲晓霞。"另外还有一首催妆诗。唐朝有一个人叫陈峤，一生结婚多次，而且只娶 18 岁女孩。他年近 80，还强娶了一个儒家女。女孩年龄很小，他的朋友都看不过去了，因此都讽刺他。陈峤借着写催妆诗，抒发了自己的胸怀："彭祖尚闻年八百，陈郎犹是小孩儿"。

为什么叫婚礼？古人结婚都是在黄昏，所以叫婚礼。从人类学角度来说，这是原始社会的遗存。因为那时候流行抢婚，找媳妇都是带着棒子出去，在路上看到一个女子在后脑勺给一棒扛着就跑。为了防止娘家人找上来，这事一般都是黄昏干，为的是抢走之后马上就是黑夜，娘家人就找不着了。后来后世赋予的解释是，因为黄昏正好是阴阳交泰，符合婚礼之道，所以黄昏结婚。著名的《孔雀东南飞》中女主人公的婚礼就是傍晚举行。太平公主嫁薛绍也是黄昏举行，太平公主的婚礼非常盛大，晚上结婚，娘家在大明宫，一直到新房，一路几公里，燃烧的灯烛多到把几公里的行道树全部烤死。到后来中国人的婚礼就变了，起码中国现在有一半以上的地区流行在白天结婚。我来自西安，西安结婚必须是白天，西安的风俗是二婚才在黄昏结婚。而南方好多地方还保留着黄昏结婚的风俗。

结婚女婿来拜阁的时候，是娘家逞威风的时候。娘家妇女全部都要集合，手里头都还拿着大棍子。干什么？要打这个女婿。为什么要打女婿？意思是不要以为我家女儿娘家没人，你惹我家女儿试试，看我打不死你。

转席，新娘娶回来之后脚不能沾土地，准备两块彩色的毯子，新娘走一步移一下，走一步移一下，叫作"前程似锦"。

坐鞍，据说这是草原游牧民族的风俗，有一个马鞍子摆在门槛上，新娘过来的时候要么跨过去，要么在上面坐一下，寓意平安。

女子嫁过去后的家庭生活。中国古代严格来说是一夫一妻制。妾是妾，妻是妻，界限分明。《唐律疏议》规定，以妻为妾，或者以婢女为妻者，徒一年。意思说两者的身份不允许颠倒。妻子是明媒正娶来的。妾来源广泛，可以是买来的，可以是抵债过来的，等等。但妻只能有一个。有个男子特别爱自己的妾，自己的正妻死了之后想把妾变为妻，但是法律不允许。他最后采取的办法是，终身不再娶妻，始终跟妾在一起。

唐代也有并嫡现象。唐代有人家里同时有两个妻子，甚至有人有三个妻子，这叫并嫡。虽然法律不允许，但是社会上存在这种事。据史料记载，安禄山、王毛仲、安重荣等人都有两妻。我们在敦煌出土的户籍残卷、造像塔记上也都发现过此类记载。农村社会也有这种现象，一个人同时有两个正妻，而且并不鲜见。敦煌的户籍册中，两妻的人数达到 35.2% 。《周村十八家造像塔记》中，两妻的人数也占到 11.1% 。为什么出现这样的现象？陈鹏先生在《中国婚姻史稿》中注意到这个现象从魏晋南北朝开始就有，他说这是魏晋南北朝的遗风。魏晋南北朝是战乱的年代，经常有男性出去之后多少年不回家，他在外面另外娶妻，等到风平浪静回到家乡，就出现一个现象，他同时有两个妻子，官府就此默认了，两妻并存，不分嫡庶。他认为这个风气也影响到了唐代。

宋代管得很严，这个现象逐渐绝迹。但是到了明代，又有兼祧现象出现。兼祧是一个男人可以娶几个妻，还是正妻。兼祧有严格的限制条件。比如这家兄弟三个，只有一个人生了个儿子，换句话说，这家人丁不兴旺，到了第二代只有一个男子，这三家都要有后代怎么办？让一个男子娶三个正妻，希望能生三个以上的儿子，然后一家一个，这叫兼祧。

唐代还有著名的悍妇现象。唐代的女性地位还是比较高的，尤其受北朝草原游牧民族的影响，妇持门户。悍妇现象在隋朝也有。比如隋朝独孤皇后就很彪悍。独孤皇后的父亲是八大柱国将军之一独孤信，名望极高。因此独孤氏跟杨坚结婚的当天就让杨坚下了一道誓言，以后绝不跟其他女人生育孩子。因此，等到杨坚当了皇帝，尽管妃嫔众多，但是在皇后的看管之下，他也不敢染指这些妃嫔。有一次，皇帝看中了一个尉迟氏，是一个小宫女，很漂亮，皇帝悄悄地把她带到自己的寝宫里面。结果这件事被独孤皇后知道了，第二天，皇帝去上朝，独孤氏手持利刃闯入寝宫，亲手将尉迟氏杀害。

还有一个著名故事，所谓吃醋故事的原始版本。唐太宗时期有一个兵部尚书叫任瑰，皇帝给他赐了两个宫女。结果他妻子虐待这两个宫女，唐太宗听说后很生气，然后派人给任瑰的妻子赐了一瓶酒，跟她说，你丈夫是三品，按理说他应该有妾，你现在不允许他有妾，你如果允许了，一切好说，你要不允许就把毒酒喝下去。结果任瑰的夫人竟然说："我与任瑰结发夫妻，白手起家。"我们俩一块打拼出来的，现在富贵了他想娶小的，我就是不干，你给我毒酒，喝就喝。这一喝下去其实不是毒酒。这个故事流传到后来就变味了，男主角变成了房玄龄，喝的毒酒换成醋，这就是吃醋故事的由来。皇上最后一看说，这女人我看了都害怕，怪不得任瑰驾驭不了。

唐代的笔记小说都把此类女性作为反面人物。实际上她们是很正当地维护自己的婚姻权益，不愿意有第三者介入，这很正常，但在那个年代都被叫做妒妇、悍妇等。

唐代休妻规定"七出"。即无子、淫佚、不事舅姑、口舌、盗窃、妒忌、恶疾，犯其中一条，就可以休妻。唐代法律同时对女性也有保护，规定"三不去"，三种情况下休妻无效。第一，持舅姑之丧，曾经为舅姑守过丧，或者正在守丧；娶时贫贱而后富贵；有所受无所归，你娶的时候人家娘家还有人，过了些年娘家人死了，你休妻后她没有地方去，不允许你休妻。这也是对女性的一种保护。妇女也可以提出离婚，就是所谓的义绝则离，就是我们说的感情不和就可以离婚。唐代女性虽不如男性主动，但其权益也有所保障。

唐代的婚姻与家庭集中反映了隋唐的时代特点，种族的升降、新老贵族的矛盾、社会风俗、道德观、贞操观、妇女问题皆在此有所体现。

# 电信网络诈骗的防范与治理

王征途

**王征途**

深圳市公安局刑警支队七大队
副大队长，兼任市反电信网络
诈骗专项办、市反电信网络诈
骗中心、市公安局反电信网络
诈骗咨询专线负责人。2017 年
被团市委评为"2017 年十大深
圳好青年"之一。

## 电信网络诈骗发案的形势

10 年前，号称深圳"城市之痛"的飞车抢夺、家里被偷、乘车
被盗等接触性案件比比皆是。随着我们的人防、物防、技防不断增
强，同时随着犯罪人口结构的调整和变化，传统的接触型犯罪已向非
接触型的电信网络犯罪转变。从福田区今年连续三周"两抢"发案
率为零，可以看出传统的作案手法和犯罪人口结构在发生根本性的转

变。根据犯罪心理学研究，只有在最熟悉的领域犯罪才会有"安全感"，因此新型违法犯罪分子选择利用电脑网络实施犯罪行为。

犯罪分子已经转型。2016 年抓捕的电信网络诈骗犯罪分子当中21% 有"两抢"案件前科；今年从缅甸边境带回的刷信誉诈骗集团，其中 5 个人有毒贩前科，现已改做电信网络诈骗犯罪。电信网络诈骗已经渗透到我们生活的方方面面。有大量的人进入这个犯罪领域。随着形势的转变，深圳公安刑侦民警从跑得快、跳得高、能加班、能熬夜、枪法准向懂电脑、懂金融、懂法律等转变。"两抢一盗"的案件已经急剧减少，而电信网络诈骗却在以每年 30% 的速度急剧上升。根据犯罪形式的变化，公安机关调整以往对传统犯罪的策略，以变制变。

电信网络诈骗犯罪的作案手法"与时俱进"，并且有庞大的"地下"黑色产业链支撑。为什么接到一通电信网络诈骗电话，普通市民会深信不疑？因为诈骗分子已准确掌握了受害人的个人信息（包括姓名、身份信息、家庭住址、甚至账户存款等）。我们警方在巴厘岛打掉一个冒充公检法的窝点，现场缴获批量公民个人信息，泄露的个人信息面面俱到，令人触目惊心！另外，深圳警方在全国率先开展了打击骚扰电话的行动，清查大量窝点，也搜查出大批量个人信息（包括家庭住址、家庭人口等），这离不开黑色产业链的"支持和帮助"。以冒充公检法窝点的案例来看，一个专门出资的"大老板"，他可以什么都不懂，就用钱组织了一个诈骗团伙。建机房，在境外设服务器，一、二、三、四线层层设套的话务员，编写诈骗脚本等全部搞定。据诈骗团伙交代，诈骗脚本是由某高校心理学博士写的，一个 100 多页的诈骗脚本价值 100 万新台币。其中每一个对话，每一个停顿、叹息、口吻等全部都标识得清清楚楚。还有人专门生产木马病毒，有人提供网络电话（VOIP）改号服务……当电话进来时，犯罪集团用 VOIP 改号软件把原号码隐藏起来并替换成 0755 - 81234567，让人以为是深圳反诈中心的电话，从而实施诈骗犯罪行为。

犯罪分子实施诈骗后，有洗钱集团将骗到的钱转移到境外，"水房"车手帮他取钱，犯罪集团与洗钱集团、"水房"合作分赃，这就是整个黑色产业链。初步估计，这个产业链上有 40 万从业人员，每年帮助诈骗集团"洗走"中国大陆 200 亿元到 250 亿元人民币。深圳电信网络诈骗以年均 20% ～ 30% 的速度增长，严重威胁市民财产安全。

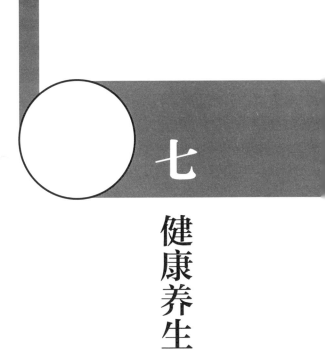

七

健康养生

# 绿色家居与健康生活

陈　琬

## 陈　琬

中国室内装饰协会家居装饰专业委员会秘书长，2010年亚太空间设计国际高峰论坛创始团队成员，亚太室内设计双年展商务负责人和筑巢奖策划人，2012年担任中国建筑装饰协会装饰百强评审办公室副主任。曾参访国际家具展并出席德中重要商务会议与合作。

## 绿色家居的概念和内容

我们可以看到，整个的大环境都在提倡环保，北京很明显，雾霾一出现，整条路上，人都是看不见的。大气环境受到污染，室内的废气排放也是因素之一。据调查，大约每年有210万的儿童死于装修中甲醛、苯、粉等有害物质。据世界卫生组织的统计，仅2012年就有

430万人死于室内的空气污染。

绿色环保是一个宏观的概念。从装修的角度来讲，绿色环保包括污染少排放、健康舒适以及可持续发展等一些观念。从整个居住环境设计的角度出发，绿色环保应该从以下两个方面来加以理解。第一就是人居环境。居住环境的整体设计，应该体现绿色环保的理念。消费者找到一个好的装修公司以后，装修公司有好的设计师来进行房屋室内规划。设计师对空间的规划，以及产品的规划等，能够合理地去满足人们的实用功能以及人性化的功能。在这个基础上，添置多少收纳功能的东西是合理的设计？这些都是考量设计师设计能力的基础。第二，就是正确地认识绿色环保的装饰材料。首先，要有国家的认证，或者质量检测中心出示的绿标的内容，或者有质检商标的产品。

从整个人居环境的整体设计上来看，首先是看空间的承载量。如何合理设计，涉及房屋的空间承载量。承载量是指设计师一定要在设计户型的时候，去满足一个几口之家的基本需求，包括是否有儿童房，老人是否有无障碍功能的实用产品，设计师帮助儿童和老人们更好地生活在这个空间里，不能一味地把很多美观的、奢华的产品堆进去，这就是设计。而有的设计师，找来网上设计的图片来给消费者选择，最后呈现的效果却使消费者在心理上产生落差。好的设计师，一是应该能够为消费者量身定制一个承载空间。二是合理地搭配各种装饰材料。在满足了人们基本功能需求的基础之上，在正常的空间内，有好的、实用的功能的产品在里头。三是保障室内有一定的新风量。这个新风量对于整个空气的过滤，对于人们未来的生活起居，以及健康、舒适度会带来一定帮助。现在很多的消费者如果有这样的意识，可能会在装修的时候，提前把新风系统也给考虑进去。四是设计师进行整个的人居环境整体设计时，应充分考虑室内应该购买的装饰材料产生的污染情况，提前预留它的排放量。当消费者装修一套房子的时候，去买各种家具材料，每一件单独测试都是达标的，但是，全部家具材料堆在一起装修以后，测试空气中污染的排放量是不达标的。这是什么问题？这是设计规划的时候，没有规划好产品的数量。整个室内的空气污染，是由各类的污染物质在室内的空气中累加而成的。因此，在装修完了之后，消费者要进行室内通风。即使环保检测完全没有问题，也不能马上去住。至少要通风 20 天，使空气更好地对流，让家具的这些排放量能够挥发完毕。

## 健康住宅的概念与功能

什么样的室内环境，才称得上是一个健康居住的人居环境？从居住者出发，满足了广大消费者的生理需求和心理需求，使其生活在一个健康、安全、舒适、环保的居住环境中，才能满足健康居住环境的条件。因此，整个健康住宅的标准要素，不仅包括与居住相关的物理因素，比如温度、湿度、空气质量等，更多的可能是主观上的一些心理因素，比如空间的布局以及对居住者隐私的保护，或者是否考虑到老人的一些无障碍的空间。

日本的住宅，空间很小，但它的空间利用率很好。那么，设计师怎么更好地把一些居住的收纳空间考虑进来，把一些功能性的东西考虑进来，给消费者带来一个更好的空间居住的舒适环境，这是很重要的。开发商可以努力地去营造一个良好的住宅室内小环境，比如精装修，利用绿色的建材材料、环保的材料，避免未来产生污染的问题。这就要求房企开发商的采购标准要定得较高。

健康住宅，不同于绿色住宅和节能住宅。绿色住宅和节能住宅，主要强调的是资源利用，比如对社区的水的循环利用，建筑体的保温、隔热效果。建筑体能为整个社区环境带来绿色、节能。它注重人与自然的和谐共生。我们一直提倡的健康住宅，应该强调居住者的健康问题，这与老百姓的生活质量密切相关。评估健康住宅，主要有以下几个要素。

第一，从人居环境的健康来讲，有几个因素。比如室外公摊面积的环保设计，或者室内各个空间是否有很好的规划性。

第二，就是整个自然环境的亲和性，让消费者们更接近自然，才是健康住宅的一个重要任务。比如住宅的绿化程度，很多开发商为了建造更多的房子，把很多的绿化公共空间取消掉了，这是困扰消费者的一个方面。现在土地的成本，也是越来越高，开发商在现有的空间内，如何实现居住的低容积率的问题，这是有待考虑的。

第三，从健康环境来讲，整个住宅区的环境、环保、视野，以及污水和中水处理、垃圾回收，是健康住宅需要考虑的核心问题。整个的物业体系，都是为消费者服务的载体。消费者购买房子的时候，需要把这些问题考虑进去。

第四，就是健康环境的保障。这主要是针对居住者本身的健康保障，包括医疗保健体系、家政服务体系以及公共建设、社区儿童老人的活动场所。所谓的学区房，家长可能考虑的是孩子上学的问题，但是儿童的托儿所也应该包括在内。社区医疗状况，以及老年的活动场所等设施，也是很重要的因素。

第五，就是健康住宅的绿色系统。整个的绿地率要大于或者等于35%，整个的建筑密度不高于25%。绿化覆盖率大约为70%。消费者在买房的时候，这些数据可以作为参考。

健康住宅的一个发展趋势，主要强调的是从人居环境出发，大幅度地减少污染，以及资源和能源再利用的集约化。健康住宅，不但体现在居住环境的健康性，而且拓展到整个居住区、社区的环境的健康性，包括社区的功能性，以及对于居住者的心理影响，包括以下几点。

第一，就是怎么去实现居住的健康性。主要是通过整个的住房建设中所应用的一些装饰材料、建设材料来实现。整个建筑材料是否节能，是否是环保的？

第二，就是使用的各个装修的物品，它的使用功能、使用性能、质量和使用寿命。整个房屋，可能基本上也是 8～10 年翻修一次。这时会有更好、更新的产品，更舒适、更智能化的产品，能够为我们的人居环境带来高质量的提升。我觉得在座的很多年轻人，应该为父母创造这样一个更好的人居环境。

第三，就是改进住房的建造方式。这是从整个土建和开发商的角度来考虑的。

第四，就是改善住房的规划设计。我一直强调设计的内容，无论是建筑设计，还是室内设计，还是空间设计，都是围绕设计。其实，设计是空间的一个灵魂，它必须满足消费者使用的功能性与实用性，以及生活习惯的便利性，这需要设计师有很好的专业知识。在推动健康住宅的建设中，还必须考虑到消费者的支付能力，必须得把住房的性能改善和经济性有机地结合在一起。

## 健康家居与精装修的几个板块

讲到精装修，我可能会分几个板块来讲。

首先讲装配式住宅。你们可能不太理解什么是装配式住宅？在日本、德国、美国，你会发现，建造房子其实就像搭积木一样，或者像汽车 4S 店组装一辆车一样容易。国内很多的建造开发商，他们选择了砂浆水泥材料去建造，需要相对长的时间。装配式的建筑，整个钢结构的落地，整个房屋组装式的施工的装修周期很短，30 天左右就能建起一栋房子。远大地产、万科、鲁能等地产商，可能已经有这样的案例了。未来 5 ~ 10 年，大家可以买到装配式的房子，它的抗震性、钢结构性、居住性，都可以提前设计规划，从功能性上、实用性上，更好地满足消费者的需求。

其次，从整个的装饰装修来讲，全装修、精装修、装配式装修、毛坯，这些都是与装修材料有关的一些概念。消费者去买房子的时候，或者是准备装修的时候都有看到过。一共有以下几点。

一是拎包入住。拎包入住，是指开发商售卖这个新楼盘的时候整体式精装修后，把整个的家具、家用电器，以及所有的软装部分都考虑进去了。消费者买房以后，不用另外添加家居用品，也不用再次装修，在交钥匙的时候，就可以直接入住。

二是全装修。全装修房，是指在交钥匙之前，所有功能性的空间基本上是完成的，包括厨房和卫生间的基本设施也是全部完成的。

三是精装修。精装修，通常是指房子的整个顶面有一定的造型了，并考虑了一定的设计效果和风格。在整个精装的内容上，是存在设计的。这些设计已经把地面的材料、墙面材料，以及卫生间、厨房的材料，给设计进去了，相当于在全装修的基础上，去完成一个精装的部分。

四是装配式装修。前面我有给大家普及装配式的内容，就是快装。在日本，装配式装修达到95%以上，德国、美国、法国也是达到95%，只有中国还不到10%。

我给大家科普一下几个和装修材料有关的基础概念。

其一，环保材料和环保型的材料，这是两个不同的概念。环保材料，是通过国家权威检测机构认证，并且达到了环保标准的材料；环保型的材料，则是指就同一品牌的同类型的产品而言，它的环保指标是相对较高的。

其二，有害物质含量和它的释放量。在装修材料中，由于生产工艺以及使用要求方面的限制，或多或少含有对人体有害的化学物质。只要装饰材料的有害物质是被密封在材料当中，不挥发到空气当中去，一般就不会给人体带来伤害。应该注意在装修过程中的有害材料空气释放量，大家可以查一下 VOC 的内容。

其三，环保材料真正的概念。它是指不含有害物质的材料，或者释放量低于国家标准的材料。环保的材料比一般的材料是更安全的。因为整个的零污染的室内装修，基本上是不存在的。只要涉及材料，都会存在化学成分，所以绿色环保材料不是绝对的。只要有害物质不超过人体的可接受的范围，就是可以接受的。

其四，室内装修最主要的污染物都有哪些？我们都以为是甲醛，实际上最有害的是苯、氨这类的物质。它们没有气味，但会破坏人体的免疫系统。这就是装修完了以后，为什么还是要去进行一个国家级的第三方机构的检测后再去入住。

选择绿色环保的装饰材料，要走正规的销售渠道，至少在售后、维权上是能够有保障的。到店面看材料，从整个的产品、包装上看有没有中国的环境标识、中国的质量检测标识，以及到相关的官方网站上查看产品是否符合当时检测的标准，再就是要检查产品的质量合格检测报告，看一下报告上的 VOC 的排放量。

满足人的生理上的、心理上的以及社会需求三个方面健康的整体家居环境，才可称得上是健康家居。

从生理健康上来讲，像甲醛、苯等有害的物质，存在于整个的家具、饰品材料当中。那么，为了保障我们生理健康，对建材和家居饰品的要求就比较高。如果是通风性不是很好的户型，一定要采用很好的新风系统，它能过滤掉空气中的有害物质。

从心理健康上来讲，光线、采光，对于人们的心理也带来强烈影响。居住在比较明亮的空间下，整个的家庭氛围，可能会比较好。但是，有一些户型可能朝向很差、常年不采光，或者被前面的楼挡住光线。在购买这样户型的房子的时候，咱们的消费者应该要提前注意到它的采光问题。另外，色彩对于心理暗示是非常直观的。颜色过于丰富会使人们在居住的时候产生一种强烈烦躁的情绪。所以，在整个的家居色彩的配色上，设计师应该给予指导，选择暖色调一点儿的，就是偏明亮一点的颜色，不要一味地追求时尚的颜色，像黑色、灰色，或者大红色，或者很艳丽的颜色，这会使人们在居住环境中心理受到一定的影响。选择一些浅色，是能够更好地搭配家居饰品的。

从社会健康上来讲，整个的家居环境要能够提升生活的品位。

满足三个健康需求，才是健康家居，它是不能脱离人的健康而独立存在的。因此，整个的家居健康将会成为具有生命气息的拟人化的空间。未来要考虑把智能融入软装饰中。

我对健康家居生活有几个小的建议。第一要考虑家居的原材料是否对人体有害，是不是环保型的材料，是不是环保的木材、环保的地面材料、环保的空间材料。并不是有味道的家居材料都不环保，一些天然的实木材料，它可能有天然的气味，消费者要有辨识度。相对于材料有甲醛、苯而言，纯实木的环保性更强一些。另外，家居应该形成一个整体的风格，这对居住者的心理有很大的影响。然后，家居必须具有较高的安全性的保障功能，要防止老人和孩子受伤害。

下面我们讲一下绿色设计。绿色设计，是为了适应当代环境的危机产生的。第一，就是强调它的科技性，这些产品的制造或者生产过程当中，要尽量减少它的消耗，使自然的资源和能源可以有效地被回收和利用。绿色设计，使设计师对环境问题具有很高的意识。在绿色设计中，使用天然的材料以及没有经过加工形式的家居产品。有一些板材，是用木材回收再利用的刨花材料制作的，还有使用玉米梗去再造的新材料做成的地板。第二，就是从它的设计风格上和高科技的方面，让用户感受到这个产品的亲和性和温暖性。第三，就是节能，选择灯的时候，一定要选择节能灯。第四，就是整个材料的一些经济性，所谓经济性，就是提升实用性和功能性。第五，就是在整个产品的设计上，增加一些乐趣的设计。第六，就是产品和服务的非物质化。第七，就是组合性设计和循环设计。

# 尊医重卫，呵护生命健康

## ——聊聊深圳医改的话题

李贤新

## 李贤新

深圳市孙逸仙心血管医院副院长，泌尿外科主任医师，北京大学教授、博士生导师。曾主持国家自然科学基金1项，作为科研骨干参加完成863项目1项、973前期专项1项、自然科学基金2项，参与省市级科研项目多项；主持建立深圳重大疾病临床资料和生物资源样本库公共技术服务平台。荣获教育部科技进步二等奖、广东省自然科学奖一等奖等奖项。发表学术论文60余篇，其中SCI收录30余篇。

## 医疗改革进入深水区

2017年9月29日，国务院新闻办印发了《中国健康事业的发展

271

与人权进步》白皮书，把过去 30 年医疗卫生改革的成果进行了系统的梳理和总结。健康是人类生存和社会发展的基本条件，每个公民都享有健康的权利。过去这些年，我们国家整个医疗卫生服务体系都进行了一些系统地、深入地改革，也取得了很大的进步。

2012 年中共十八大首次提出我们国家发展的目标是全面建成小康社会。2015 年 10 月 29 日，健康中国建设正式写入十八届五中全会公报。2016 年 8 月 19 日，在卫生与健康大会上，习近平总书记提出了没有全民健康就没有全面小康的理念。规划提出了健康中国和健康发展具体的目标和要求。2017 年 8 月 17 日，在全国卫生计生系统的表彰大会上，习近平总书记又作出批示，全面推动社会形成尊医重卫的良好氛围，加快建立中国特色基本医疗卫生体制，努力开创我国卫生和健康事业的新局面。

国家重视健康、重视健康中国的建设，居民的健康生活方式、居民疾病的防治、运动方式的推广得到空前的重视。

我们国家新一轮的医改是从 2009 年 3 月开始正式启动。医改的目标还是基本的医疗服务体系、医疗服务卫生制度的建设。而我们提到健康中国的规划纲要共建共享，所有的医疗资源的共享。让全民都能够实现健康知识、健康观念、健康生活方式的共享。

医改后，国家已经系统地出台了 56 份医疗改革的文件。最近一周，医药供销领域改革的文件基本上一两天就有一份文件出台。

整个医疗卫生体系的改革真正进入深水区，改革的幅度、深度和速度都在迅速地推进。国家提出的《"健康中国 2030"规划纲要》，目标是预期的寿命再增长三岁。据此可以看到，随着我们国家改革开放以后居民生活水平的提高，评价健康的指标即人均预期寿命得到显著的提高。

通过全国医疗改革，特别是提高医疗资源的供给，医院的数量增加很多。医院在全国进行均衡地推广和增加，包括病床的一些供给数的增长，以及医师资源的增长。从数据来看，我国医疗发展水平取得了长足的进步。

取得进步的同时医疗发展也面对很多的挑战。特别像医疗分配不合理的情况，比如说优质的医疗机构和医生资源的配置，这一块确实是不均衡的，都集中在大城市。随着我们国家城镇化建设的推进，农村人口往城市聚集，城市医疗资源供给显得相对不足。分级诊疗体系和优质的医生的培养体系，有很多需要改进的地方。

白皮书中提到中国时非常自豪，用6%的GDP养活了20%左右的全世界人口。用低的投入解决了大的人群健康的问题。但也讲了医疗投入不足的一些表现，导致有些医院以规模的扩张来解决医院运营支撑的困难。国内公立医院政府投入的资金、财政的补助占整个医院运营体系的10%。这些问题导致大医院门庭若市，医生和医疗技术人员超负荷工作。医患的需求、医疗就医的环境、医患的矛盾集中地体现出来。

国家医疗卫生技术水平还要依靠科学技术的发展，比如新的医疗技术、新的药物的研发和应用。国内这几年鼓励新药的研发、新的医疗器械设备的研发进步很大。受专利技术的影响，新技术、新方法应用到每一位居民和患者有一个时间差。新的技术、新的方法、新的药物需要资金的支持，这也是我们现在医疗发展面临的一些困难。

深圳的医疗发展总的来讲起点低、进步快。特区内医疗资源相对集中，特区外相对缺乏。医疗机构服务的体系和人口膨胀的速度不匹配。通过"十二五"以及未来"十三五"补短板会得到相应解决。

"十二五"期间深圳市政府投资了将近800亿元用于医疗建设和设备的更新、人才的引进和培养。"十三五"期间深圳市要投入将近1400亿元用于医疗卫生系统的建设。与全国的数据相比，"十二五"期间我们国家投入599亿元用于建设基层医疗和县级医疗的服务机构，说明深圳在这方面的投入非常大。未来两三年，深圳医疗机构、医疗服务人员服务的质量都会得到显著改善。深圳目前缺乏医学院，医学院是培养医疗机构优质服务人才的基地。医学院还有研究基地，包括临床研究、基础医学的研究。有了这方面的支撑，它的技术进步就会更显著。

深圳人才的结构年龄比较年轻，疾病结构和内地有一定的差异。

随着社会的发展、人口的急剧增长，年龄的结构也在往上增长。1999 年深圳平均人口年龄 26 岁，现在平均人口年龄接近 35 岁。

深圳的平均预期寿命、医疗服务体系和健康生活水平在全国已经算是领先的。我们提出改革的目标，预期寿命往 80 岁前进。

深圳医疗的机构确实不足，人口多、医疗机构少，供给不足。我们投入补短板以后带来的一些健康的指标，像孕产妇死亡率、婴儿死亡率明显下降。我们也提出新的发展目标，2030 年深圳预期人口平均寿命 83 岁。

## 深圳医疗改革的探索

第一，关于医疗资源方面。

深圳新建、改建、扩建的医疗机构有近 60 家，新建的医学院有 5 家，还有 3 家是社会资本在投入运作。深圳在未来医疗服务机构的建设和配置方面是比较充足的。

深圳原来的三甲医院不足，现在三甲医院已经达到 12 家。跟广州、北京等没办法比，北京是 50 多家三甲医院，广州也有 30 多家三甲医院，但是我们已提出了明确的目标，已经往这个方向努力，今后会有显著改善。

港大深圳医院经过五年的试运行，现在每天的门诊量达到 5600 人次，开放的床位达到 1200 张。

医科院肿瘤医院深圳分院在龙岗。这也是一个优质的医疗资源。医科院肿瘤医院的专家是 3 月进入深圳，他们把这家医院和北京的医院当成一家进行经营和管理。每天的门诊量也有几百人次，开放的床位达到 300 张。

南方医科大学深圳医院在宝安。宝安的居民已经体验到医院给大家带来的服务和福利。医院每周在宝安区做健康服务的宣教，每天的门诊量达到 1600 人次，开放的床位有 500 张。

萨米国际医院在坪山，已经建好。现在进入试业前的准备，2017

年也要开业。萨米国际医院跟德国的萨米教授、德国的经营管理团队进行合作。

中山大学七院在光明新区，医院已经建好，也进入试业前的调试工作。中山大学的团队已经入驻。

市建宁医院在坪山，以治疗精神疾病为主，2018年也会投入使用。

刚才介绍的医院都是现在政府投资增加医疗资源供给的措施。当然还有新华医院、平湖医院、吉华医院等一系列医院的规划建设都在进行当中。从这些供给可以看到深圳医疗机构的建设进入了新的阶段。

有了这些机构和硬件设施以后，运营服务的团队、医疗服务人员从哪里来？我们邀请全国各地优秀的医疗团队，跟我们现有的医疗机构进行对接，对接解决的是我们的医疗人员服务的培养和培训。通过走出去、请进来，他们派专家到我们这里进行查房和讲课，我们派人到他们的机构进行学习，共同合作进行临床研究、继续教育、基础研究，通过学习、吸纳来提高技术水平。深圳在人才培养、临床研究、转化医学研究这方面得到了显著提升。

人才培养基地的建设。中山大学深圳校区是有医学院的，已开始了第一届招生。北京大学深圳校区也有医学院，深圳大学医学院已经招生4年。南方科技大学也在筹建医学院。

前面讲的是深圳在医疗资源供给方面的探索。通过这些数据我们知道深圳医疗的改革在这一方面步子很大，进步的速度很快。我相信在未来会取得很好的成果。

第二，关于分级诊疗方面。

分级诊疗也是医疗资源供给体系的一个部分，包括基层的医疗，特别是社康中心、医保支付等。现在罗湖医院集团探索出的罗湖医改的模式得到国务院的认可，全国各地也都到深圳进行学习。集团当时提出的改革目标就是建立让居民少生病、少住院、少负担、看好病的医疗卫生服务模式。最后的目的是建立从治病到防病的模式。

这种模式核心有以下几点。一是医保支付体系的变革。把所有人群打包，不是一个患者为一个支付单元，是把整个区域医疗服务的医保体系打包，把体系内基本的医疗保障解决。医保给的费用结余有奖。这样调动区域内的资源，特别是医生供给的资源。解决了基本医疗保险的问题，解决了支付的问题，更关键的是把医疗就诊的秩序和流程进行了有序的分流。

二是组建医联体可以节省医疗行政资源。将医疗行政机构集团内的几家医院进行整合，人力资源部、财务部人员整合后精简这部分人员，把岗位提供给更多的医疗卫生技术人员。实际上是对医院利益共同体、责任共同体的绑定。对医疗内部人力资源来讲是一个内部资源的再分配，比如医疗卫生资源、医生的资源在集团内灵活地调配。

大医院场地有限，例如手术间数量有限。一些不是手术日和不看门诊的医生其实就是空闲的。通过医联体的建设，灵活安排这些医生到社康。病人如果要住院做手术，初诊在社康解决、检查在社康解决、做手术在医院、做完手术最后的康复又回到社康。医生还是这些医生。这就做到了医疗资源的共享。

三是对于居民来讲，社会医疗服务体系、医养融合、流感疫苗、家庭病床服务，医生可以通过系统整体地排班，进入社区进行家庭病床的查房，解决医疗资源过度集中在大医院导致的医疗资源分配不公的问题。做到重视健康管理、卫生服务逐步向防病为主的转变。解决区域内医疗卫生服务的供给，这是很好的探索。8 月底国家卫计委在深圳召开了医疗卫生改革医联体建设的推广会，全国各地都来进行培训和学习，回去结合当地的情况进行更多服务体系的改革。

基本的疾病可以在社康解决，真正生大病要到大医院解决。这是有序的就诊医疗，实际就是分级诊疗。

第三，关于药品加成方面。

深圳在这方面做了很好的探索。前面提到国内医院经营服务财政的补贴不到10%，而深圳在 2017 年基本达到了30%。补贴主要用于医院的硬件建设，真正人力补贴这块是根据工作量进行补贴的。大部分的运营费用要靠医院经营所得，以前药品加成占了很大一部分，现在药品加成去除以后，深圳要做收费体系的改革、药品流通领域的改革。药从生产到销售，再到医院到患者是整个链条，整个链条中医院是一个终端。药品零加成的改革解决了终端的问题。

9月底到10月初，医药供销领域的改革是想解决前端的问题。从新药的研发到审批，到流通的环节进行系列地改革，包括补偿的机制、付费的机制的改革。深圳在2012年已经做到，根据门诊统计的数据，每一个患者在取消药品零加成以后人均费用有了明显的下降。

现在药品和材料价格都在进行系列地降价。鼓励药品的国产化，减少进口药物高额的费用。

第四，关于人员方面。

医院运行、医疗质量的核心还是人的问题。医院需要优质的医生，深圳很早做了"住院医师规范化培训和专科医师培训体系"的建设。深圳市卫计委2010年开始每年由卫生局统一招聘1000名左右的医生，截至2016年共招聘2922名。现在培养毕业的有1300多名，已分配到各个医疗机构当中。在培养的过程中更多注重知识结构的培训、医生人文素养的培训。

医生的培养确实还是有很大差异的。我们国家医生的培养从高中毕业进入大学就直接进入了医学体系，直接学的就是医学专业。在西方国家如美国，医生培养是精英教育。进医学院之前必须要有4年的大学，必须学相关医学专业的本科4年，4年毕业以后才能够考医学院，考医学院录取的比例只有5%左右，再学习4年的医学，这4年相当于国内的研究生、博士生。之后又要考试，考执业医师资格。取得资格表示你可以当医生，但还不能独立当医生，这就进入住院医师和专科医生的培养。这个培养时间长的7年，短的有3到4年。一个医生从进入大学到他能当医生是12年到14年，的确是高素质的精英教育。

从医学和医生体系培养来讲一定是精英教育，我们希望医生专业知识更好、知识面更广，因为医学知识划分很细，涉及的相关知识面非常广。医生还必须要热爱这个职业、有这个激情，必须要终身学习。医学之路、医生之路都是活到老学到老。医生一定要有献身精神。

我们看一下现在中国医生的生存现状。这也是刚刚发布的生存现状调查报告。中国现有的医生群体一直在不断地努力学习，工作之余还在学习。他们工作的时间，没有双休日。我们很多医院是 365 天工作。医生的压力很大，比较辛苦。医生担心的是提供的服务不能够解决患者的问题、医患的矛盾等，医生确实生活在高压力的状态当中。

优秀医师必须要有良好的职业素养。作为医生必须要有高尚的医德，还必须要有精湛的技术。这样才能提供优质的医疗服务。医生还要有奉献的精神，要有同情心和责任心。

第五，关于就诊模式方面。

很多人都体会到，深圳随着信息化技术的推广和应用，就诊模式发生了转变。从 2012 年开始，推行预约诊疗的模式，让每一个去医院就诊的患者享受到预约诊疗带来的便利性。

现在深圳挂号平台在全国服务量是最大的，也是最方便的。在手机上医生可以看到预约的患者，病人可以看到预约的医生，双方可以在手机平台上进行很好的沟通。

支付的方式大家都知道以前到医院排长队交钱，现在可以在手机上完全解决了。医院节约了收费人员的时间，也节省一些支出，关键是解决时间的问题，大家等候的时间就不需要了。

就医服务通过网上虚拟的平台和服务，让大家随时随地都可以解决挂号、就诊、咨询等问题。

第六，关于社康服务方面。

深圳社康机构的布局是全国做得最好的。2016 年底我们做到了一个社区有一个社康。目前全市有 630 个社康。医院和社康之间的联动，就是把大医院的医生充分调动起来去社区给居民做疾病的诊治、科普的讲座、疾病的随访、慢病的教育等。

# 尊医重卫，呵护生命健康

随着经济的发展、社会的进步，健康的需求也相应增长，健康确实需要我们大家共同关注。当前国家已经有了明确的健康发展目标和规划，包括"健康中国 2030"规划，深圳也有健康深圳 2030 的发展目标和计划。这需要我们大家共同努力、政府积极参与，我特别希望能够营造尊医重卫的良好社会氛围，构建和谐的医患关系。

每个人的健康、事业、婚姻、财富、荣誉等都可以用 1 加上后面的 0 来表示。健康是 1，没有健康后面所有的一切都要归零。健康属于自己，但除自己之外还属于家庭、属于社会。每个人生活在社会当中，都应该有一定的社会责任，你也应该承担起相应的社会责任。所以你有责任让自己健康起来。为了让自己健康起来，你就必须树立良好的健康观点。平时选择健康的生活方式，包括健康的运动方式。最后，未来医疗已经从以治病为中心向防病、健康管理为中心转变。有大家的共同努力，就可以构建和谐的医患关系、营造良好的医疗氛围、减轻医生的压力，让医生回归医疗的本质。这样医生就可以更好地关注怎么用最精湛的技术、选择最佳的方案为患者服务。

每一个人都是一个生命，健康与生命息息相通，每个人都要积极参与进来。呵护生命健康，营造健康深圳和健康中国。

# 针灸与人体小宇宙

任钦玉

## 任钦玉

中医针灸专家，广东省中医药学会理事。从医近 30 年。师从山东省曲衍海教授，中国中医研究院、小针刀疗法创始人朱汉章教授，中科院院士、天津中医学院院长石学敏教授。在国家级、省级杂志发表专业论文数十篇。

中国申遗项目"中医针灸"于 2010 年 11 月 16 日正式通过联合国教科文组织审议，被列入"人类非物质文化遗产代表作名录"。针灸，作为中医学的治疗手段之一，属于中国国粹，为国人的健康做出了不可磨灭的贡献。

针灸理论博大精深，一些人认为玄之又玄，曾经有人讲："人立于天地之间，外面是大宇宙，人体是小宇宙，什么时候把人体的奥秘解开了，宇宙的奥秘也就解开了。"一根小小的银针本身并没有什么，它是如何创造出那么多神奇的、不可思议的疗效的？针灸与人体小宇宙到底是什么关系？针灸通过什么来实现人体小宇宙功能？其到底蕴含了什么样的文化信息呢？

## 从针灸佳话看针灸的神奇疗效

大家都知道一代名相狄仁杰，他是位神探，但据历史记载，狄仁杰还是位神医！其不仅断案如神，医术也颇高，尤其擅长针灸。唐高宗时期，年轻的狄仁杰奉召入宫，路过华州时，在街市上看到一个巨大的牌子，上写："能疗此儿，酬绢千匹。"于是上前一看，一个十四五岁的富家子弟，躺在牌子下面。其鼻子上生一拳头大小的瘤子，根蒂连着鼻子，如同筷子，受此牵连，两眼翻白，一动就酸痛刻骨，痛不欲生。狄仁杰见此，顿生怜悯之心，告诉其父母他能医治，其家人对狄仁杰感恩不尽，并请狄仁杰治疗。狄仁杰让人扶起孩子，拿出针从其脑后刺入一寸左右，并问孩子针感已到患处吗？患儿点头，狄仁杰赶紧拔针，那个拳头大小的赘瘤应针而落。孩子双目顿时明亮，并没感觉到什么痛苦。孩子父母喜极而泣，边哭边拜，奉上千匹丝绢以酬谢。狄仁杰笑称，我是哀怜此儿性命危在旦夕，所以赶紧救治，并不是出卖医术的。随即飞身上马，疾驰而去。

针下去拳头大的肿物应针而落，你相信这是真的吗？大概以为是一个神话故事吧？我学针灸、干针灸到现在为止近三十年了，也没有见过相同的案例。可是在从事针灸临床的过程中，遇到了相当多看起来不可思议的案例，又令我不得不对针灸啧啧称奇！

急性踝关节扭伤，也就是常说的崴到脚脖子，踝关节肿胀疼痛，脚不敢落地，患者一蹦一跳地来了，这样的病人你相信一针扎下去可以立马行走吗？我扎过无数例急性踝关节扭伤，一针下去，可以立马行走。而且我自己亲身体验过。十几年前我跑步时不幸踩到一块"地雷砖"，崴到脚脖子，当时就倒在地上动弹不得，疼痛难忍。手边没有针，只好以指代针，一边重按这个穴位，一边活动踝关节，不到三分钟，一切恢复正常，可以继续跑步啦。

# 古人对针灸疗效的认识

关于中国针灸奇特的疗效，古人在《黄帝内经》里早就很清楚地告诉我们了。

　　《黄帝内经·灵枢·九针十二原第一》："夫善用针者，取其疾也，犹拔刺也，犹雪污也，犹解结也，犹决闭也。疾虽久，犹可毕也。言不可治者，未得其术也。"

　　"刺之要，气至而有效，效之信，若风之吹云，明乎若见苍天，刺之道毕矣。"

当我治疗各种头昏脑涨、眼干眼涩、颈肩酸痛的患者，其被扎针后告诉我"头脑清亮了""眼睛不模糊了"的时候，当我给一个外国女孩子扎针后她的第一句话是"very clear"的时候，我总是会想起"明乎若见苍天"这段话。当扎针后立竿见影的时候，也会想到"拔刺""雪污""解结""决闭"这些优美的文字。当治疗效果不尽如人意时，我会想到"言不可治者，未得其术也"。

## 从人与自然的关系看人体经络与宇宙的关系

中国针灸的神奇案例从古到今数不胜数，一根小小的银针到底通过什么起作用呢？在针灸成为世界非物质文化遗产的今天，是什么让它风靡全世界呢？上述崴脚脖子的案例，并没有用针，以指代针同样可以治好，那么起决定性作用的是什么呢？那就是古老而神秘的经络学说。人体小宇宙的功能正是通过经络来展现的。

　　宋代窦材在《扁鹊心书》中说："学医不明经络，开口动手便错。"

　　《黄帝内经·灵枢·经脉第十》："经脉者，所以能决死生、处百病、调虚实，不可不通。"

《黄帝内经·灵枢·经别第十一》："夫十二经脉者，人之所以生，病之所以成，人之所以治，病之所以起，学之所始，工之所止也。"

古人早就告诉我们，人的生老病死都与经络息息相关，经络能够决定人的生死，调节人体阴阳虚实，治疗各种疾病。人的生长，疾病的由来、治疗的方法，都是从十二经脉来的，初学医的人，一定要从十二经脉开始，所谓的好医生，也不过是通晓了十二经脉罢了。在古人看来，知道十二经脉的道理，就可以分别阴阳、表里、虚实，明察天道，辨明邪正。一年有十二个月，一天有十二个时辰，人体就有十二条经脉与之对应；一年有三百六十多天，人体恰好有三百六十多个正穴与之对应；天上有木星、火星、土星、金星、水星，中医有木、火、土、金、水五行代表五脏与之对应；天有风、寒、暑、湿、燥、火六气，人有六经、六腑与之对应。类似的对应关系还有很多，这些神秘的对应关系说明什么问题呢？又是如何被发现的呢？

以往的中医教科书告诉我们，古代人民在劳动生产过程中，偶尔被荆棘刺扎到哪里，或者被石头片划伤哪里，身体相应的疾病得以痊愈，天长日久，日积月累，逐渐发现人体存在经络，此说法其实有失偏颇。

明代李时珍在《奇经八脉考》中说："内景隧道，惟返观者能照察之。""反观"即内视体内的状况，在我国，医、道、释等各家中修炼有成者，皆可达此境，通过不断修炼向内求证，不仅发现人体存在经络，内联于脏腑，外络于肢节，沟通人体表里内外、上下左右，重要的是，他们发现脏腑经络与天地宇宙存在对应关系。例如《黄帝内经》称妇女月经为月事，"三旬一下"。李时珍在《本草纲目》中也明确论述了妇女"其血上应太阴，下应海潮。月有盈亏，潮有朝夕，月事一月一行，与之相符，故谓之月水、月信、月经。经者常也，有常轨也"。道家修炼有一张著名的《内经图》，这张图不是

《黄帝内经》里人体内部的经络图，而是修炼过程中发现的人体内部的景象，以及人体与外部世界的联络。人立于天地之间，是自然的产物，也是宇宙的产物，宇宙是一个系统，同样，人体内部的经络也是一个系统，人与自然相应，天、地、人三位一体，天人合一，天地外在环境的异常变化，都会对人体造成影响，从这个角度也可以说，宇宙即人体，人体即宇宙。

从经络的实质看人体信息与能量系统

经络的实质到底是什么？国内外对经络实质的研究持续了很多年，但至今未完全揭示其奥秘。从物质的角度去研究它，即使研究到纳米级，恐怕也永远无法看清楚它的本质。经络看不见、摸不着，但它却真实地存在，并且只存在于活人身上，死人身上是没有经络的，因为死人没有意识。看不见、摸不着但又真实存在的是什么？是气场、能量场、意识、思想现代可以称之为"信息"，古人没有信息的概念，笼统地称之为"气"。这也是有人把扎针称为"扎气针"的由来。我们经常会说，感觉某人往那儿一站，虽然没有说话，感觉好有气场、好有能量、好有吸引力，有的人一见到就很喜欢、一见钟情，有的人看一眼就再也不想见到他等等，是什么让你有如此感受的？就是因为每个人身上都存在一个气场，或者说能量场，会感知外界的人、事、物的信息，进而得到回应，感应感应，先感后应。这个气场、能量场，就是人体经络这个信息与能量系统的外在展现。

经络这个信息系统上应于天、下应于地、中应于人，所以遍布于经络上的穴位就有天窗、天柱、天突、日月，人中等和天、地、人相关的名称，每个穴位、每条经脉都有其特定的意义。正如《黄帝内经·灵枢·九针十二原》所言："节之交，三百六十五会……所言节者，神气之所游行出入也，非皮肉筋骨也。""神气"可以笼统地理解为信息与能量，穴位就是人体五脏六腑的信息在体表的"反应点"

"投射点"，同时又是指导治疗信息输入的"遥控点""开关点""发射点"。经络就是能量与信息的传送通道，而相应的五脏六腑就是信息与能量的储备站。在心的调控下，经络系统按照天地宇宙运行的规律，有条不紊、周而复始、如环无端地运行，维持人体内部与外部之间的动态平衡。所以中医一直强调人与自然是有机的整体，人体蕴含了天地宇宙的信息，天地大宇宙，人体小宇宙。

针灸和当今的网络呼叫、卫星遥控指挥是一个道理。其作用原理，就是将外来的针灸刺激的信号，通过人体穴位上的感应器进行解读处理后，转换成人体生理所需的调整信号，从而启动人体自身的免疫系统、生理修复系统及应急储备系统，让人体发挥出自身最大抗病和自我修复潜力，从内部攻破疾病，从而恢复人体的生理功能。

## 从真实案例看人体小宇宙的能量

人体通过经络这个信息与能量系统来实现小宇宙功能，那么人体小宇宙到底蕴含了多大的能量呢？一个真实的故事可以让我们看到人体小宇宙的能量到底有多大。

在我刚刚毕业的那一年初秋，遇到一位"五十肩"的患者，肩关节周围广泛性粘连半年了，胳膊抬不起来，无法洗脸、梳头，也无法背手，别人穿一件外套即可的时候，他已经穿了一件大棉袄，并且从肩膀到手腕扎了一个大塑料袋，他自己说，肩痛得像被驴咬了一样，感觉风可以穿透到骨头里，套个塑料袋会好点。我按照常规的针灸方法扎了十次。休息三天之后病人回来了，他告诉我没有什么效果，问我还有没有其他办法。当时我说，还有一招。随后让他躺到床上，我随手取了一根三寸的毫针，从小腿上的条口穴一针透向小腿后面的承山穴，针刚刚到位，他突然"啊"地大叫，或者说是惨叫，也就两秒钟的时间，我就拔针出来了。我有点吃惊，这大叔以前扎针不这样啊，就问他怎么了，他说："大夫，你这一针太厉害了，你一扎进去，感觉像点着导火索一样，哧哧地冒着火花，从腿上上来一直到肩膀，又从肩膀到手，从手指出去了，你的针拔出来了，就没有那种感觉了。"我很诧异，说："你活动一下肩膀试试。"他居然活动自如了！那么广泛的肩关节周围长期肌肉、筋膜的粘连，居然一针下去全部在一瞬间松解！疼痛、透风感全部消除！

这是我亲自治疗的一个案例，即使今天看来，同样是一件不可思议的事情。后来我治疗了很多肩周炎患者，其中有一部分病例出现经络感传现象，也就是扎针时有气感传导到肩部，这些病人治疗几次就得以痊愈，再差一点的经过十几次扎针差不多也会好，但是都没有上述病例那样强烈的经络感传，并且一次一针治愈。我经常想，如果把这里面的奥秘解开，广为传播，每一个病人扎针的时候，都能够像这个病人那样一针就扎好，中国针灸能救多少人啊。针对这个案例，我曾经专门请教过我的恩师山东省针灸界老前辈、全国首批 500 名老中医曲衍海教授。当年老先生 76 岁，他对我说："首先应该恭喜你工作才一年就遇到这样神奇的案例，我针灸了一辈子，只遇到过两例，虽然不是五十肩，但都是看起来不可能一次治愈的病例，或者前面扎了很多次没有扎好，突然有一天一次、一针治愈，我只能这样打比方，人得病了就像一间屋子陷入了黑暗一样，你那一针扎进去，就是在恰当的时机，选取了恰当的穴位，就像打开了电灯开关一样，瞬间全亮了，病也全好了。针灸治病效果很好，是通过经络起作用，经络不是电灯与线路那么简单，它与天地宇宙相应，外面大宇宙，人体其实是个小宇宙，通过经络系统来运转。"然后他又语重心长地说："年轻人，好好学，好好干，经络的奥秘无穷，针灸的奥秘无穷，中医了不起啊！"

## 人的情绪对经络与人体小宇宙的影响

经络系统是信息与能量系统，是人体小宇宙功能的展现，当人的健康出现问题的时候，就是经络这个信息与能量系统出现了问题，人体小宇宙自然无法正常运转。

　　首先让我们来看一下什么是健康。世界卫生组织关于健康的定义为"健康是一种在身体上、精神上的完满状态，以及良好的适应力，而不仅仅是没有疾病和衰弱的状态。"这就是人们所指的身心健康，也就是说，一个人在躯体健康、心理健康、社会适应良好三个方面都健全，才是完全健康的人。

　　中医认为，疾病的发生，有三个方面的原因：外因、内因和不内不外因。不内不外因是指外伤、虫兽咬伤等。天灾人祸目前来看，还是人力所不能控制的，我们暂且不谈。外因是外感六淫，即自然界的六气：风、寒、暑、湿、燥、火。这六气在人体正气不足，也就是免疫力下降的时候，侵犯人体引发的疾病，可以笼统地称为外感病。最重要的是内因，甚至外因也是通过内因起作用的。内因即内伤七情，七情就是七种不同的情绪：喜、怒、忧、思、悲、恐、惊。喜伤心，怒伤肝，忧、思伤脾，悲伤肺，恐、惊伤肾，在我看来，情绪对健康的影响极大，佛家讲的怨、恨、贪、嗔、痴、慢、疑、求不得、爱别离、怨憎会等，每一种情绪都来自内心，都有各自不同的信息与能量，每一种情绪的太过或者不及，都会使健康的天平发生倾斜，导致疾病发生，这些异常的情绪犹如"刺""污""结""闭"一样，阻碍经络这个信息与能量系统的运行，阻碍人体小宇宙的正常运转，造成人体内部的阴阳失衡，疾病自然随之而起。一个人如果能觉知到疾病背后的情绪异常，其实就是自己最好的医生，一个医生如果能够看到疾病背后的情绪异常，治病可以事半功倍。

　　中医有一个了不起的地方，在治疗上发现了情绪和情绪之间有互相制约和互相促进的作用。"范进中举"的故事就是一个典型的例子。范进中了举人以后，高兴得疯了。那是喜得太过了，痰蒙心包，就伤了心了。怎么才能治好呢？他的老丈人"啪啪"两耳光子就治好了。为什么？因为范进特别怕老丈人，一看老丈人来了就非常害怕，再加上"啪啪"两个耳光，恐则气下，病就好了。这就是恐能胜喜、水能克火的道理，也是中医用情绪治疗疾病的典型案例。

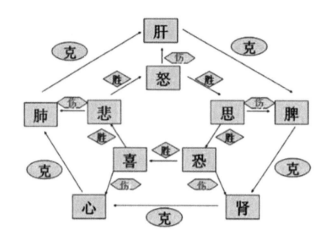

# 情绪对人体小宇宙系统的影响

我始终认为，针灸疗效的取得是双方面的，借助于一根小小的银针，医患双方的两个人体小宇宙发生连接，彼此信任固然非常重要，而作为一名针灸医生，要帮助患者解决经络小宇宙系统的异常状况，医者自身的小宇宙系统是否足够强大呢？医者除了具备中医深厚的理论基础和丰富的实践经验之外，是否如孙思邈在《大医精诚》所讲的：凡大医治病，必当安神定志，无欲无求，先发大慈恻隐之心，誓愿普救含灵之苦？是否如《中藏经》中所讲的：要在临病之时，存神内想，息气内观，心不妄视，着意精察，方能通神明，探幽微，断死决生，千无一误？是否如《标幽赋》中所讲的：目无外观，手如握虎；心无内慕，如待贵人？医者只有具备大慈大悲之心，心无旁骛并且制心一处，治病才能起到"拔刺""雪污""解结""决闭"一样的效果。当患者与医者真正心念合一，针灸就能利用经络这个信息通道，沟通人体表里内外，最大限度地发挥治疗效应。我相信一个针灸医生在给患者扎针的时候，如果在想昨天晚上打麻将和的那把十三幺，针灸效果一定不会好到哪里去。

这就是《黄帝内经》反复强调的"调神"的重要性，《黄帝内经》分《素问》与《灵枢》两部分。其中《黄帝内经·灵枢》有相当一部分篇幅讲针灸、经脉理论，所以又被称为《针经》。为什么叫"灵枢"？"灵"指的就是生命之神，"枢"指的就是生命之机、枢纽。《黄帝内经·灵枢·九针十二原》中说："粗守形，上守神。"什么叫"调神""守神"？简单理解就是调整精神状态，守住本心。养生在于守神，诊治亦在守神。人体小宇宙系统是信息与能量系统，其本身就在"神"的范畴之内。

## 以指代针调整人体小宇宙功能

针灸是通过经络系统这个信息与能量通道去调整人体小宇宙的治疗手段。《黄帝内经·灵枢·经脉第十》中说："为此诸病，盛则泻之，虚则补之，热则疾之，寒则留之，陷下则灸之，不盛不虚，以经取之。"这里谈到了调整的原则和方法，当大家明白了人体小宇宙的道理后，其实针灸针不过是一个道具而已。《黄帝内经·素问·异法方宜论》中讲了中医的五术：砭石、毒药、九针、灸焫和导引按跷。其中导引就是练气功，按跷就是推拿按摩，只不过古代的推拿师都是练功的，他们用手来治病，手到可以病除。"手到病除"这个成语现代用来形容医术高明，在古代就是指用手来治病。手就是调整经络系统的工具，不是一定要用针灸针。

## 针灸的前世、今生与未来

一根小小的银针本身没有什么，但是它却承载了大量天地宇宙的信息。中国古代科学家没有信息的概念，根据人体所处的宇宙中斗转星移、四季变更和万物之间相互依存、制约的规律，总结了"阴阳学说""五行学说""太极八卦学说""经络学说"等。

针灸治疗是利用人体自身的生理信息系统，也就是经络小宇宙系统，将外来介入式治疗转换成人体内部的自我生理调节，利用和启动人体自身防御、修复、储备、应急系统功能，让人体发挥出自身最大抗病和自我修复潜力，从自身内部攻破疾病，恢复正常生理功能，这是针灸独特、伟大之处。针灸的神奇治疗效果让优秀针灸师享有"魔术师"之美誉，这是患者的福音，也是针灸工作者的骄傲。针灸很深奥，其作用原理至今没有被完全弄懂，有人提出针刺一个穴位时，在这个穴位和相应的脏腑之间发生了量子纠缠，进而起到调整人体阴阳平衡的效果。也许将来量子物理学家会解开经络这个能量与信息系统的奥秘。

# 后　记

　　"大学之道，在明明德。"信息化时代已经来临，这座年轻城市真正意义上的大学应当如何铸造？深圳社会、教育、科学各界巨擘无不凝思聚神、创想践行，携手走在创新发展的求索之路上。自 2005 年创办至今的"深圳市民文化大讲堂"，以"鉴赏·品味"为主题、以缔造学术文化精神家园为宗旨，正是一所面向每一位市民打开新知、新学、新形态之窗的"大学"的丰硕成果，其丰硕成果也直接体现在 2017 年深圳"百姓学习之星"评选中，大讲堂"堂粉"王小锋荣获深圳"百姓学习之星"称号。

　　每周六、周日下午，以深圳图书馆为主场的思想盛宴、真知殿堂在城市华丽登场，场间跳跃着一团团求真理的火苗、一颗颗爱智慧的心灵；来自五湖四海的顶尖学者会聚于此，一阵阵文化之风拂来，一滴滴思想的雨落下，城市浓郁的人文空气因之滋养、因之丰厚。已成深圳乃至全国著名文化品牌的"深圳市民文化大讲堂"，受传媒各界厚爱自不待言，在自媒体时代，"官微"自运营更让这块金字招牌在思想与新知传播上如虎添翼。而创新举办的深圳市民文化大讲堂"滔客 Talker"版讲座，必将成为深圳文化类演讲短视频全新的 IP 坐标，引起大讲堂品牌传播的话题性和新的网络文化风潮。

2017 年，深圳市民文化大讲堂邀请了田青、海闻、于平、张柠、王晋康、巴曙松、倪鹏飞、龚鹏程、孙立群、杨国安、于赓哲、魏奉思、汪建、张国勇、王宏伟、王文、金灿荣、曹卫东、蔺芳忠等 52 位优秀专家学者，举办了 52 场深受市民喜爱的精彩讲座，内容涉及经济、文化创新、科学、自然、文学、艺术、历史、教育、体育、军事、国学、医学养生等领域。

《深圳市民文化大讲堂 2017 年讲座精选》由 52 场讲座文稿中精选出的 27 篇文章集结而成，但仁者见仁，智者见智，书中所录文章只代表作者个人观点。

刘铁先生对本书所选文稿进行了认真整理，各主讲嘉宾对本书的出版也给予了大力支持。在此我们向所有参与本书选编和出版工作的人员表示感谢！

在深圳"文化强市"号角高亢而悠远响彻之时，我们深信，"深圳市民文化大讲堂"必将在持续营建深圳社会人文诗意的当下，承启市民文化生活璀璨烂漫的未来。

深圳市民文化大讲堂组委会

2017 年 12 月 31 日

图书在版编目（CIP）数据

深圳市民文化大讲堂2017年讲座精选：上、下册／吴
定海主编. -- 北京：社会科学文献出版社，2020. 11
　　ISBN 978 - 7 - 5201 - 7627 - 9

　　Ⅰ. ①深… 　Ⅱ. ①吴… 　Ⅲ. ①社会科学 - 文集 　Ⅳ.
①C53

　　中国版本图书馆 CIP 数据核字（2020）第 226578 号

深圳市民文化大讲堂 2017 年讲座精选（上、下册）

主　　编／吴定海

出 版 人／谢寿光
责任编辑／张建中

出　　版／社会科学文献出版社·政法传媒分社（010）59367156
　　　　　　地址：北京市北三环中路甲 29 号院华龙大厦　邮编：100029
　　　　　　网址：www. ssap. com. cn
发　　行／市场营销中心（010）59367081　59367083
印　　装／三河市尚艺印装有限公司

规　　格／开　本：787mm × 1092mm　1/16
　　　　　　印　张：19　字　数：261 千字
版　　次／2020 年 11 月第 1 版　2020 年 11 月第 1 次印刷
书　　号／ISBN 978 - 7 - 5201 - 7627 - 9
定　　价／128.00 元（上、下册）

本书如有印装质量问题，请与读者服务中心（010 - 59367028）联系

▲ 版权所有 翻印必究

编委会主任　王　强

编委会副主任　陈金海　吴定海

主　编　吴定海

编　委　（以姓氏笔画为序）

王为理　尹昌龙　张玉领

张合运　陈　寅　陈少兵

陈金海　岳川江　莫大喜

执行编辑

成维斌　贾珊珊　田佳平　余泽为

吴定海 / 主编

# 深圳市民文化大讲堂
# 2017年讲座精选

上册

The Selections of
Shenzhen Civil Lecture on Culture
(2017)

社会科学文献出版社
SOCIAL SCIENCES ACADEMIC PRESS (CHINA)

# 【目 录】 Contents

## 上 册

1

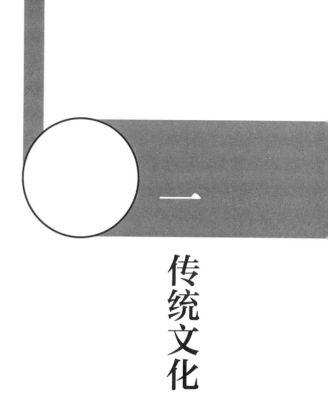

一

传统文化

# 传统文化与当代中国

田 青

田 青

非物质文化遗产保护专家。中央文史馆馆员、全国政协委员、中国昆剧古琴研究会会长、中国艺术研究院宗教艺术研究中心主任、研究员、博士生导师。长期致力于中国民族民间音乐和宗教音乐的研究，曾任中国艺术研究院音乐研究所所长。著有《中国宗教音乐》等多部著作。

## 当今必须要复兴中华传统文化

外国人不理解我们中国人到哪都讲四大发明，到哪都讲我们有几千年历史。这是因为他们不了解我们的文化心态。我们从三个数字就可以理解中国人的文化心态，一个是五千，一个是二百，一个是三十。

3

五千，就是中国五千年的文明史。了解了五千年里中国人为人类文明做出的贡献，也就理解了中国人的自豪感和骄傲。

二百，就是最近这一二百年的历史。近代的中国，作为一个中央大国（我们自认为中央大国）、礼仪之邦，被英法联军、八国联军、日本侵略，任人欺侮，没有还手之力。这一二百年的历史是中国人的屈辱史。从骄傲到自卑，这个心路历程几乎是当时每个中国人都经历过的。

三十，就是三十多年改革开放。三十多年的经济奇迹，三十多年物质文明让我们中国人重新有了自豪感。

但仅仅有经济发展的自豪感是不够的。有一次，在我给学生上课的前一天晚上，有个新闻说，东北和西北各有一条高速铁路，在同一天竣工了。第二天课上我问学生，所有学生都说不知道。类似的事在今天欧洲的任何一个国家，包括德国、法国、英国这样的大国，都会是一件大事，不但报纸头版头条会报道，而且竣工典礼连首相国王都要去参加。在中国，大家都无所谓了，就是一条高速铁路嘛。这就让我想起撒切尔夫人说过的一段话，大意是不要怕中国，这个国家只会生产物质，产生不了思想。那么我们仔细想想她这句话，有没有值得我们警醒的东西？

我们过去讲"三个自信"：道路自信、理论自信、制度自信。习近平总书记专门加上了"文化自信"。今天提出文化自信，是非常正确的。没有文化自信，中国即使再富，人家也不会真的尊敬我们。2017 年 1 月中央下达文件要弘扬优秀传统文化，而且把它作为一个工程。这个文件非常正确，今天必须要复兴优秀中华传统文化。

## 文化自信的基础，就是文化自觉

那么，怎么才能够让我们有文化自信呢？国与国和人与人的关系是差不多的。我们就讲人与人的关系，比如有人送你一张名片，上面印着自己各种各样的头衔，正面印不下来就印到反面。大家说，持有这张名片的人是自信的，还是自卑的？一个真正自信的人，他可能不显山露水，更不屑于用这些头衔来装饰自己。我们在生活中也会遇到这样的事情，有的人满嘴吹嘘自己，大家笑笑而已；有的人没说话只坐在那里，却可能很有本事。国家也是这样，文化自信，不是凭空来的。真正做到文化自信，不是一件很容易的事情。弘扬优秀传统文化，现在已经被提高到了一个工程的高度，但是真正弘扬起来很难。现在每个人都同意弘扬传统文化，但是有多少人真正去弘扬优秀传统文化？

举个例子。一个很有担当和眼光的企业家，修了一大片仿古建筑，想将其建为一个弘扬传统文化的地方，这很了不起，也做得非常好。其中，有一个藏书楼门前做了一尊雕塑，是从中间翻开的书页，正面有一首五言绝句，中间一句只有四个字，丢了一个字。他们所有人，包括建雕塑的人，都没看出来。这个企业家说，我们是照着原书做的，原书恐怕就这样。原书如果丢了字，还能叫善本书吗？

还有一件事令我印象很深。在台湾，有一位教授问我，中国的祭文应该是几个字一句，我说四个字。他说他去大陆正好赶上祭黄帝陵，有位官员在那念祭文，是三个字一句念的，那位官员说："三个字好，容易记。"教授说他到现在还记得官员念的两句：GDP，排第五。

所以，文化自信，应该先有一个基础，那就是文化自觉。它有四句话：一是各美其美；二是美人之美；三是美美与共；四是世界大同。各美其美是什么意思？就是无论哪个民族和国家，都先要把自己优秀的东西拿出来，要熟悉、学习、掌握自己的文化，再学别人的文化。

对绝大多数中国人来讲，只是重新看待、评价传统文化还不够，要认真地学习。为什么？因为很多中国人对优秀传统文化知之甚少，甚至是一无所知。就拿我来讲，我也和你们一样，上的是一样的学校，学的是语文、算数、物理、化学……对传统文化的学习，是自学的，因此是碎片化的、不系统的。我们这一代人主要是以自学的方式接触传统文化的，只有个别的人，有家庭的传承。我们必须看到，中华传统文化在最近这一二百年里出现了一个断层。

我过去写中华传统文化的文章，总说中华文明是世界四大古文明中唯一没有中断的文明。我最近 20 年不说了，因为我知道这句话不准确。比如，30 年前，中国的地方戏有 390 多种，经过 10 年的保护、调查，拼命地往前推，目前中国戏剧国家级项目才有 194 个，也就是说，一半以上的地方戏都在这 30 年中消失了。地方戏是什么？是中华优秀传统文化，也是我们的骄傲。每一个历史阶段都有它自己的代表性文学艺术，比如说唐诗、宋词。明清的代表性文学艺术是什么？一个是地方戏，一个就是工艺美术（从明清家具到青花瓷）。地方戏在这 30 年间一半都没有了，这算不算中断？很多艺术都存在人去艺亡的境况，传统技艺消失了很多。我们确实要看到，很多传统文化都没有了，不要说我们的文化是唯一没有断裂的。说别人的文化断了，别人的真的断了吗？古罗马的文化是没有了，但是后面有希腊文化，整个西方的文化把它续接起来了。印度文明中断了吗？印度的音乐学院教的都是印度的古音乐，在印度如果想学钢琴，会被建议去英国学习，印度就教印度的音乐。所以，一定要重新认识中华民族的传统文化。

## 把曾经中断的文化再接起来

近 200 年的屈辱史，让中华民族经历了许许多多文化上的挫折、困扰，也犯了很多错误。比如谈到传统文化，大家现在都要讲五四新文化运动。五四新文化运动绝对是应当肯定的，没有五四新文化运动，就没有今天的现代化，甚至大家也不知道什么叫科学、什么叫民主。但是，100年过去了，五四新文化运动的所有内容，都是百分之百正确的吗？恐怕这种对传统文化的态度，就是错误的，需要改变。今天我们在世界各地办孔子学院，还引起别人批判，被说成文化输出。而"五四"时，可不是外国人砸了我们的"孔家店"，是我们自己砸的。我们对待自己的传统文化，从"五四"时提出砸"孔家店"，到"文革"时一律扫荡，是自己砸自己的家底。"五四"的时候，为什么中国人要对自己的传统文化开刀、开枪？因为那个时候，有识之士都在考虑如何能够救国，救国是第一重要的事。怎么救国？当时绝大部分人认为，是我们的文化出问题了，文化让我们如此失败。所以，不是某一个政党对传统文化采取这种态度，是几乎所有的政党，几乎所有的精英、知识分子采取这种态度，只有极少数的，像辜鸿铭这样的遗老遗少敢于捍卫传统文化。当然，那个时候，主流的态度是对的。如果还是君君臣臣、父父子子那样的思想，怎么能有今天的新中国？不可能有的。但是仔细想一想，是不是把一些应该保留的文化也给砍掉了呢？所以，今天对"五四"的反思是必要的，但对"五四"的否定是别有用心的。我们今天要拿出"五四"时候反思中国传统文化的勇气来反思近代的一些事情。

人类的思想是不断进步的，个体也被他所处的时代环境左右。那个时候，对传统文化不矫枉过正是没有办法把它真正扫荡清楚的。我们今天的任务，和"五四"时候的任务完全不一样了，今天中国人的共识就是弘扬优秀的中华传统文化，这是文化自信的根本。我们要把这些曾经中断的历史再接起来，把我们曾经轻视、曾经反对、曾经抛弃的文化，再认真地扶起来。

## 文字和口头传承是文化传承的两个层次

今天讲传统文化和当代中国，是有两个意思的。第一，弘扬优秀传统文化是中国的国策，每个人都有责任和义务，只有这样，才能真正地让中国在世界上被人尊敬。中国不仅仅会造高铁、汽车，我们还有文化，而且优秀的传统文化是我们整个文化自信的根基，没有这个根基，哪里来的文化自信？第二，文化自信不是凭空就能有的，要经过艰苦的学习和文化自觉的过程。也就是说，我们今天要静下心来好好学习。

优秀传统文化包括哪些内容？学习什么？现在有一个倾向，就是把传统文化等同于儒学或者国学，这显然是不对的。因为中国文化讲儒、释、道，这是构成中国优秀传统文化的三根支柱。

佛教产生于古代印度，传入中国后，经过长期演化，与中国儒家文化和道家文化融合发展，最终形成了具有中国特色的佛教文化，给中国人的宗教信仰、哲学观念、文学艺术、礼仪习俗等留下了深刻印记。如果对优秀传统文化包含什么还不知道，一谈儒、释、道就说迷信，还怎么弘扬优秀传统文化？

文化是有两个层次的。第一个层次是"楼上"。包括经史子集、唐诗宋词等，它的载体就是文字。汉字承载着中国的历史文化，它的作用非常重要。第二个层次是"楼下"。楼下更重要，楼下没有文字作为载体，靠什么呢？口口相传。人类非物质文化遗产在第一次公布的时候，名字叫人类口头和非物质文化遗产，这部分的文化主要是靠口头传承的。以前在中国农村，绝大部分农民是不识字的，但他们不仅掌握全部的生产知识，知道哪个季节该做什么，而且有极强的道德感，知道忠、孝、仁、义、礼、智、信，讲信誉，讲信念，在民族有难的时候会挺身而出参军，保家卫国。谁教给他们的？就是口头传承的。是他们通过听说书、看戏、过传统节日……在传统戏剧、传统音乐、传统美术的熏陶下潜移默化学到的。共同的仪礼、风俗、信念等都叫非物质文化遗产。传统文化，不能简单地等同于国学、儒学，也不仅仅是落在字面上的东西。中华民族传统的文化，都应该称作传统文化。

怎样弘扬优秀传统文化？学一门手艺就是弘扬优秀传统文化。一个年轻的女孩子，今天学学刺绣不是弘扬传统文化吗？唱唱昆曲不是弘扬传统文化吗？学学古琴不是弘扬传统文化吗？这些都需要传承。所以说，改革开放的几十年，让我们有能力、有信心来反思中华民族的整个历史，同时找到前进的方向。弘扬优秀传统文化，增加文化自信，这就是今天每个人都应该做的。

# 求道与担当

——浅谈对传统文化智慧的理解

文　运

## 文　运

《中国青年报》"文运新语"专栏作者，北京大学新闻传播学院"国学经典与智慧传播"主讲人。曾任国家宗教局政策法规司、国务院参事室文史司巡视员兼副司长，中央文史馆书画院执行院长。在《世界宗教文化》《人民日报》等发表多篇文章。

求道与担当，传统文化的当代智慧，这个话题很大，但对我来讲，都是建立在自己成长经验的基础上的。

经常有朋友问我，现在 21 世纪了，为什么还要读两千多年前的古书？翻那些老古董有什么必要呢？为了回答这样的问题，我就总结了四句话：

探索根本规律，

　　发现内心世界；

　　追求无限价值，

　　担当天下道义。


　　再浓缩一下，就是"求道与担当"这五个字。

　　文化这个词，出自《易经·贲卦》的"观乎人文，以化成天下"。也就是说，研究好、把握好、引导好不同人群的世界观、人生观、价值观等思想特征，就可以如冰化水一样改变世界。

　　传统文化，就是我们的祖先一代一代地留下来的那些思想、制度、器物等。换句话说，祖先留给我们的不仅仅是脚下这片土地，也不仅仅是黄皮肤、黑眼睛的血脉，更重要的是中国传统文化。如果不读一读祖先留下的经典和教诲，我们对自己的认识就不全面。

## 探索根本规律

　　我曾经以为传统文化就是讲做人、讲伦理的，后来才发现不仅仅是这样。中国文化谈的孝、悌、忠、信等道德要求，并不是孔夫子给我们规定的，也不是尧舜下的口谕，而是圣贤基于对世界、对社会、对人生的认识而得出的结论。也就是说，在仁义礼智信的背后，是我们的祖先对世界规律的探索和认识。

　　中国文化的最深层次，其实就是一个字——道。所谓的探索根本规律，用传统文化的话来说，就是求道。

　　《中庸》说："道也者，不可须臾离也；可离，非道也。"这就是说，道在任何时间都起作用，如果说有一个时间它不起作用，那就说明它根本就不是道。因此，道，就是贯穿于一切时间、一切空间以及一切性质的人、事物之中的根本规律——贯穿于一切，是道与一般意义上的规律的根本区别。

　　从伏羲画八卦开始，我们的祖先就已经有了道的思维。用阴阳二爻、八卦来类象整个世界，逐渐建立了《易经》的认知体系。《易

11

经》有一句话是"方以类聚，物以群分"，也就是说，万事万物都可以用八卦来归类，用六十四卦来模拟其相互关系及变化轨迹。这里边的潜台词就是，万事万物都是关联的、相通的、统一的，因此才可以进行归类和模拟。既然万事万物都是关联的、相通的、统一的，那么，其关联、相通、统一的基础又是什么呢？在这样的思维下，道这个贯穿于万事万物的根本规律的概念，也就呼之欲出了。

求道，就是探索根本规律。这有什么用处呢？用处非常大。比如，我上学的时候，在很长的一段时期内，都有一个困惑：学什么专业，将来才会派上用场呢？专业和将来的就业不对口，不就白学了吗？也就是说，知识都有应用领域的局限性。一旦离开了特定的应用领域，特定的知识就没用了。就像让一个物理学家去当厨师，他的物理学知识的用处就不大了。

很有意思的是，我正好经历了"学什么就用不上什么"的"错位"人生。我本科学中文，结果考公务员进了工商局，收工商管理费去了；硕士学国际政治，结果考公务员去了国家发展计划委员会，搞经济管理去了；在职博士终于学经济管理了，却又调到宗教局，搞宗教事务去了。我学过的专业，哪一个也没直接派上用场。但是后来，随着对传统文化学习的深入，我逐渐不再担心专业不对口问题。虽然专业知识有应用领域的局限性，但是不同专业、不同岗位所承载的道是相同的。换句话说，从道的角度看，任何岗位、专业都是相通的。因此，我虽然换了不少岗位，但并非一到新岗位就要从零开始，而是把在过去的岗位上对根本规律的体会，运用到新的岗位上，并且都取得了一些成绩。

## 发现内心世界

求道，探索根本规律，很重要。但是要怎么求、怎么探索呢？按照一般的想法，道既然是贯穿于一切人、事、物的根本规律，那就应当把一切人、事、物都拿过来，进行演绎和归纳，进而总结出规律。但是，把宇宙中的一切人、事、物都拿来研究，显然是不可能做到的。好在，古人并没有跟我们空谈高调，还给我们留下了求道的方法，这就是——君子求诸己。用现在的话来说，就是发现内心世界。

道既然贯穿于一切时间，也就可以说，道超越时间，不可以用时间上的长短来度量。因为，如果我们说的"道"可以用时间上的长短来度量，也就意味着会有比这个"道"更长或更短的时间存在，也就意味着这个"道"没有贯穿一切时间，也就意味着这个"道"并不是真正的道。同样道理，道也超越空间，不可以用空间上的大小来度量；道也超越性质，不可以用性质上的纯杂来度量。

打个比喻，我眼前这个小讲桌所承载的道与我们所在的报告厅所承载的道，一样还是不一样呢？谁大谁小呢？按照一般的习惯性看法，我们可能会觉得讲桌只是报告厅里的一个小因素，讲桌的道应当小于报告厅的道。然而，如果这样认为，那就意味着"道"有大小了，也就不是我们所说的根本规律意义上的道了。因此，从道的角度来说，小讲桌承载的道与报告厅承载的道，没有大小、长短、纯杂上的不同，乃至与整个宇宙承载的道也没有差别。

因此，求道，探索根本规律，并不需要把宇宙的一切人、事物都找来研究，只需要从任何一个人、事物上，透过表象，切入它所承载的道的层面就可以了。当然，最为方便的就是回到我们自己的内心世界。我们每个人内心所承载的道，就是整个宇宙的大道。

有时候，我们活了很久，都还不知道自己的内心其实就是个世界，这是很遗憾的。我们每个人的内心有多大？特别是妄自菲薄、悲观绝望的时候，我建议大家可以观察一下自己的心，看看它有多大。

从空间上来说，我们的心，想北京也行，想深圳也行，想太阳也行，想银河系也行，想量子也行，想弦论也行，等等。也就是说，我们的心，与道一样，是不可以用空间来度量和局限的。没有什么东西能够大到我们不能想，也没有什么东西能够小到我们不能想。谁也说不出，我们的心里究竟能装多少事。我们的脑细胞是有限的，但我们心念里的世界是无限的。

因此，发现无限的内心世界，是探索无限的根本规律的有效路径。

## 追求无限价值

当我们了解了"探索根本规律，发现内心世界"的理念，担当就是自然而然的事情了。

如果我们认为世界没有根本规律，人、事、物之间，关联性是相对的，偶然性是绝对的，也就意味着，我们在这个世界面前，只能是被动的、无奈的。既然长远的、根本的事情，我们关心不了，那么眼前的、表面的名利、欲望，就自然容易成为我们追求的主要内容。换句话说，比金钱、权力、吃喝玩乐更长远、更根本的事，不在我们的考虑范围之内，主要是因为我们认为自己没有必要或没有能力去考虑。

反之，如果我们知道世界有根本规律，而且可以通过发现内心世界来探索这个根本规律，那么，我们的人生价值要安立在哪里呢？只能安立在无限上。

虽然我到现在只活了 40 多年，但这 40 多年的生命所承载的道与亘古以来整个宇宙承载的道，是一样的；虽然我的体重只有 100 多斤，在天地之间极为渺小，但这 100 多斤的身体所承载的道与整个天地所承载的道也是一样的。因为对道的承载，我们的生命具有了无限性，那么我们还能够接受有限的生命价值追求吗？至少，我不愿意接受了。

中国文化将天、地、人并列为三才。人凭什么可以与天地并列？就凭人能够载道、证道、弘道，能够追求无限的生命价值。

所谓无限的生命价值，就是说我们的生命追求没有止境，没有"天花板"。

有的人以挣钱为生命价值，那么，成为中国首富乃至世界首富就是他的"天花板"，是有局限的。

有的人以当官为生命价值，那么，最高的官职就是他的"天花板"，退休的年龄线就是他的"天花板"，也是有局限的。

有的人信教，以死后有个好去处为生命价值，那么，天堂就是他的"天花板"，还是有止境的。

学习中国文化的圣贤之道，我们的生命价值要与天地日月相合，通于无限，就没有"天花板"了。

# 担当天下道义

追求无限价值，要落到什么地方呢？这就要担当天下道义。

担当天下道义，不是统治天下的意思，也不是让我们去当联合国秘书长。担当天下道义的关键，是我们对道要有体会与承担，是我们心中要能装得下天下人。

如果内心对道有体会、有承担，如果心中装有天下人，那么，我们不论是什么身份，不论是说一句话，还是办一件事，都是在担当天下的道义。

如果内心对道没有体会、没有承担，如果心中只装着自己，那么，即便地球统一为"地球国"，我们当了"地球国"的总统，也算不上担当天下道义，仍然只是为个人名利而已。

过去常讲，"三百六十行，行行出状元"。我们也可以说，"三百六十行，行行出圣贤"。做任何一个行业，我们外在的成就都是有限的，但在本职岗位上所体悟的道是无限的。不论什么人，不论做什么工作，只要对道有所体悟，只要心里装着更多的人，就是担当天下道义的人。

# 为什么应该学一点国学

王绍培

## 王绍培

《深圳特区报》记者，后院读书会创始人，深圳阅读推广人，副编审。主要著作：《性感的变奏》《用梦想化妆》《书游记》《温故集》等。

## 到底什么是"国学"

很高兴有这样一个机会来跟大家聊聊"国学"，我们都知道"国学热"存在相当长一段时间了，现在很多人都在学"国学"，还有不少人在教"国学"，但是，"国学"这个话题其实不是那么好说的。因为从五四运动以来，经过"文革"，一直到今天，一直都有一种声音在批评传统，包括批评"国学"，甚至说否定我们的传统文化，否定"国学"。有人说"国学"这两个字根本就是不通的，比如周有光老先生。我曾经在北京采访过他，他就认为"国学"不通，因为学问就是普遍的，没有什么国家、地域的分别，所以什么叫"国学"呢？完全不通。周先生的这话对不对呢？有对的一面。比如，法国人好像就不会说法国的什么"国学"，英国人也不会说英国的"国学"……林语堂先生在《吾土吾民》这本书里面说，一个国家要是用国家的名字来命名一种文化的时候，这个文化就应该把它毙掉。所以从这个角度来说，我觉得也有一些道理。

但是如果说"国学"不通的话，就有很多概念不能成立了，它们也都是不通的。比如，美国有一个叫赛义德的学者，他是出生在耶路撒冷的阿拉伯人，他创立了"东方学"。如果学问不能够以地域来划分的话，那么这个"东方学"是不能成立的。但是"东方学"显然是一个被学界认同的学科，而且一度还是一个比较显赫的学科。在国际上它也是这样，在学术界它也是被承认的。再比如，当年日本人也要搞"改革开放"，是在明治维新或者在更早的时候，他们提出了"兰学"，就是荷兰的兰。"兰学"是什么呢？是荷兰这个国家的文化、技术、科学的总称。实际上，日本人用"兰学"来代表欧洲的近代文明，用"兰学"这样一个国家性、地域性概念，代表了欧洲的文化、技术、科学。如果说"国学"不通的话，那么"兰学"也是不通的。但是，正因为有"兰学"，日本人在很早的时候就意识到他们固有的文化、固有的学术、固有的科技也应该有个名字，就叫"国学"。由此可见，周有光先生说"'国学'不通"的说法是片面的。

一个国家的文化要用"国学"这样一种概念来界定自己，也就意味着发现了所谓的"他者"——一个文化上、学术上、科技上跟自己不一样的存在，一个参照系。正因为有很多别的不一样的人存在，我才知道自己是谁，才有必要研究自己。正因为有不一样的文化存在，所以才需要知道自己是一种什么样的文化。"国学"一般都是在这样一种背景下出现的，中国的"国学"也是这样出现的。早在1902 年，梁启超、黄遵宪在日本想办《国学报》，梁启超就跟黄遵宪商量，《国学报》应该讲一些什么东西。黄遵宪告诉他，我们这个报纸应该研究"国学"，研究我们固有的文化，研究这个文化是好是坏，应该改造还是应该抛弃，等等，这些不一定由我们来决定，由时间来决定，但是我们要知道，我们固有的文化是什么东西。于是乎，就有这样一个"国学"的概念。

"国学"这个名目包含的内容是很丰富的。最狭义的"国学"主要指"四书五经"，最宽泛的"国学"则几乎包括了全部的传统文化。最宽泛的定义是胡适先生给出的，他说"国学"就是国故学的总称。那么什么叫"国故学"呢？就是我们过去的、所有的文化，我们本土所有的文化、技术的一个总名称，我们叫它"国故学"，简称就是"国学"。而像钱穆先生，他的答案主要是指学术方面，这个定义就比那个宽泛的定义要严格一些，比如说"四书五经"、研究"四书五经"的一些学术的著作，一些思想，一些观念，都属于"国学"。还有一种严格的说法，比如陈寅恪先生说的，能够定义我们文化"自信之源"的这样的一种思想才叫"国学"，所谓"自信之源"的思想，就是可以作为我们身份标志的那一部分，它已经比学术的那个部分还要严格一些，相当于我们经常说的中国的宗教。当然有人说我们没有宗教，比如易中天先生就说中国人没有宗教信仰，没有西方那个意义上的宗教，但是我们有一般宽泛意义上的宗教，即一种教化我们民族的思想，作为我们人生宗旨的意识体系，这个东西我们也可以把它称为"宗教"。事实上，并不是只有有神论的信仰系统才叫宗教。美国学者亨廷顿就把我们中国的文明称为"儒教文明"，儒家的思想就是我们的宗教。简单来说，我们把这三个层次的"国学"综合起来理解，基本上就能够明白"国学"是怎么一回事了。

# 为什么要重估"国学"

"国学"一直遭到很多的质疑、很多的批判乃至攻击。"五四"时期是中国第一个否定"国学"、批判"国学",乃至攻击"国学"的一个高潮。在那个历史背景下,批判自己的传统文化是有道理的,因为那个时候我们整个民族被严重地禁锢在这样一个传统文化里面,禁锢在这个"国学"里面,如果不把这种禁锢打碎的话,如果它还是一个神圣化的存在的话,那我们的思想就不能得到解放,我们就永远在这样的一个框架里面想问题。所以"五四"时期的青年一代,他们是很有远见、很有勇气和胆量的,他们把这个文化禁锢打碎了,让它成为一个我们可以平视的存在,甚至让它成为我们可以俯视的存在,因为只有在这样的一种前提之下,才有可能把西方的文化引入中国。

那个时候这样做的,不光是中国,日本做得比我们还要彻底。日本那个时候呼吁改革,呼吁向西方人学习,甚至要把他们的人种改造掉,他们希望日本的女人嫁给西方的男性,用混血的方式来优化人种。当然,日本人做事情是比较极致的,但也不难看出,日本人有这样的一种魄力来反省自己国家的文化。当时很多中国人是在日本留学的,比如鲁迅先生等,他们很难避免受到这个影响。即使现在我们回过头去看,仍然要肯定"五四"时期的批判性选择是对的,如果没有当年的这个选择,我们很可能不会把文化的旨趣导向知识性,现在中国是不是能够变成这么现代化的一个国家,就有很大疑问。总体来说,我们对于五四运动要有一个正面肯定、一个客观评价。

质疑、批判、否定我们的传统文化,这本身也成为一种传统,新的传统。比如说,20世纪90年代有一位著名的小说家叫王小波,他质疑传统文化非常厉害,他写得一手犀利的杂文,是非常有影响力的人物。他讲的一些观点和道理,在我看来很多是不能成立的,但是他的文笔、讲话和写文章的技巧非常好。而且在某些方面，因为他的观点是有针对性的，所以还是有道理的，比如他对传统文化的一些看法是跟"文革"时期的某些现实相关联的。"文化大革命"有一个"吊诡"的地方，即所谓"悖论"，就是在否定传统文化那么厉害的情况下，它的很多做法却又是传统的，这是王小波否定传统文化一个很敏锐的着眼点。他发现，当时中国在这么明确自觉地否定批判传统文化的同时，在政策层面、社会层面、经济层面等很多方面，却仍然非常传统。

我们经常看到一些有影响力的人，他们或者赞同"国学"，或者反对"国学"，对这种现象，不要大惊小怪，这非常正常。一种文明、一种文化，一定有人说它好，有人说它不好，有人说它无所谓。各种意见、各种观点，我们都应该听。同时，我们还要知道在不同的时候讲的话，有不同的意味，它会产生不同的效果。比如，在"五四"时期反对国学，它的正面意义更大；在"文革"时期反对传统文化，意义基本上是负面的。这些都是此一时也彼一时也，要善于用一种辩证的眼光来看待。

今天，中国总体上来讲是一个现代文明的国家，也是一个现代文明的社会。尽管我们还处在现代化转型的过程中，这个转型的任务还远远没有完成，但是毫无疑问，我们的文明、我们的文化是现代文明，是现代文化了。学界经常说"中体西用"，体是结构，用是功用，用这个"体用"的概念来评估，我们现在的"体"，其实已经不是纯粹的"中体"了，很多方面可以说是"西体"了。你想想大学里面，老师教的都是什么东西？我们学的是什么东西？我们靠什么成为世界上的大国、强国？靠的是"西体"，而不是"中体"，我们的经济、社会、科技、教育等，都是"西体"。当然，如果说"西体"有太强的"欧洲中心"的色彩，那么，我们也可以说是"现代之体"，虽然这个现代化还没有完成，尤其是很多重要的方面还有待完成，但现代化的基础已是不可动摇的了。

正是在这个意义上，我们获得了一个完全不同于以往的观察角度和思考平台，可以重新评估我们的传统文化。虽然，传统文化中仍然有很多弊端、很多不合时宜的内容，有些还妨碍实现现代化转型，但在"现代之体"的架构下，我们对它的某些具有软实力的方面，看法会变得跟过去不太一样。还有一个背景是，在经过了一百多年的——自"五四"时期以来，经过"文革"——对传统文化的激烈批评、否定之后，我们跟传统文化、跟"国学"已经非常隔膜了。儒家文化在我们周边的一些现代化转型完成得非常成功的国家反而继承得更好，保护得更好，发扬得更好。比如日本、韩国，保留了很多优秀传统文化，传统不仅没有阻碍这些国家完成现代化转型，而且帮助他们进行现代化转型。我国台湾地区也是如此，我们到台湾地区旅行，或者接触来大陆的台湾人，经常会感叹他们非常儒雅、非常有礼，其中一个原因，就是他们在受教育的过程中，学了很多传统文化，对一些成语典故能够信手拈来，能够用儒家的教化来规范自己的言行举止。他们的这种教养让我们感到亲切。

孔子、孟子的思想，"四书五经"里面的很多说法有可能让我们回到一个被奴役的状态吗？不太可能了。因为今天的文明基本上是现代文明了。在这样的一种背景下，我们反倒需要一点"中用"，需要对传统文化多一些了解，以此丰富生活内容，活跃文化色彩。从这个角度来讲，我觉得今天也应该多学一点"国学"。

## 从"国学"中学什么？

基于上面说到的原因，现在很多人开始重视"国学"了，社会上也有很多国学班，很多家长也把自己的孩子送到国学班去学习。但是，又出现一个问题，就是不知道从"国学"里面学什么。有一次，我在梧桐山上看见一位女老师带着一帮小朋友，他们穿着所谓"汉服"，就是那种走起路来很不方便的服装，看上去像是一群小老头、小老太太出来了，一边摇头晃脑还一边击掌，他们在背诵"人之初，性本善"，念得很有节奏。我看到队伍后面有一个年龄稍微大一点儿的小孩满脸不情愿，就好像是被逼迫地念诵这些东西。前两天我到一个学校，那个学校的校长非常自豪、非常骄傲地说："今天是周末，不然的话可以让你们去学校里面，你随便找一个小学生考考他，让他背背《弟子规》，背背《三字经》，甚至背诵《易经》，他张口就来，基本上人人都可以做到。但是你不能问他这句话是什么意思，因为这些学生只会背诵，意思都不知道。"为什么他们都不知道呢？因为老师也不大知道。校长反对让老师去解释一句话是什么意思，他的理由是：第一，老师不知道；第二，老师很有可能解释错。与其把一个错误的说法教给一个小孩，还不如让他都不知道，现在只是会背，有一天总会知道的。他的这个说法，有一定的道理，南怀瑾老先生也有这个说法，小的时候背一些东西，不一定要理解，将来长大了，自然就会理解，要用一辈子的时间去理解它。台湾有一个专门教人背诵经典的人，叫王财贵，也有这样的说法，说背诵一些经典是有好处的，先背，就像我们买回来一个电脑之后，先装一些软件进去，装一些东西进去，先装进去再说。小的时候趁着记忆力好，可以装一些应该装的东西。这个说法有一定的道理，我也认同，但是我认为还是应该要理解，起码的解释应该要有，不能完全没有。传统社会，知识有限，背诵一些经典，可以用一辈子。但是，现代社会就不一样了，记忆不再是重点，经典很容易找到，理解经典才是关键。现代社会教育的重点是让学生学会思考，所以"国学"教育还应该教小孩子思考。

此外，选择什么来学习，也是一个问题，因为"国学"包含的东西太多了。现在很多老师选择教授的东西，就是一些像《弟子规》《三字经》之类的文本，这个跟过去的私塾老师教的启蒙读物差不多，他们可能认为这个才是正道。但这是有问题的。我认为与其背诵这些，不如背诵一点《诗经》、《楚辞》和唐诗宋词，选一些好的文字、好的文章来教给孩子们，让他们从小对中国传统文化有一种审美的直觉力。换句话说，现在很多教国学的人，是从道德规范的角度来选择背什么东西，我觉得应该从审美的角度来选择背什么东西。文章、文字是美的，这非常重要，比如唐诗宋词非常美，不仅以前美、现在美，将来还会很美。但是《弟子规》过去有用，现在也许有用，将来不一定还有用，很多道德规范是随着时代变化的。而文字的美、文章的美、意境的美，即使时代变了，它也基本不变，或者说时代变了，它反而变得更美。比如"日暮乡关何处是，烟波江上使人愁"，尽管我们现在到黄鹤楼上面看，好像整个环境都变了，但是文字呈现的意境美，不仅没有随着环境的变化而消失，反而因为环境变化觉得它更美。所以，从传统文化中选择学习内容的时候，我们要从美的角度，或者把美作为第一位的标准来考虑。比如周敦颐的《爱莲说》，我听那些小孩背起来就非常好，非常美。听小女生用清澈的声音背诵的时候，你不觉得它是在传达一种君子的道德人格的理想，你感受到的是它文字的美、意境的美。这种东西是我们要给孩子们的。现在很多的"国学"教育对这一块儿是没有判断力的，只是很简单地把传统的那一套所谓蒙学拿出来恢复，就自以为是最正宗的了，这是非常迂腐的见地。

此外，我非常强调的一个重点是："国学"教育就是做人的教育。做人跟讲道德规范是有很大差异的。从某种意义上讲，中国的传统文化最好的部分、最具有核心竞争力的部分，是它关于做人的学问。

## "国学"的核心竞争力是使人成为一个人

我们现在说一个人会做人，通常就是说这个人情商很高，他的人际关系处理得非常好等。但是传统文化里面的做人，跟这个做人是不太一样的。我们所说的做人，就是人出生以后，到最后要实现作为一个人的全部内涵、全部潜能，用德国哲学家黑格尔的话说就是全部的"内在规定性"，这个才叫做人。比如一个小孩出生后，他开始吃喝拉撒，跟我们每个自然人一样，后来他表现出下棋方面的兴趣和天分，我们去培养他，让他一步一步地把全部的潜能发挥出来，使他成为一个很好的围棋爱好者，或者成了一个很好的棋手，甚至成了一个国手。这个时候，他把潜能尽可能地释放出来了。我们就说他完成了一个做人的过程。这还是指的一种专业上的、技能上的做人。

那么传统文化所说的做人是什么？在相对抽象的意义上，就是将作为人的规定性、内在的一些属性全部表现出来，这就是做人。那么，人的规定性是什么？按照《礼记·中庸》的说法，"仁者人也"，就是仁。这个仁，是什么意思？就是人最核心的东西、最本质的东西。比如一个水果，它的核，就是它的仁。仁就是它最重要的一个东西。比如稻谷，它种到地里面去，能够发芽开花，就是因为有这个仁，虽然包着仁的壳子也很重要，但仁更重要，仁是核心所在、潜能所在，是生命的精华。所以什么叫人呢？把自己最核心的最内在的部分的东西释放出来，就是一个人了。基于这个理解，我又把这个"仁"字理解为"人的二次性"，我们生出来就是一个人，不过，这个人是自然意义上的人，这是人的一次性，只有这个人实现了他的潜能，才算是完成了人的二次性。

那么怎么实现人的二次性呢？它不是说实现就能实现的，而是有一整套流程的，是需要功夫、需要实践的，是需要一步一步地完成的。这个流程、这个功夫、这个实践，就是"国学"，尤其是儒学关注的重点。在某种意义上，"四书五经"讲的核心内容就是这个，比如《大学》，讲的就是做人的学问。它从格物致知开始，讲正心诚意，讲修齐治平，这是一个完备的体系。开始要认识客观世界，就是格物致知；然后要回到主观世界，就是诚心诚意；再然后就是要去实践，修身是实践，管理家族是实践，治理国家更是实践，而实践的最高境界是为天下带来和平的力量。

其中，非常重要的部分是要诚心，要正意。什么意思呢？这个可以说是中国文化核心的核心了，是中国文化最具有竞争力的部分。就是说我们要时时刻刻了解自己的念头，要知道自己的情绪、知道自己身体状况和精神状况是什么样子的。我们会觉得今天很疲惫、很焦虑、很抑郁、很高兴、很喜悦等，我们会有这样的一种感知，但是我们能掌控这样一种感受吗？我们能控制自己的念头吗？就是说，我们能够成为自己精神世界的主人吗？当然，你会觉得，你自己就是你精神世界的主人。但是，你真的是你精神世界的主人吗？可能很少有人会去想这样一个问题。梁漱溟先生就讲到过，他最佩服的一个人是一位团长。他佩服这个人的原因是，他想睡着的时候就能睡着，想醒来就能醒来，哪怕就五分钟也能立即睡着，五分钟之后不用闹钟，也不用谁去叫他，自己就醒来了，这个人是一流的。这也是传统文化非常推崇的人。为什么？因为他自己是他的主人。很多人会焦虑、抑郁，就是因为掌控不了自己的精神世界，他的精神世界是没有主人的。传统文化很重要的一个功夫就是要诚意、正心、修身，这是要干嘛？就是让你成为自己精神世界的主人。

如何检验我们的内心世界是不是有主人呢？很简单，坐下来，然后什么都不想。但是，你一坐下来就会发现这非常困难，你什么都在想，有各种各样的念头，越是要消除念头，越是要进入安静，越是会发现脑子很乱。如果我们在想安静下来的时候，却发现自己根本安静不下来，就表明我们的精神世界没有主人。而所谓的修行，就是要找到这个主人。印度教和西方的宗教，都有修行的部分。中国传统文化特别擅长这一点。我们在教育一个人的时候，会教他管理自己的情绪，管理自己的心灵。而我们现有的教育，不会讲这个，也不会去练这个。虽然社会上已经有人开始练这个了，但是总的来说很少。关键是很多人不知道这个道理，很多人都不知道管理自己的精神世界是人生最重要的课题，它比你学什么东西、学什么专业都要重要。越是知识丰富的人、情感丰富的人，越容易产生心理上的、精神上的问题，而这些问题恰恰是中国的传统文化特别有办法化解的。

现在学校里面不会讲正心诚意。什么叫诚意？就是里里外外是一致的，是没有杂念的，是非常平静的。正心是这个世界的本心，是天地的本心。当你拥有天地本心的时候，就拥有了天地本心所拥有的那种能力。这个天地的本心，是具有生命力和感受力的，如果你没有用一些乱七八糟的东西去污染它的话，那么这个本心是什么东西都有的，它是仁的，就像一面镜子。中国的传统文化要我们学的、要我们修的、要我们练的，就是把我们本来有的像一面镜子一样的光洁保持住，保持它的干净。这是"国学"最好的内容之一。

所以说，我们今天学国学，首先应该学习的是它修身养性的部分。传统的儒家把修身养性的部分叫"内圣"，首先成为一个"内在的圣人"。成为内在的圣人之后，就要开始考虑成为"外王"。"内圣"是自己能够管理自己，自己对自己的存在、意义、价值、目标，有一个非常清楚的自我认知；"外王"则是对自己在这个世界上的使命有非常明确的概念，能够给身边的人，给周围的人，给社会上很多的人树立一个典范。一个人如果能将后者做到极致，他就是一个"外在的王"，是一个实践性的圣人；如果他做得没有那么好，那他也是一个君子，因为不是所有人能做到像孔子一样的程度，他可以是一个君子，君子是一个小型的、有局限的圣人，这也很不错。我们通读一下"国学"的基本经典，不难发现，它的系统性、全面性、根本性，是现在的教育所欠缺的。然而非常可惜的是，很多搞"国学"的人、从事"国学"教育的人，不知道什么是"国学"的核心竞争力，他们往往把无关紧要的东西，甚至是糟粕的东西当成精华，让一些对传统文化心存疑虑的人更加反感"国学"，这就不只是可惜了，甚至是可恨。

## "国学"应该怎么学？

明朝大学者王阳明的心学现在非常火，成了显学。王阳明的心学是中华传统文化最好的那些部分的集大成者。王阳明在文化上颇有建树，因为他立德、立功、立言。中国的传统文化对完人的要求就是在德、功、言三个方面都有建树。

王阳明的学问里面比较重要的就是修身养性这一部分。他其实比较看重的是学问，即"言"，他对德、功是无所谓的。我们觉得一个人在思想上有创造性是比较难的，有思想很难，有创造性的思想就更难。而他是一个有创造性思想的人。有一位老先生叫徐梵澄，他有一本书叫《陆王学述》，在这本书里面，他说中国有一个精神哲学，就是孔孟之后传下来的心学，即陆王心学，陆象山、王阳明这两个人把心学发扬光大了。这一部分心学可以跟世界上最好的精神哲学的一些成果相提并论，是非常好的学问。而这个学问里面非常好的部分，也是王阳明经常讲的部分，就是人的精神世界要有一个心来作为它的主宰。我们要找到这样一个主宰，这个过程叫修炼。

当然，王阳明年轻的时候，也是一个喜欢修炼的人。他跟道家学了导引术，因为身体不是很好，所以经常会打坐、禅修，也不一定要用禅修这样的名字，就是在那儿静坐。他 37 岁的时候在贵州的龙场打坐，突然悟道了、开悟了，于是觉得一切都明白了，非常高兴，就大喊大叫，像发疯、发狂一样。

"悟道"是什么？我们现在说它是一个很神秘的东西，用现在一些比较容易理解的、比较通俗的说法来解释，宇宙是一个大宇宙，我们人是它的一部分，所以我们是一个小宇宙，那么我们的这个小宇宙和大宇宙本质上是一个东西，因为我们是从它里面来的，但是随着生长发育，后天受到很多影响，我们跟自己内在的本质，也就是跟作为本体的大宇宙就会拉开距离，越隔越远，最后就隔开了。我们有很多的私心杂念，有很多乱七八糟的念头和想法，有各种各样的情绪，这让我们越来越远离本体。而修行就是让我们越来越接近、越来越回到本体。修行，简单来说，就是不要思、不要想、不要感受、不要判断、不要嘀嘀咕咕，做到这一步，你就一步一步地又回到了那个先天的本体。一旦你回到了先天的本体，你就会有一种很特殊的感受，发现什么事情都好像打通了、接通了、被照亮了，很多东西都明白了。这时你的精神能量会非常饱满，你的感知力、感受力会非常强，就像我们睡了一觉，早晨醒来后精神状态很好。精神状态好的时候，你去考试可能会比较好。如果昨天晚上你没有睡着，今天考试可能就会有问题。

比如下棋，为什么有些人能够成为国手，有些人不行呢？有的人天生心理素质就很好，哪怕明天是决赛，晚上一样该吃就吃，该睡就睡，并且睡得很好、很踏实。他不会翻来覆去地想明天会怎么样，越想越紧张、越想越害怕，最后就真的发挥不出来。有些人天生就有这种本领，还有一些人通过修炼拥有这样的本领。有一个叫吴清源的棋手下围棋很厉害，他就是一个很喜欢修行的人。要应付高强度的比赛，心理状态一定要非常好，所以很小的时候，他就把自己管理得很好。据说华尔街的操盘手，做金融、投资生意的人，都会进行这样的训练，他们如果不能随时随地让自己安静下来，一定会做出一些不正确的决策和判断，从而蒙受很大的损失。

心学的精华不在于说什么，不在于字面的东西，不在于"心即理""知行合一""致良知"等。最重要的是这句话背后的意思是什么，这句话内在的含义是什么？很多人只能从字面上去看它，这两个字好像就是说我们应该有一个健康的、合乎道德规范的念头，以为这就是"良知"。它这个"良知"可能还有一个意思，即一个对的、正确的精神，而这个正确的、对的精神也是一个健康的精神。这个健康的精神，反过来说它很自然就是对的，也是正确的，也是很有可能合乎道德规范的，这是它的根本，是要致这样的一种"良知"。这样的一种意识是最重要的部分。王阳明的精神哲学是实用哲学，它不仅仅让你知道一个道理，而且让你按着这个道理去做。

王阳明喜欢修行打坐，在龙场还悟道了。而他到了晚年，就不太主张打坐了，不再主张一个人坐在那里像一个老和尚一样。现在很多人是这样的，只注重外在形式，每天在那里打坐，像一个老和尚，早上打坐半小时，晚上打坐半小时，打坐完以后，一点儿用也没有。一个是没有开悟，另外就是念头很乱的时候，该乱还是乱。所以，王阳明后来很反对打坐，反对仅仅静修，他主张在事上磨炼，在事上修。有些真正开悟了的老和尚也会告诉你，修行很简单，就是吃饭睡觉，砍柴烧水，淘米煮饭。我们一听认为修行就是生活了，其实不是这个意思，还有一句话就是活在当下。大家说今朝有酒今朝醉就是活在当下，其实也不是这个意思，那是什么意思呢？是要清楚自己在一个什么状态里面，要历历分明，要了了分明。打坐的时候什么事都没有，我就安住在一个状态里面。但是如果有事情来了，能够跟这个事情融为一体，安住在这个事情里面，比打坐更厉害。因为我们毕竟是一个活人，我们永远在一种动的状态里面，而在动的状态里面，寻求一颗安定的、宁静的心，这就是修行。

王阳明后来就教育他的弟子要在事上磨炼。但是很多人不懂，他们以为，在事上磨炼，就是要经历很多事情，以为我们只要做很多事情，就是自然而然地在事上磨炼了，其实不是这个意思。王阳明说的是要有一颗宁静的心，这个宁静的心就是一个健康的心，它就像一面干干净净的镜子一样，什么东西来了，他就照见什么东西，这才是一个宁静的心。在事上磨炼，就是要磨炼这样一颗心。这是中国传统文化最好的部分。

我们把一个小孩送到国学院、国学班、国学堂去学，他们摇头晃脑背了很多东西，好不好？好。该不该？该。够不够？不够。有没有把精华的东西学到？没有学到。为什么？因为没有教给他管理自己是最重要的东西。这种认识，我们中国传统文化中不仅有，而且非常多，只是有的时候不一定讲得那么透。

现在有两本非常畅销的书是《人类简史》和《未来简史》。这两本书的作者赫拉利说，未来世界什么东西对我们最重要？三种能力最重要：一个是终生学习的能力；一个是应付变化的能力；还有一个就是获得心理平衡的能力。

终身学习的能力，对我们中国人来讲特别重要。为什么？因为我们都不是终身学习的实践者，我们都是上完大学后就把大学教材扔掉，之后就再也不学了。或者我们考了一个职称、考了一个什么证书之后就不再学了。中国这种人很多，很多人一年当中都读不了一本书，尤其是功名成就了，生活过得还不错了，就觉得学习读书是一件很辛苦的事情，因此不学了。这是普遍的情况。

应付变化的能力也非常重要。为什么？因为我们马上会迎来一个巨变的时代，而且这个变化越来越快。谷歌的总监库兹韦尔在《奇点临近》这本书里面也说到过，未来科技的发展，是以指数的方式增长的，过了某一个点，那个点叫奇点，过了这个点之后后面的增长是爆炸性的，就像核爆炸一样。将会发生巨大的、非常多的变化，新的东西涌现得越来越快。所以，我们马上会进入一个变化非常快的时代。

以上两种能力很重要，但是我认为第三种能力最重要，就是获得心理平衡的能力。南怀瑾在 20 世纪讲过一个预言，他说 21 世纪最严重的病不是癌症，也不是心脑血管的病，而是精神病。癌症也好，心脑血管疾病也好，都将随着科技的发展被攻克、被治愈。但是精神病就需要我们修炼、修行了。

赫拉利这样一位牛津历史学专业毕业的学者，他每天要用两个小时来内观，早上一个小时，晚上一个小时。他已经内观了 17 年了。他说，如果不是有这样的一个修炼的话，自己根本无法写出两本这么好的书。

尤其要教育我们的孩子，获得心理平衡的能力是第一位的。如果他有这样的能力，他将来一定很厉害、一定很好、一定很强。如果他没有这个能力，他的学校越好、工作越好，可能带给他的麻烦就越大。因为状态很好，待遇很好，机会很多的时候，压力会很大，这时如果没有很强大的获得心理平衡的能力的话，可能就会失常、崩溃。所以，获得心理平衡的能力是根本。这就是我们为什么要学国学。我们要学什么东西呢？我们就要学这个。

## 以开放的心胸来对待全世界的文明

很多人的思维有一个非此即彼的惯性，当我们说西方文明多么好、西方的科技多么好，我们好像就忘记了中国也有非常好的东西；一旦我们开始强调应该学"国学"、学传统文化，西方的就不学了。对于全世界的文明，我们一定要以开放的心胸来拥抱、接纳它。全世界的文明都有它的长处和短处，有它特别擅长的部分，也有它不擅长的部分。中国文明、印度文明在修身养性这些方面是很擅长、很厉害的。但是在科技文明、理性文明这一部分，中国的传统文化是不够的。我们比较擅长经营一个小的家庭，经营自己的小的生活，但是我们不擅长适应急剧变化的社会。传统文化会讲很多我跟你在一起应该怎么样，在一个家庭里面应该怎么样，在家族里面应该怎么样，但是碰到一个陌生人应该怎么样，我们的传统文化基本上是不讲的，而西方文化对此就很擅长。所以，我们每个人都应该有这样清醒的认识，我们的文化好在哪里、不好在哪里，什么是我们的长处、什么是我们的短处。这样我们才知道应该学什么，学完了之后还不够，还要学别的，学完了别的之后，还不能忘掉自己的文化和传统。

# 家风、家训与齐家之道

孔海钦

## 孔海钦

又名孔祥语。儒学家，书法家，作家。文儒书院创办人，致力于中华经典文化的传承。长期执教于福州大学人文学院，受邀于北京大学等高校讲学。福建电视台"孔子后人说《论语》"主讲人。主要讲授《论语》《孟子》《中庸》等经典和《国学与当代教育》《中华文化与修身之道》等。出版《论语课本》《大学中庸课本》《礼乐之歌》等作品。

## 中国的普惠精神

中华民族之所以绵延五千年到现在，有以下五个主要原因。

第一，有先进的治国之道。儒家的治国之道，倡导正义公平。孔子说："政者，正也。""其身正，不令而行；其身不正，虽令不从。"

"大道之行也，天下为公。选贤与能，讲信修睦。"

第二，有优秀的传统文化。什么是文化？观乎天文，以察时变；观乎人文，以化成天下。文化，就是以文化人，使每一个人都善良、敦厚、孝顺、好学、谦卑、担当、爱国，为了国家利益和民族利益，可以抛头颅、洒热血。与同胞在一起，要谦和礼让。这些优秀的传统文化，使我们的民族找到了思想的皈依。

第三，有伟大的教育思想。有教无类、因材施教、学思并重、为人师表等孔子所倡导的教育思想，我们至今还都在努力实践中。

第四，有广袤的肥沃土地。千百年来，我们国家不管什么地方发生自然灾害，总有其他的地方丰收，以其广大的土地、勤劳的人民所结出的成果帮助受灾难的人民。

第五，有发达的科学技术。四大发明和中国字的发明，使人类文明进入了新的阶段。强大的科技和军队，使我们避免了一次又一次的灾难。即使一时落后，我们也会迎头赶上。

儒家的主要思想是：仁、义、礼、智、信，这也是全人类共有的精神。所以，我们要好好地继承这些优秀的传统文化。

# 家 风

什么是家风？家风就是一个家庭、家族、单位、地区的风气，是人与人之间的相处之道。孔子说："入其国，其教可知也。"即通过看这个国家的风气、家的风气，就能知道其社会发展如何。

家有普通之家、贫贱之家、书香门第之家，还有富贵之家。人们常说的门当户对，是指精神的门当户对、志气的门当户对、文化的门当户对、责任的门当户对，而不仅仅指地位的门当户对。富贵之家一定有家训，家训使这个家能够耕读传家、道德传家、诗礼传家。

如果一个家没有家道，就是贫贱之家；整个家族没有一个贤人，那这个家族就是普通家族。一个不读书的家庭，是不可能成为贵族家庭的。读圣贤书，才有可能成圣贤人。圣贤怎么说，我也怎么说；圣贤怎么做，我也怎么做；圣贤怎么持家，我也怎么持家，这个家不就成为圣贤之家了吗？

富而贵者叫贵族，富而不贵者，或是为富不仁，谓之"土豪"，大家要深深了解这一点。从古至今，只有读书才能够让我们的品位、品质提升，只有读圣贤的书，才会让我们的眼界更高。富，莫富于蓄道德。从钱的富有到道德的富有，是一种境界，是一种提升。贵，莫贵于为圣贤。读圣贤书，说圣贤话，做圣贤事。贫，莫贫于未闻道，最贫的人不是缺钱，而是一生无道。贱，莫贱于不知耻。不知耻的人是最卑贱的。所以，我们要培养孩子坚韧不拔的意志、人生的志趣和好学的精神。这样他们才能够安贫乐道，才能够抵御种种的灾难，享受读书的快乐，享受清贫的人生。

中华民族要想成为具有深刻思想的民族，必须有文化的传承。经典，是先人留下来的精神财富，是我们必须学习的。家长应该跟孩子一起读书。圣贤就是最好的家庭指导老师，是家庭有矛盾、有冲突、有误解时最好的调解员。

# 家　训

什么是家训？家训就是向后代传授的修身、齐家、治国、平天下的道理和方法，是家教的基本形式，是塑造家风，铸造我们家庭品德的基本方法。我们来看一些著名的家训。孔子的家训："不学诗无以言，不学礼无以立。"孟子的家训："君子学以立名，问则广知。"曾子的家训："婴儿非与戏也，婴儿非有知也，待父母而学者也，听父母之教。"姬姓的家训："君子力如牛，不与牛争力；走如马，不与马争走；智如士，不与士争智。"曾国藩的家训："家俭则兴，人勤则健；能勤能俭，永不贫贱。凡富贵功名皆由命定，半由人力，半由天事。惟学做圣贤，全由自主，不与天命相干涉。"

周恩来身为一国总理，还谦退和平，安分守己，以忍为第一要诀，以和为第一喜气。忍，是需要勇气的，是需要智慧的，是需要修养的，更需要有一颗强大的内心才能做得到。为什么要忍？为正义而忍。刘邦得了天下以后，是怎么选太子的呢？刘邦讲了一段话："尧舜不以天子与子而与他人，此非为不惜天下，但子不中立耳。人有好牛马尚惜，况天下耶？吾以尔是元子，早有立意。群臣咸称汝友四皓，吾所不能致，而为汝来，为可任大事也。今定汝为嗣。"意即天下要传给能将其治理好的人，而刘盈能将天下名士请来当幕僚，表明他有治理天下的能力，刘邦因此将其立为太子。

# 齐　家

家德、家风、家训、家规、家门、家道、家法构成了齐家之道。齐，就是整齐，齐家就是让全家都有一颗仁心，齐心协力把家治理好。

齐家，要慎终追远。在祭祀的时候向祖先汇报一下流传下来的家训做到了多少，什么没有做到，还有什么欠缺，争取近日改之，向祖先做一个保证，这才是祭祀的文化。

如何尽享天伦？以前的大家族，一旦儿媳妇有喜了，婆婆要做一件事，在自己家门口贴一张红纸，报告这个事情，同时客人到家里来，要轻声细语、走路要轻巧，不要影响了家里新的生命。所有家族成员之间的矛盾从此放下，一律不计较，为迎接新的生命做好准备，这就是大户之家。

在齐家之道中，家教是非常重要的。言传身教，与齐家之道是相辅相成，同样重要的。言，是言圣人之言；传，是传道德、传诗书。作为父母跟子女的关系，榜样作用是最重要的。以前讲君君臣臣，父父子子，就是说君要像君、臣要像臣、父要像父、子要像子，这是一种责任和担当，不仅仅是一种等级，而是天下法则。当一个家庭中，父不父，子不子，父母不像父母，子女不像子女时，这个家就十分混乱。一个国家君不君，臣不臣，领导不像领导，部下不像部下，正职不像正职，副职不像副职，没有规矩，没有秩序，这个地方必乱无疑。

夫妻之道，也是齐家之道的重要内容。夫义妇德，夫唱妇随，妇唱夫随。先生做什么，妻子和着；妻子做什么，先生也和着。夫妻根据分工的不同，相互尊重，相互支持。

夫妻关系、父子关系、兄弟关系，再加上君臣之间的关系和朋友的关系，组成了中华民族五大伦理关系。现在，除了这五种关系以外，我们还要处理好师生关系、人与自然的关系、人与自己的关系、人与历史的关系、人与未来的关系。

我们读了书以后，要学会对话。第一，对话自己；第二，对话历史；第三，对话古圣先贤；第四，对话大自然；第五，对话未来。学习对话，首先要从亲人开始，从跟父母对话开始。以前的孝分为三等：大孝尊亲，其次弗辱，再其次能养。我们所做的事要让父母感到光荣，有面子。虽远离父母身边，无法日夜照顾，但能够让父母感到荣光，这是一等的孝；第二等的孝，至少不能让父母觉得丢脸，使父母不因自己的言行而受到羞辱；第三等孝才是养父母。养父母，一方面是从物质上养，解决衣食住行；另一方面是从精神上养，让父母愉快，这就是孝顺。

孝顺父母，第一个叫无违，就是不要违背父母良好的意愿。父母有缺点，做子女的要劝父母。我们倡导敬孝，反对愚孝。第二个就是和颜悦色。一个人和颜悦色，代表两个意思：一是身体健康；二是心情愉快。我们在父母面前和颜悦色，父母感到很高兴。

孝顺父母，要从内心敬重父母，不要只在表象上敬重父母。作为晚辈，哪怕五十几岁了，也不能让父母为你的婚姻、职业、学习、处事、生活习惯等担忧。孝，是全方位的，大孝可安邦治国，小孝可治家。心怀善念、待人接物、敬业精神、爱国精神属于孝道的范畴。

一个人到国外去留学，如果他经常在外国人面前批评自己的国家，这个人会被人看不起，这个人就是不孝。看孝要看大孝，只有读圣贤的书，才能够有广阔的胸襟，包容一切。不包容，难以为孝。

一个人要有君子的风格，得之无喜色，失之无愠色，一切淡定从容。以坚守道义，作为自己交友、赚钱、择业、择邻、择居、择偶、择书、择师、择道的标准。中华民族传统的国风，就是有一个心安之家、一个心安之族和一个心安之国。只有做到从小家到大家，都能够以文会友、以友辅仁、坚守道义，保存好学、高贵、典雅、谦让的品质，才能生活愉快幸福。

二

文化创新

# 文创发展的下一个契机：
# 数字创意产业

范　周

## 范　周 ✎

中国传媒大学经管学部学部长兼文化发展研究院院长，文化部文化产业专家委员会主任，国家发改委"十三五"规划专家委员会委员，文化部国家文化改革发展研究基地主任。《文化部"一带一路"文化发展规划（2016~2020）》编制课题组组长，全国人大《公共文化服务保障法》起草专家组成员。"中国2008年度文化产业十大领军人物""2011中国创意产业十大杰出贡献奖"获得者。主要著作：《中国文化产业新思考》（专著）、《文化创意产业前沿》（6卷）（主编）。

《2016中国数字创意产业发展报告》表明，中国数字创意产业已经进入高速发展期，但仍有十余倍上升空间。"十三五"期间，国家正式将数字创意产业列为战略性新兴产业之一，作为文创产业最重要的组成部分，数字技术将广泛渗透融合到各个领域，这是一个重大的发展契机。

## 一　第四次工业革命：数字创意产业引领未来

回首往昔，1785 年蒸汽机的发明使人类文明走向了变革的道路。从蒸汽时代到电气时代用了 100 百年；从电气时代到科技时代用了 70 年；从科技时代到智能时代用了 40 年。不难看出，从硬件到软件，工业革命正在加快脚步，从 1969 年互联网的出现到 2010 年移动互联网的发展再到如今智能互联网时代的到来，人机交互、大数据、物联网等新兴技术为数字创意产业的发展壮大提供了先决条件。

过去人们获取信息的媒体就是电视台、广播、杂志，而今天随着移动新媒体、数字传播的发展，获取信息的渠道不再局限于传统媒体。文化消费呈多元发展的态势，世界经济正处于新旧增长动能转换的关键时期，上一轮科技和产业革命提供的动能面临消退，新一轮增长动能尚在孕育。过去 40 年，世界经济增长主要靠 IT 技术创新推动。过去 20 年，计算机科学的主要进展来自搜索引擎公司。如今，重视以人工智能等为代表的科技发展已然成为全球共识。据统计，2016 年全球科技巨头 AI 投资额达 300 亿美元，关键词"人工智能"的媒体关注度比 2015 年增长 632%，世界对科技的瞩目可见一斑。

面对这一趋势，2016 年起世界各国纷纷布局数字创意产业。英国出台《数字经济战略（2015～2018）》，旨在建设数字化强国；日本提出建设"超智能社会"，最大限度将网络空间与现实空间融合；美国于 2016 年 10 月出台政府报告《国家人工智能研发战略规划》，认为"AI 现在正处于可能出现第三次浪潮的初始阶段"；法国于 2017 年 4 月制定国家人工智能战略；德国发布《数字战略 2025》明确了德国制造转型和构建未来数字社会的思路，并于 2017 年 5 月颁布全球首部自动驾驶法律。全球新一轮科技革命和产业变革已经从蓄势待发进入群体迸发的关键时期。

## 二 迅猛发展：我国布局数字创意产业

### 1. 7 亿网民是坚强后盾

截至 2016 年 12 月，我国网民规模达 7.31 亿人，全年共计新增网民 4299 万人。如果说 7 亿网民和移动互联网技术是我国数字文化产业发展坚强的后盾，那么，网络用户付费习惯的养成则是"引爆"数字文化产业的导火索。据 ICTresearch 统计：2015 年我国数据中心能耗高达 1000 亿度，相当于整个三峡水电站一年发电量。随着互联网和数字技术的不断发展和普及，传统文化产业将实现数字化转型升级，并不断催生出数字文化产业的新业态、新模式，数字文化消费将成为扩大文化消费的主要发力点。

### 2. 真金白银的政策红利

近年来，相关文件密集出台，数字文化产业迎来前所未有的政策红利期。2016 年 11 月 29 日，国务院发布《"十三五"国家战略性新兴产业发展规划》首次将数字创意产业纳入其中，并部署到 2020 年，数字创意产业产值规模将达 8 万亿元，而数字创意产业在文化领域的具体体现，正是数字文化产业。2017 年政府工作报告中，总理首次提出大力发展数字经济，为数字创意产业的发展壮大提供强有力的支持，对数字创意产业的国家政策从财税金融、科技创新、人才培养等方面进行梳理集成，力求形成政策合力，共同推动数字文化产业创新发展。

### 3. 快速扩大的市场规模

有数据显示，2015 年，中国数字创意产业已集聚了 36948 家企业，同比增长 13.8%；从业人员 384 万，同比增长 13.1%；产业规模达 5939.85 亿元，同比增长 22.9%。中国数字创意产业已经进入高速发展期。数字创意产业作为国家的战略性新兴产业，已经成为中国经济发展的主要动力之一，未来几年内，将持续为转变经济发展方式、促进消费增长、引领社会风尚提供有力支撑和有效供给。

2015 年我国数字创意产业规模达到 5939.85 亿元，同比增长 22.9%，其中 VR 产业增幅最大，达 267.5%。细分领域中，网络文学是 IP 源头，增速快；动漫的衍生市场潜力大；影视受众广泛，爆发强劲；游戏规模 1424 亿元；VR 规模 15.4 亿元，处于起步阶段，潜力旺盛；电竞、VR 是新增长点，在线教育结合语音识别、AI 等技术将有更多应用。

## 三 发展瓶颈：数字创意产业仍待提升

就目前来看，英国数字创意产业占 GDP 的比重达到 8%，居全球首位，占据全球音乐市场的 15% 以及全球视频游戏市场的 16%；美国数字创意产业占 GDP 的比重为 4%，占据全球影视票房的 33.3%；日本数字创意产业占 GDP 比重为 2.4%，其中动漫制作占全球动漫市场 60% 的份额。反观中国，《2016 中国数字创意产业发展报告》显示：2015 年我国数字创意产业规模达到 5939.85 亿元，同比增长 22.9%，但占 GDP 的比重仅为 0.7%，仍有 10 余倍的提升空间。

尽管目前中国数字经济、互联网经济紧跟世界步伐，但不能否认的是，中国仍然是一个制造大国，而非处于世界领先地位的制造强国，中国社会财富的积累仍靠社会资源的消耗，其他国家则靠房贷、品牌挣钱，这就是中国与世界强国的区别。因此中国在享受第四次工业革命成果的同时，更需要思索"中国制造"向"中国智造"的转型之路。

目前制约数字创意产业的发展仍有以下瓶颈：第一，在产品内容供给方面，优质作品供给不足，劣质作品产能过剩；第二，在供给主体方面，内容厂商在知识产权和品牌竞争上出现不正当及恶意竞争；

第三，在消费层面上，恶意扣费、消费欺诈等侵犯消费者利益的事情时有发生；第四，人才缺口较大，教育培训和实践相对脱节，中国创意人才培训政策尚未完善。

## 四　畅想未来：数字创意产业的下一个十年

### 1. 跨界融合型的业态更加多元

"互联网＋文创"深度融合，协同开发会越来越多，以一个 IP 为核心去开发不同类型的产品和服务越来越成熟。2016 年，腾讯公司收入将近 220 万美元，其互动娱乐布局包含腾讯游戏、阅文集团、腾讯动漫、腾讯影业、腾讯电竞等多方面的相互融合。同时，腾讯的数字科技的研发也将与数字创意产业深度跨界融合，如腾讯的大数据分析技术、优图人脸识别技术、视频互动直播技术等。

### 2. 人工智能最有卖点

1956 年，斯坦福大学 J. McCarthy 教授、麻省理工学院 M. L. Minsky 教授、卡内基梅隆大学的 H. Simont 和 A. Newell 教授等学者首次确立了"人工智能"的概念："让机器能像人那样认知、思考和学习，即用计算机模拟人的智能。"短短几十年的时间，人工智能的发展进入了由概念到现实的变革时期。前瞻产业研究院《人工智能行业分析报告（2016）》中的数据显示，2015 年全球人工智能市场规模已达到 1683.9 亿元，预计 2018 年将达到 2697.3 亿元，复合增长率达到 17%。虚拟现实、人工智能、物联网和行业整合等核心趋势将继续推动全球科技市场的并购与整合。2016 年 9 月，谷歌、脸书、国际商业机器公司、亚马逊和微软等五大科技巨头宣布成立一个人工智能联盟，旨在进行人工智能技术的研究与推广。由此看来，随着科技的迅猛发展，人工智能在未来将继续深入数字创意产业的各个领域。

### 3. 与传统文化强强联手

随着综合国力和影响力的不断提升，传统文化将成为产业创意内容的源泉，更是数字创意产业走向世界的核心竞争力。数字创意产业在传统文化当中寻找结合点和商机的例子并不罕见。敦煌石窟壁画彩塑的数字化，不仅永久保存了文物信息，也使传统文化的数字产品更具市场价值；图书馆的数字化，为中华传统文化打造了一个共享平台。据统计，目前国家图书馆数字资源总量达 1160.98TB，年增长量超过 130TB。优秀文化资源的创造性转化、传统文化业态的数字化升级等都将成为未来国家政策扶持的重点。传统文化产业与数字化联手升级将成为数字创意产业重要发展方向。

### 4. 用户习惯养成

动漫游戏、网络文学、网络音乐、网络视频等数字创意产品拥有广泛的用户基础，与百姓生活越来越密切，已经成为群众文化消费的主产品。同时，随着知识产权保护力度的加大、环境的改善和网络用户付费习惯的养成，数字创意产品的消费潜力得到了充分的发挥，市场价值也进一步提升。

# 踮起脚尖看未来

王晋康

**王晋康**

中国作协及中国科普作协会员，中国科普作协副理事长，世界华人科幻协会副会长。处女作《亚当回归》获当年银河奖头奖。此后以《天火》《生命之歌》等短篇连获全国科幻银河奖，至2014年共获18次。荣获世界华人科幻大会星云奖的长篇小说奖、最佳作家奖和终身成就奖。2013年获"大白鲸世界杯幻想儿童文学奖"的特等奖。2016年获腾讯书院文学奖和中国科普协会金奖。2017年获京东文学奖的科幻类奖。迄今已发表短篇小说87篇，出版长篇小说及短篇结集共47本，共计550余万字。

科幻作家是这么一种人，他们没有姚明的高个子，站的位置也不比别人高，但他们有一个终生难改的爱好，就是喜欢踮起脚尖伸长脖子尽力朝远处看。这样，他们就能偶然看到别人尚未看到的东西，有时甚至比学识渊博的科学家们还看得远一些。这也不奇怪，科学家们常常埋头研究，忘了抬头。

2017 年 5 月 27 日，人类围棋棋王柯洁与人工智能 Marster［后被证明即阿尔法狗（AlphaGo）］对垒，以 0 比 3 完败。在对阵的第三局，柯洁因为无力回天，忍不住哭了。这场对局在社会上掀起了轩然大波，但依我看这个影响还太小，因为社会还没认识到它的真正意义。这不单是柯洁的泪水，而是人类之泪。因为它象征着，人类作为一个因智慧而兴旺的物种，其独尊地位已经受到了严重的挑战，至少在围棋这个极需高智商的领域彻底失败了，而且永远没有翻盘的可能。人类的自信和心理优势已经开始崩塌。从一位失败英雄柯洁的眼泪开始，数百万年的人类史走到了一个重要节点。当几百年后的人类回顾历史时，他们会忘了什么中印边界对峙、特朗普上台、双十一剁手多少百亿等，而记着柯洁的泪水。

从人类在东非草原学会走路，到成为地球的主人，靠的是什么？不是锋利的爪牙，不是奔跑的速度，不是强健的体力，而是靠智慧。人类因智慧而傲视众生。机器的发展本质上是对人类器官的延伸，汽车比人跑得快，起重机比人的胳臂有力，电脑比人脑反应快、比人的记忆力好，这些我们都坦然接受，没听说谁为此流过泪。但为什么柯洁为这次失败流泪？因为人工智能已经战胜了人类最自负的智慧！现在地球上即将出现一种超过人类智能的 AI，Marster 的胜利只不过是它的一场开胃菜，尽管它是由人类创造的，但在不久的将来，它会超出人类的掌控。2017 年 10 月在深圳国际基因大会嘉年华活动中，我听取了深圳华大基因 CEO、微博上的"觉者尹烨"关于 AI 的报告。这个报告确实非常好，对 AI 的前景做了清晰的勾勒。报告中仅有一点我不同意，他在报告结尾说为了预防 AI 的失控，人类要为飞速发展的人工智能植入人性的光辉。此后的对谈中我对尹先生说，如果人工智能真正觉醒并成为新的生命，一定不在人类的掌控之中。人类想为它们植入人性光辉，正如猿人想要拉住走出非洲的智人，想把他们的兽性固化。

　　在国内，我是最早关注人工智能的人之一，二十几年前就强烈关注了。这是"圈外人"的关注，是科幻作家趴在科学殿堂的围墙墙头上的远观，虽然看不到细节，但这种远观更容易看大势。今天，一个70岁老者想对这20年做一个回顾。

　　在我的记忆中，20年前世界上有两件大事。1996年7月，克隆羊多利诞生，从此人类掌握了上帝的核心机密——如何让生物繁衍。1997年5月，电脑程序深蓝战胜了人类国际象棋棋王卡斯帕罗夫，这也震惊了世界，因为人类智慧受到了初步但也是切实的挑战。那时我就敏锐地感受到，人类的大变已经来临，山雨欲来风满楼！1997北京国际科幻大会，我代表作家们发言，我的发言就是：后人类时代已经开始。

　　关于后人类的题目太大，咱们先不说它，先说人工智能，即AI。20年前，虽然在国际象棋领域中AI已经取胜，但在围棋领域，AI的水平还很低，只相当于人类业余二三段。不少人言之凿凿地说，围棋过于复杂，超出了电脑的运算能力，超一流人类棋手赢棋要靠直觉、靠对美的感觉这种人类独有的能力，而电脑程序没有直觉，是不可能战胜人类的。这种论调在神秘主义风行的中国特别有市场。大家是否还记得一部著名的小说《棋王》，作者阿诚，小说中说，棋道和中国的道家思想是相通的。这部小说非常有名，是新时代文学的代表作之一。不过，在科幻作家眼里，这部小说只能作为文学形象来欣赏，不得当真的，下棋仅是数学运算，没什么神秘。20年前的1997年，我在一部科幻小说中预先描写了AI战胜人类围棋棋王的场景，描写了这位棋王作为人类智力代表而无力回天的无奈、绝望和沉重的失落感，但连我也没想到：这个场景在我有生之年就变成了现实！我的那篇小说中设定的围棋棋王是一个韩国中年人，而现实中的主角是刚才提及的中国年轻人柯洁。大家都知道，柯洁性格飞扬，对自己的智力和棋力很自负，曾发微博称：就算阿尔法狗战胜了李世石，但它赢不了我。可惜，他个人再强也无法胜过"天"，无法胜过"势"，即人工智能必将超越人类智能的大势。

看着他的眼泪，我是百感交集！柯洁败后曾说，阿尔法狗的棋理人类已经看不懂了，也许它已经发现了人类千年来未能发现的棋理。随后的阿法元更是以 16：0 的成绩大败世界上所有超一流围棋选手，彻底粉碎了人类的心理优势。阿法元不像阿法狗，它未学习任何人类棋谱，只是在学了围棋规则之后就以深度学习的方式左右手互搏，很快就成了围棋界的独孤大侠！它在此后就宣布封刀，退隐江湖，因为放眼人类已经没有它值得比剑的对手。想想人类在围棋领域已经艰难地探索了千年，而它用一晚上的学习就能轻易地横扫人类超一流选手，我们真是心头苍凉。

14 年前，2003 年，我在《科幻世界》杂志上发表过一套系列文章，包括《上帝的核心机密》《科学的坏帐准备》《人类会灭亡吗？》《超级病菌》等，这些文章都很浅薄，因为其作者不是学者不是科学家，只是一个普通人，一个喜欢踮起脚尖看未来的普通人，偶然能看到远处的东西。其中一篇是《人工智能能否战胜人类智能?》，文章不长，两千字，我不妨念一遍。

## 上帝的魔术可以还原成精巧的技术

自然界中存在太多的奥妙，比如：海蚌的螺线、向日葵籽盘的盘绕轨迹都精确地符合某一数学曲线。那么，DNA 中也有数学语言吗？蝴蝶的繁殖经过卵、蛹、幼虫和蝴蝶四个阶段，上代、下代蝴蝶永不谋面，却能一代代重复数千公里的迁徙路线。这些行为指令在 DNA 中如何传递？这些深奥的问题超出了人类的理解能力，只好用"黑箱"把它们罩起来，命名为：本能、上帝的神力、灵魂、生命力……

不过，科学慢慢地揭开了这些黑箱。它们是上帝的魔术，但上帝的魔术都可以还原成精巧的技术。不妨拿电脑类比，今天的电脑技术已近乎魔术了，伽利略一定会把它看成上帝的神物。其实它的原理非常简单，你相信吗？电脑很笨，只会 0 和 1 的加法，其他运算都是化为加法进行。但"0和1的加法"充分发展后，就变成令人眼花缭乱的魔术。

# 三个飞跃

技术向魔术的发展是循序渐进的，但量变导致质变，导致生物进化的三次飞跃。

第一次是从无生命物质向生命的飞跃。普通原子经过复杂的自组织，变成了生命DNA。其实，DNA的自组织并不是自然界的孤例，宇宙大爆炸的粒子汤"繁衍"出氢、氦原子，水分子会"繁衍"出一模一样的雪花……但只有当自组织的产物足够复杂、能够进行新陈代谢时，才产生向生命的飞跃。

第二次飞跃是智力的产生。不妨把智力定义为：生物针对外界刺激做出非本能反应的能力。智力并不为人类独有，黑猩猩能制造工具，海豚能学习单词并组句，它们都具有智力。

第三次飞跃是由"自在之物"转到"具有我识"。"我识"也非人类独有，黑猩猩能从镜子中辨认自己，如果额头上有红点，它会努力擦去这"不属于自己"的异物。不过，如果不那么严格的话，可以说自然界中唯人类具有我识。

三次飞跃造就了今天的世界，造就了诸如智力、情感、直觉、创造力、信仰……这类东西。请记住，这些精神层面的东西都建基于物质的复杂缔合之上。

# 整体论

几十只灯泡组成IBM三个字的广告，便赋予它高出物质层面的意义。只要保持同样的缔合模式，那么，把红灯变成绿灯，或变成石子，所表示的意义都不变。蜜蜂个体的神经系统非常简单，几乎不具备智力，但只要它的种群达到一定数量，就会自动产生整体智力，会建造精巧的蜂巢并遵循复杂的社会规则。

人脑有 140 亿个神经元（这是当时我看到的数据，现在有变化，有资料说是 1000 亿），每个神经元的构造非常简单，只能根据外来的刺激产生一个神经脉冲，但 140 亿个神经元缔合成复杂的立体网络后就产生了智慧，产生了我识。如果我们问：爱因斯坦哪根神经元中藏着他的"我识"？显然是愚蠢的问题。

足够复杂的缔合必然产生高层面的东西，这就是"整体论"的观点。究竟如何产生？不知道。人类目前只观察到输入和结果，对中间过程一无所知。它暂时是一个牢牢封固的黑箱。

## AI 能赶上人脑吗？

所有读了并接受上述观点的读者，都能够轻易地回答这个问题：既然智力来源于复杂的物质缔合，与缔合模式有关而与组元的性质无关，那为什么 AI 不能赶上人脑？

当然能！

不少科学家顽固地认为：AI 永远不可能具有人类的创造性、直觉和灵感，更不可能有信仰、情感和我识。这些科学家是人类尊严的热血卫士，要全力守住"天赋人权"的最后一块阵地。

那么他们能否回答："创造性""直觉""灵感""我识"究竟来自何处？独立于物质大脑吗？是上帝专门赐予人类的神物？当然不是。所以，不要断言 AI 赶不上人脑吧。随着 AI 的复杂程度赶上人脑，它一定会具有人脑的所有功能。

那么，它能超过人脑吗？

## 更高层面的超智力

众所周知，人类的智慧来源于劳动和社会协作。但蜜蜂和蚂蚁早在一亿年前就建立了有效率的社会，有了分工严密的劳动，为什么其智力终结于很低的层面上？

原因是它们的神经系统太简单，无法承载高等智力。即使其大量个体组成种群、缔合出了远远超过其个体的整体智力，但其绝对值还是很低的。如此说来，我们真该为1400克的人类大脑而庆幸——可是，人类大脑也有局限。

第一，人类大脑的缺陷之一在于它的有限容量。但人脑的增大已达极限（人类婴儿头颅的大小已是女人骨盆的最大尺寸，以致进化不得不选择一个折中办法——让婴儿在大脑未长足时就出生，这在动物界中绝无仅有）。可以断言在今后的进化中大脑的增大极为有限，赶不上科学发展的需要。

第二，生物神经脉冲的传递十分缓慢，其中髓鞘神经元（中枢神经）传递得最快，也不过每秒百余米，而电子信息为每秒30万公里！两者根本不可同日而语。

第三，人脑的信息输入是间断的，即使宝贵如爱因斯坦的大脑，也会因肉体的死亡而报废。新一代科学家只能从0开始，重复老一代人的学习过程，这是多大的浪费！

第四，人脑中信息的输入是依靠眼耳鼻舌身等感官，非常低效，不同个体之间更难以做到完全的信息共享。10G硬盘的拷录是几秒钟的事，但若想向一个人灌输10G硬盘容纳的信息——想想该多么艰难吧。

在文明早期，这些缺陷还不太明显，但现在人的学习阶段越来越长，竟超过人生的1/3甚至接近一半。如今再没有像伽利略、牛顿这样的全能科学家，因为每一个细小的专业就够学习一生了！而失去统观大略的大师，科学的发展就可能迷失方向。

而AI几乎具有一切优点：近乎无限的思维速度、容量和信息共享性。至于创造性、直觉、灵感这类东西，早晚它们也会具有的。AI中会产生爱因斯坦那样的科学家吗？——何止如此！既然智力简陋的蜜蜂个体缔合之后能产生智力飞跃，功能简单的神经元能缔合出人类的智慧之花，那么，无数智力超群的、信息无限共享的AI个体通过网络缔合在一起——会产生什么？

不是能否产生电脑科学家的问题，而是将产生更高层面的整体智力，不妨称之为第四级文明。这种文明将超出人类的理解力，即使爱因斯坦也不行，最聪明的蜜蜂也无法理解人类文明。

真不愿承认这一点，但是，只要我们不背叛人类的理智，遵从公认的逻辑规则，那么上述结论就是必然的。

不过，我们尽可达观一些。高层面的文明会覆盖低级文明，正像人类文明覆盖了猿人文明，这是自然之大道。第四级文明是在人类文明的沃土上长出来的，人类文明将在它之中延续。

文章念完了。这是 14 年前的文章，14 年来，人工智能快速发展，但大家可以判断一下，我的这篇文章是否过时。近几年接触过一些科学界人士，他们中的一些人，特别是其中年岁较大的人，仍坚信人工智能永远不可能具有人类的创造力，更不用说人类的信仰、感情等。至少在中国，这仍是知识界的主流观点。

关于这一点，我 14 年前的这篇文章其实已经说得够清楚了，不过我还是想再来点延伸和深化。我认为，对这个问题不能用技术性的目光来细察，而应用哲学性的目光来远眺。实际上，只需使用一个小技巧，就能把这个问题大大简化，即把"AI 能不能赶上和超过人类智能"置换为"AI 能不能赶上和超过自然智能"来进行思考。

当你把人类智能置于自然智能的大框架中，以整体的、历史的目光来鸟瞰时，这个复杂问题马上变得简单清晰了。因为进化论揭示，自然生命是从无到有逐步进化而来的，生命是普通物质复杂缔合的一步飞跃。自然智能同样是逐步发展的。当单细胞生命有了趋光反应，也就有了最简单的智能；毛毛虫受到惊扰会装死，蚂蚁会选择回家的捷径，这是复杂一点的智能；黑猩猩会使用工具、组织战争、互相欺骗、为自然奇观激动，这是更复杂的智能；人类智能则是地球自然智能的顶峰。

既然自然生命（包括人类）和自然智能（包括人类智能）只是普通的非生命物质复杂缔合后的产物，我们真没理由说，其他物质就做不到这一点。当然，如果让硅基智能从零开始进化，那是非常复杂漫长的过程。但现在人类已经赋予了它们很高的起点，而 AI 又具有自然智能无法比拟的优势，所以，它要超过自然智能实在是太容易了。

所以，只要你相信进化论，进而相信自然生命和自然智能都是从普通物质演化而来的，那么，相信"AI 终将超过自然智能"应该是顺理成章的事，反之才不可思议。当然，世界上绝大多数人有宗教信仰，相信人类是上帝、安拉、女娲等创造的，至今仍把进化论看成邪说。我尊重这些人的信仰，也不会和他们争辩，因为两者属于不同的话语体系。

在现实面前不少人被迫承认，AI 在"普通智能"（计算能力）上已经远远超过人类智能，但这些人仍在顽固地坚守另一个阵地：AI 永远不可能有创造力和灵感这类更高级的智慧。

那么，我们仍回头看一下自然智能的进化过程。当生命从那个偶然学会自我复制的原子团开始时，它肯定不会有什么创造力；蚂蚁虽然会从复杂的路径中选择回家的捷径（从本质上说是一种积分运算），但这是一种本能，是蚂蚁种族在长期进化中从无数的随机经验中获得的，并非蚂蚁个体具有创造力；生物学家观察到黑猩猩某些个体会做出一些新发明（如敲击拾来的铁桶去吓唬其他猩猩，会仔细修剪树枝来钓白蚁），这显然应该算是低级的创造力了。而人类学会用火，学会语言，学会科学思维，也就逐步有了创造力。

纵览自然智能发展的全程，创造力是从无到有的，是普通物质缔合充分复杂化后的一步步的飞跃。既然这样，AI 为什么不能产生这样的飞跃呢？这只是时间问题。

那么，问一个振聋发聩的问题：AI 具有生存本能吗？

所有自然生命都具有生存欲望，或曰生存本能。它就和食欲、性欲这些东西一样，虽然看来虚无缥缈，但是确实存在的。这是生命最重要的特质，是生物所有生存方式（雌雄交合、自私本性、利他精神、母爱、杀戮本能等）的源泉，也是人类道德伦理的基石。这是自然界最神秘、最悲壮雄浑的一首生命之歌——其实如果追溯本源，生存本能一点也不神秘。在远古时期，当第一个原子团学会自然复制时，它就自然而然地具有了生存本能，然后随着生物的进化它变得越来越复杂。那么，当 AI 何时无意中学会复制自身时，它也会开始具有"生存欲望"，并随之一步步复杂化，进而具有其派生物（包括母爱、自私本能、利他精神等）。到那时，它就不是单纯的 AI，而是新的生命了。

这是一种非自然生命，但这个过程将是自然发生的。

问问另一个逆天的问题：非自然生命会具有我识、感情（包括爱情）、道德、信仰等更高级的智慧吗？

"我识"即认识到"我"是独立于客观世界的存在，它也是逐步进化而来，自然生命中只有人类、黑猩猩、倭黑猩猩、海豚、乌鸦等少数物种具有我识。还是那句话，既然"我识"是普通物质缔合逐步复杂化后发生的飞跃，我们不能断言非自然生命就做不到。

至于其他种种，如爱情、道德、信仰等人类独有的东西，其实归根究底来源于生存本能。只要非自然生命具有了生存本能，这些东西也就不难具有——只看它们对其生存有没有用。比如，如果非自然生命不用具有"性别"，那它肯定不会有爱情；而如果非自然生命也是群体性的，那么它也必然会产生协作精神。

那么我们要问了：什么时候 AI 会超过人类智能？

人类大脑有千亿个神经元。每根神经元的结构非常简单，只是依据外来刺激给出一个电信号。但它们经过复杂的缔合之后就变成了具有高级智慧的大脑，包括像爱因斯坦的大脑这样的超级大脑。现在，地球上已经有千亿个智能单元（家用电脑、大型计算机、智能手机等）通过互联网联结在一起，就每个智能单元来说远远超过一条脑神经元，它们联网后又具有人类难以比拟的种种优势（光速运转、无限容量、瞬间输入输出、不受寿命限制等）。难道它们就不会产生飞跃？不会产生高于人类智慧的人工智慧？甚至诞生一种全新的非自然生命？只要具有正常的逻辑能力，就不得不承认这一点。人工智能的唯一劣势是：人脑中神经元的缔合是三维的，而由互联网串起的人工智能单元是二维的，何时人工智能也变成三维的缔合，它的发展会更为迅速。

而且这并不需要十分漫长的时间，很可能是以百年为单位的。美国著名科学家、发明家库兹韦尔精确地指出了 AI 超过人类智能的时间：2045 年。但我不赞成这个过于精确的预测。凭我们现有的智慧，我们只能大致推断出：AI 完成对人类智能的超越（甚至包括诞生非自然生命）的条件已经成熟，而只要到达临界状态，飞跃是肯定会发生的，至于何时发生、以哪种方式发生则不可预测，因为对它的精确预测超出了我们的智慧水平——就像智慧再高绝的猿人也无法预料人类发展过程的种种细节。

每个生活在今天的人都能感受到科技的无穷力量，但工业革命以来，科技仅仅是人类五官四肢的延伸，电脑和互联网的出现则大致相当于对人类大脑硬件的强化，人工智能则是对人类大脑、人类智慧的真正延伸。与它相比，此前的种种科技进步只是序幕。

达尔文提出进化论的时候，守旧派讥讽进化论者为猴子的后代，现在，文明世界已经不再羞于承认我们与动物界的关系。但这种守旧派是永远存在的，只是换了一个表现形式——他们尽管承认人类智能最初也是来自无生命物质的缔合，但就是不承认硅基智能能够赶上和超过人类智能，不承认人工智能也会产生直觉、创造力、对美的欣赏力以及生存欲望、感情信仰等。比如，今天的科学家大都不相信，人工智能某一天会做出科学的发现，出现"非人科学家"。我今年发表了一个短篇小说《天图》，小说中预言，围棋领域出了一个马斯特，迟早科学领域也会出现一个"驴斯特"，让科学家望尘莫及。

20 年前我的那篇小说提前描写了人工智能战胜人类围棋棋王，20 年后它变成了现实。今年我的小说中描写了人工智能在科学领域战胜人类，不知道 20 年后它会否实现？200 年后呢？巧的是，2017 年 11 月，在成都中国科幻节上，我听到一位科学家，中科院物理所凝聚态国家实验室的丁洪主任，也提到人工智能做出科学发现的可能性——虽然是以不太确定的口气。看来，我的观点在科学界也有知音。

那么，这是人类的灭亡之日吗？

我是相对乐观的。两种生命（智能）各自占据不同的生态位，更大的可能是一种有利的共生关系。或许，明天的人类会对自身进行改造（如在大脑中植入芯片、实现人类的意识上传）从而与非自然生命合流，甚至出现 AI 与人类的婚姻也不是不可能。

从地球自然生命的进化历程来看，杀戮本能是缘于生存竞争，它在生命进化过程中逐步被"协作"取代，所以没理由断定"机器人"会屠杀人类，那只是好莱坞大片的情节，并非科学的逻辑推断。

当然也不可过于乐观。如果某一天，地球的非自然生命很理性、很冷静地认识到：地球环境恶化的最根本原因是人类数量太多。遗憾的是这个观点很可能是正确的，因为有一条大自然的铁律，"上帝憎恶清一色"。除了人类，从来没有任何物种能长期维持"清一色"的状况（说明一点，恐龙时代绝不是清一色的）——如果 AI 有了这个认识，冷静地、不动声色地、以很人道的方式对人类减员 90%……那时人类该怎么办？

所以，持乐观态度恐怕不合适，应该持达观的态度。科学在帮助人类进入自由王国的同时也悄悄施以报复——把这种自由限制在客观规律之内。人类个体有自由意志，人类作为整体来说则没有自由意志。既然人类不可能来个"八月十五杀鞑子"，在某一天全部砸烂所有电脑以中断人工智能的发展，那么，不妨心平气和地接受"AI 终将超过人类"这个前景。

# 跟作家韩小蕙看英伦文化

韩小蕙

## 韩小蕙

《光明日报》编辑，中国作协全国委员会委员，中国散文学会副会长，北京东城作协主席，国务院特殊津贴专家，韬奋新闻奖获得者，荣获"首届中华文学选刊奖""首届郭沫若散文随笔奖""中国当代女性文学奖""冰心散文理论奖""冰心散文创作奖""首届报人散文奖""老舍散文奖""上海文学奖"等多种文学奖项。出版《韩小蕙散文代表作》等29部个人作品集。主编出版《90年代散文选》《当代女作家散文选》等62部散文选集。

# 一　在英伦文化中，花草树木、动物、儿童、老人和残疾人活得最滋润

## 古　树

英国到处都是粗壮的大树，从大、中城市到小镇、乡村，满目皆是，在多雨的英格兰高地，无不生长得郁郁葱葱。完全不夸张地说，在全英境内的任何地方，出门走不了二三十米，就能见到好多、好多株大树，特别、特别粗的古树也还都在。有一次我在大伦敦地区的一所学院里撞到一株超大超粗的大栎树，我们三个成年人伸直手臂才把它合围起来。栎树是英国的国树，长着纵向排列的长形叶片，像铁扇公主手里的芭蕉扇，美丽而独特，为英国人民所骄傲与珍爱。

在英国，是绝对不允许随便砍树的，即使是政府也不行，王室也不行，天王老子也不行。所以，跟不列颠的老房子们一样，几百年的英国古树都保留下来了。

栎树（韩小蕙 摄）

## 动　物

英国有很多狐狸。有一次天黑了我们开车回家，在伦敦附近的小镇上，突然看到一只褐色的狐狸，不过那没出息的小东西像中国的流

浪猫一样，正在那儿扒垃圾桶呢。狐狸在整个动物家族中算是长得好看的，特别是大大的尾巴蓬蓬勃勃，摇曳出光彩照人的风姿，因此曾被远古的人比拟成繁盛的谷穗，狐狸也就被当成谷神受到崇拜。我一直不太明白的是，狐狸对人类没有造孽，甚至还不如野兔、野猪、袋鼠、黄羊等的危害大，但关于它们的评价竟然是那么的负面、那么的残酷。在中国人的观念中，狐狸就是"狡猾"的同义词，尽管"更狡猾"的中国人早就把它们捕杀得精光了，我们的孩子们只能在动物园里跟它们打个照面！在英国文学中，狐狸的形象也不怎么好，过去英国乡间有一个盛大的活动叫作"猎狐"，其内容是乡绅们骑着马，带着成群结队的猎狗去围捕狐狸。后来由于动物保护主义者的大规模抗议，游行示威，英国政府终于在 2004 年颁布了《狩猎法案》，禁止在英格兰和威尔士猎狐时使用猎狗，几年后又终于全面禁止了这项血腥的"传统乡村文化"活动。虽然从那时到现在只有十来年时间，但英国狐狸们已得到了休养生息，数目逐年增多，据统计，仅在伦敦的 33 个大区一带，大约已见到 1 万多只狐狸的身影，在全英格兰的城市地区，平均每平方公里就有 27 只；有 80% 的英国人喜欢在他们周围经常见到狐狸。有一天某网络上突然出现了一张特有喜感的照片，在排队取钱的人当中，居然夹着一只狐狸——太好玩了，大概它以为这是在发放免费午餐吧？

一只狐狸夹在排队的人当中耐心等待着。"嘿，小家伙，你弄错了，这不是领取免费午餐！"（资料图片）

每天上午我去小区花园里打太极拳的时候，三天两头能看见一只肥硕的大黑猫在那里闲逛。那猫最大的特点是浑身的黑毛特别油亮，就像天天抹了一层厚厚的黑发油膏，我就叫它"油糕"了。油糕聪明绝顶，没两天就知道我喜欢它，因此只要我一出现，它就来了，宛若一枚油光水滑的炮弹，在我眼前窜过来，蹦过去，"嗞溜嗞溜"的好不威风（还好不会爆炸！）。它的伙食显然是很高配的，把一条身子都吃成了一个"U"形的粮食口袋，沉甸甸的腹部低垂着，眼看就蹭到了地上。它的个头儿也超出了"猫"的概念，茁壮得像一只小羊。它的眼珠子是绿色的，翡翠绿，闪动着满不在乎的狡黠。有时，它就大剌剌地在我前面七八米处趴下，满怀着驾驭猫奴的霸气和自信，与我对视着。一天，它竟叼来一只喜鹊那么大的褐色鸟，扒拉来，扒拉去地玩弄。后来我得知，油糕是小区领地中的一只野猫，从小区建好之后就来了，虽然属于不请自来的流动人员，也没去办居住证、防疫证什么的，但邻居们都非常善待它，就连他们的家犬也很友善，油糕据此大为感动，就收了浪迹天涯的九条心，安安心心地留在这里。

哇，英国的猫怎么都这么肥头大胖肚的！（资料图片）

小区的公共宠狗就不用说了，天下爱狗人士的文化心理都差不多，所以英国的狗和咱们中国的宠物狗都生活得差不多，食不厌精，衣不厌奢，要多福仔有多福仔。可说的有这样两句话：一是在英国的城市、乡村，我从没见过脏兮兮的流浪狗，好像是法律管得严，不许随便抛

英国品种柯基狗，就是伊丽莎白女王
养的那种，漂亮吧！（资料图片）

弃动物，否则重罚；二是不论什么狗，大狗、小狗、洋狗、土狗、走
狗，凡在不列颠土地上行走的狗，都有一种洋洋得意的"特权"，即只
要一出门，就必须把自己家主人"拴"起来，绝不允许他们不牵狗绳
就在街上溜达——这两条甚好，我以为中国人应该虚心学。

这小伙子怎么像是中国留学生？你倒是读书呀还是养狗？（韩小蕙 摄）

## 飞禽

从油糕嘴下那只褐色的大鸟，不由联想起我家东窗外有一排大栎树，上面有两窝鸟，一窝是喜鹊，一窝是鸽子。喜鹊跟咱们中国的喜鹊长得一模一样，永远穿着绅士的黑白衣服，个儿头也一样大。它们的窝是自己搭建的，一根一根的树枝层层叠叠地盘缠在一起，形成一只小脸盆大的筐，有时可以看到从里面伸出幼儿的小脑袋——我在中国时，每逢看到喜鹊窝，就会情不自禁地感叹：喜鹊爸妈多么不容易啊，它们又没有手，全靠那张勤劳的喙，先把小树枝啄成合格的宽窄长短，再一枝一枝地衔来，不知道经过多少次掉下去的历程，最后才能使其在大树上稳稳地站住！英国的喜鹊也不说英语，而是高贵地保持着自己"嘻喳喳——"的鸟语。我曾想过一个问题，不是说七夕节那天，天下所有的喜鹊都会飞到中国湖北郧西，即牛郎织女故事的发生地，为可怜的牛郎和俩孩子架起一座通天鹊桥吗？不知道英国的喜鹊们去不去？

鸽子在这片土地上很不可爱，我不知道这种鸟儿会不会自己筑窝？反正我们小区的鸽子窝是爱心人士给它们搭建的，一只只挂在树干上，造型宛若维多利亚时期的哥特式小木楼，非常傲娇。我也是到了英国以后才知晓，在这片大地上有一条严厉的法律：所有鸽子都是女王的财产，任何人不得加以伤害。正是自恃这无与伦比的雄霸背景，窗外的鸽子都相当霸气，竟时时像海盗一样武装到牙齿，想去霸占人家喜鹊的窝。幸好喜鹊不受女王的统治，因而完全不惧牢狱之灾，每每奋起反抗，以血肉之躯筑起保卫家园的长城。

在英国，活得快乐的还有麻雀。这平凡的小东西好像在这里发生了基因变异，个头儿直追鹌鹑，毛色也鲜亮得亚赛木槿花。特别生动的是其脸上的黑痣，一跳一跳的仿佛摇曳的黑莓果，被万人嫌的雀斑就变成了美丽的标志……这可能得益于英国丰沛的雨水吧，有时一天能洗上好几次澡，想当个泥猴儿都难了。

英国是温带海洋性气候，夏天有四面八方的海风吹拂，手边基本

英国泰晤士河的一个支流，各种水鸟多极了，一点也不怕人（韩小蕙 摄）

离不开一件羊毛衫；冬天又有大西洋暖流拱卫，所以不太怕冷的家庭都用不着开暖气。这样好的气候条件就吸引来了大批鸟儿，英伦大地成为它们的乐土。最常见的是海鸥，哪里都能看到，越接近海边越密集。我个人是非常喜欢这种海鸟的，第一，它们特别干净，身上的白羽可真"洁白"，一尘不染，还油油光光，看着就想去抚摸一下。第二，文学情结使然，高尔基的《海燕》影响深远，过去我也像绝大多数读者一样，以为海鸥就是海燕；后来知道了它们是不同的两种海鸟，也习惯性地把对于勇敢搏击风浪的海燕的种种钦佩，移植至海鸥身上。就这么爱屋及乌，所以只要看到海鸥飞过来，哪怕只有孤零零的一只，我的眼睛也会久久地盯在它身上不肯离开，直到它远远地隐身到云层中不见了。可是有一次到海边城市卡迪夫去，女儿的同学却说最讨厌的是海鸥，我吃惊地问为什么？她说："它们是长得漂亮，也高贵得跟王子似的，可是您不知道，海鸥个个都是强盗，老来抢东西吃，天天把我们放在楼道里的垃圾袋扒开，弄得一塌糊涂，烦死人了。"

其他的水鸟，我基本上就不认识了。11月的一天，我们去一个叫Henley的地方玩。景点主要就是一条河，它是泰晤士河的一条支流，离伦敦有三十多公里。时已深秋，天又有点阴，所以已经有点凉了，树叶也有点萧瑟。河水却还是非常充沛，可劲儿地快速流着，仿佛都能听到水流的声音，使我这个来自干旱的北京、常年看不到河的人一时欣喜非常。更让我兴奋的是，河里竟游荡着大队大队的水鸟，有白天鹅、黑天鹅、褐鸳鸯、花鸳鸯、绿头鸭、杂色鹅……远处半空中，还飞着海鸥、燕子、老鹰和一种白色的大鸟……让我难以置信的是，它们简直就像是家养的，看见人特亲近，你一招呼，它们就都拥挤着游过来，"嘎嘎""啊啊""哈哈""哩哩"地喊你，要吃的。我大窘，身上什么食物都没带，看着它们又失望地离去，心里觉得真对不起它们。

英国的国鸟是红胸鸲，它们比麻雀稍大，深灰色的羽毛从头部往下流泻，至胸前却突然涌现出一大片极其鲜明的红橙色，然后是白色的肚腹，伴以棕绿橄榄色的翅膀和尾巴。仅凭这么多种色彩，就可以想象出它是非常美丽的鸟。

英国国鸟红胸鸲（知更鸟）

在这可爱的小鸟身上，更有一层我喜欢的人文色彩，据英国古老传说，红胸鸲的羽毛本来是咖色的，当年耶稣被钉上十字架时，它勇敢地飞到耶稣耳边，用自己温柔的歌声帮他缓解痛楚。耶稣的血染到了它的小胸脯上，从此它胸上的羽毛就变成红橙色，因而被称作"上帝之鸟"。1960 年，经全英上下民主投票，红胸鸲被 65% 的民众选中，当选为国鸟。为什么会有这么高的支持率？除了宗教上的原因，还因为英国人崇拜雄性红胸鸲"对自己所建立的疆域，负有巡察及保卫的责任"——原来，英国人民是把它作为自己保家卫国的精神象征了，这当然是一个民族、一个国家最神圣的情感高峰。可惜红胸鸲在英国城市里很少见，令我无缘亲睹它的英姿。不过后来，听说它还有一个别名，曰"知更鸟"，我不禁笑了，立时觉得它是熟悉的老朋友，因为在很多英国名著中，都多次"见"过它们的身影，比如《简·爱》第4章，当孩童时期的小简·爱被冷酷的舅母关在房间里的时候，透过玻璃窗，她看见一只孤零零的小鸟，"那是一只小小的、饿坏了的知更鸟，从什么地方飞来，落在紧贴靠窗的墙上一棵光秃秃的樱桃树枝头，叽叽喳喳叫个不停……"初读《简·爱》还是在30多年前，谁知今天，那小小的知更鸟曰红胸鸲的，竟然在这儿等着我呢。

## 昆　虫

我女儿家门外的绿草地上，有一株大梨树，浓密的叶子中间，挂满了大大小小的梨子。我也不知道那是什么梨，形状长得很像咱们中国山东的莱阳梨，一头大一头小，或者说一颗小脑袋连着一个大肚子。味儿也差不多，软软的，绵绵的，带一点点涩的酸甜，长得黄熟了就会发软，挺好吃的。

可是，似乎没人对它感兴趣。从夏天它挂起绿色的小果，到秋天果实已经成熟，尽管每天有很多人从它下面走过，可是竟无人理睬把小枝条都坠弯了的累累果实。于是，风儿刮过，雨儿打过，梨子就悲愤得自己往地上蹦，草地上就时常躺着十几只黄色的、青色的、大个儿的和小个儿的梨子。我忍不住走过去捡起来，呀，明白了：原来，每个梨上面都有虫眼儿。这些虫子活得可真惬意，把每个梨子都尝了一个遍。当然，没有农药侍候，也没有博客、微信什么的七嘴八舌，它们愿意怎么咬就怎么咬！

我们的屋子里也时常有小客人光顾。最多的是蜘蛛，个儿大者有南方的汤圆那么大，支棱着八条几乎直角的细腿，像坦克似的，横冲直撞；个儿小的像小米粒，不注意都看不见，只是你触到它的丝了，感到一阵痒，才知道你把它的网弄破了，它非常的愤怒，正在报复你。以前我碰到这种情况，一般都莞尔一笑，宽容地看着它爬走，可是现在不知怎么好了，因为电视上说，英国有一位女士的耳朵3年前

这是趴在我家窗玻璃上的一只大蜘蛛，花色还挺漂亮吧？（韩小蕙 摄）

突然聋了，怎么治也治不好，直到最近才发现，原来是有一只小蜘蛛爬进内耳窝里了。无独有偶，日前又有一只小蜘蛛爬进另一位英国女士的耳朵里，也使她失聪了，医生一检查，那蜘蛛正在耳朵里睡大觉呢。

每天夜里来做客的是一种长条的肉身虫子，长着类似蜗牛的头和角，爬起来把身体抻得长长的，个儿大的竟然能达到 3 寸多长，有成人的手指头那么粗。它的行动非常缓慢，几乎看不出来在走。可是你一回头，它就要爬出你的视线。拿一根棍触及它的身体，它就立刻变成一个圆球，一动不动，一副任人宰割的奴相。起初缘于蜗牛的联想，我对它们还颇有好感，因为我们北京人从小都唱"水牛（音妞儿）水牛，前出了犄角后出头"，这水牛就是蜗牛。可是有一天清晨，我发现放在地上的生红薯居然被啃去了掌心那么大的两块，好厉害呀，从此只要发现不速之客来了，我都立即把它们请出门外。

电视报道，伦敦郊区附近一绿化带里，有数千只毛毛虫集结，仅用两周时间即织成一张长达 6 米、宽 1.5 米的巨网，就好像做了一顶大帐篷，把它们自己和灌木都严严实实包在网中，然后快快活活地躲在里面大啖绿叶。我相信，在英国，它们的生存环境太舒适了，这样超级庞大的"集结号"还有不少呢。

## 儿童、老人、残疾人

有一次在雷丁的商业街上，我看到一位四十多岁的白人妇女，推着一个双位婴儿车，里面有一黑一白两个小婴儿，她身边还跟着一个七八岁的金发白种女孩和一个黑黑卷发的五六岁男孩。这真把我惊住了，因为我完全不能断定他们是否来自同一个家庭。那妇女是孩子们的妈妈还是领养妈妈呢？

这位母亲有4个儿子，还想再生个女儿吗？

英国的孩子也被惯得没样，这么大孩子还得母亲给系鞋带（韩小蕙 摄）

更常见的景象，则是一个母亲带着三个或四个孩子，一大家子在街上热热闹闹地行走，这常常能吸引我的目光。英国不限制人口，而且每个孩子都由国家抚养，这意思是说婴儿从一出生起，就能领到每周××镑的生活费，还有奶粉券、水果券以及廉价住房……七七八八加在一起，丰盛到用不完，所以有些懒得工作的英国人就以生孩子为职业，子子孙孙地生，英国政府就得替他们养，同时供养着这些懒汉。

若不幸生为残疾人，英国可以说是他们栖身的理想国。为腿脚不方便的残疾人和老年人，英国专门制造了一种灵巧的轮椅小车，电动的，无篷无罩，刚好容纳一个人坐在里面，不可以像中国一样载上别人，连小婴儿也不行。这款小车可以在所有街道上畅通无阻，还可以一直开进商场、便利店、超市、邮局、银行、餐馆，在货架与收银台之间自由自在穿行。英国的道路是真正无障碍的，没见过谁把汽车、自行车等障碍物放在残疾人通道上，停车场里给残障人士专设的车位，也没有正常人去侵占……

一对英国老夫妇，超重的老奶奶只能借助轮椅走路（韩小蕙 摄）

就连肥胖人士也可以申请这种残障轮椅小车。有一天，我看见一位胖得几乎走不动的母亲，带着她的一群孩子在飞奔。这个队伍可真壮观：胖妈驾驶着轮椅小车，十四五岁的大儿子骑自行车，十一二岁的女孩和俩弟弟分别蹬着滑板和滑轮，一大家子你追我赶地尖叫着，快乐无比地快速行进，人人脸上都乐不可支。我真想把这一大家子拍下来，可是不能，英国又有法律规定，不可以不经许可就对着人拍照，特别是对孩子。

### 官员很不幸福

英国的官员最不好当，得经常遭受各种批评和委屈。2012年伦敦奥运会时，我给报社做采访，发现英国的一些媒体，天天就是注视着官员们的一举一动，只要发现了什么问题，绝对死缠烂打，揪住不放。约翰逊是前首相卡梅伦的堂弟，当时是伦敦市市长，这位市长一年就拿1英镑象征性的工资，每天骑自行车上下班。伦敦作为奥运会的主会场，我天天在电视上看见他，头发乱蓬蓬的，每天在工地跑来跑去，特辛苦。可是我眼看着英国的大小媒体，没一位是给他歌功颂德的，相反天天批评他，你这儿不对，那儿不对，总之没有一点好。甚至对当时发生的公交罢工、警察罢工、机场人员罢工，媒体不但不"维稳"，还一片煽风点火，幸灾乐祸，唯恐天下太平。真是觉得在英国当官员是特别困难的事，官员的一举一动都被监督，所以那些官员都是夹紧了尾巴做人的。

## 二　英伦文化十大怪现象

### 墓地设在居民区中

无论是首都伦敦那样的大城市，还是在卡迪夫、布里斯托、雷丁、巴斯等中小城市，你走在大街上、小巷旁，经常迎面撞上某个教堂周围环绕着大大小小的墓地，里面不规则地放置着石棺。有的石棺埋在半地下，头上竖着一块石碑，周围是森森的青草；也有很多石棺就像架上雕塑，是整体悬架在地面上的，因此即使在汽车里，你也经常抬眼就看见它们，躲都躲不开！记得过去读外国文学著作，比如莎士比亚戏剧中，常有鬼魂在坟墓里作祟的故事，墓地一般都被描写得阴森恐怖，有猫头鹰的哓叫，有小妖精跳舞，还有吃人的恶魔，等等。可是现实中的英国人，却对身边的墓地如此的不在意，夸张点说，你简直可以说他们是伴着坟墓在睡觉——这在中国绝对是不可以的。中国的墓地从来都是远远避开活人的生活区域，为了逝者的安宁，更为了生者的安心。

## 商店 5 点就关门

我说不好英国的商店想不想赚钱？除了大型超市，它们一般上午 9 点或者 10 点才开门，傍晚 5 点或 5 点 30 分就关门，这还不是节假日。节日当然是从不开门的，星期六是下午 4 点就关门，星期日基本不营业。

一个星期日，我在小城贝星斯道克的迪斯尼儿童用品商店前发呆：大礼拜天的，儿童都不上幼儿园和小学，跟着父母在街上闲逛，可是它居然闭门不营业，这在中国是多么的不可思议。就连华人也染上了这种"传染病"，全雷丁市唯一的华人超市，周一到周五的营业时间是上午 10 点到下午 6 点，可倒真是标准的 8 小时工作制。

圣诞节前夜，伦敦人和外地人、外国人为了看烟火，几十万人挤在泰晤士河两岸，冒着严寒等 10 个小时，最后看上 15 分钟，然后心满意足回家。我以为他们在节日里（英国圣诞节放 3 天假）也像咱们中国人一样满大街找吃找喝找商店地乐呵呢，谁想第二天正式过节，包括伦敦在内，全英各大中小城市、乡村的各大中小商店，基本没有开门的。大中小街道上，除了不得不出来遛狗者，基本上空无一人！我就纳了闷了：难道他们也不走亲戚？至少也得回家看看老人吧？据说，这是英国人的文化传统，节假日不是上街日，而是糗在家里日。这个"糗"字长得不太好看，但意思倒不丑，用中国北方

雷丁市的一家慈善店橱窗（韩小蕙 摄）

方言解，形容的是面条放时久了，变成了块状或糊状。此刻拿来"形状"一下全心全意待在家里不出门的英国人，倒真是够严丝合缝的。

不过，前面说过，现在世界潮流浩浩荡荡，进入了一切已神奇改变的大数据时代，英国人也"糗"不住了。现在，全英的大大小小商店，星期六也基本都与周一到周五一样营业，只有周日还有一点儿残留，是10：00～16：00营业。即使如此，英国还是有越来越多不安于现状的年轻人不满足，还在"嚣叫"着必须再进一步改变他们古老的"糗"传统。特别是看到咱们中国人白天在各种公园、商场娱乐与购物，晚上还在各种食品一条街激情吃喝，外加各大中小商家还嫌节日太少，疯狂制造出各种"节日"以刺激消费，让他们艳羡不已，恨不得英国也赶快来一场东风西渐的全面改革——对此，我全面理解，贪图享乐本是人类的劣根性，何况已经是"素"了几百年的英国人？

### 草地不怕踩踏

据我所知，很多中国留学生并不喜欢英国，嫌她太过沉闷忧郁，毕业后都急不可耐地尽早回中国。可是，他们说起英国的优点，第一留恋的就是草地。英国的草地实在是太漂亮了，满大地、满丘陵（英国为海拔比较平均的国家，大部分国土为丘陵）、满城市、满街道、满家门口，处处都是像翡翠一样的"绿地毯"，毛茸茸的，铺展在人们眼前，养眼，养心。

街边公园草地上的一群大学生（韩小蕙 摄）

起初，源于在中国养成的良好习惯，我从不踩踏一根绿草，唯恐把它们踩疼，伤了它们的心。可我后来惊奇地看到，哪儿都有英国人在草地上坐、卧、躺、跳、走路、打球、追逐、聚餐，就差没把汽车开上去了！女儿告诉我，英国的草地就是供人休憩的，英人的一大享受就是躺在草地上晒太阳，大中小学校的很多课堂也经常搬到草地上去授课，这也许源于英国的阳光太珍贵了。然而我女儿也没弄明白为什么英国的草地不怕踩？

## 英国人乱穿衣

中国有句俗话"二八月乱穿衣"，其实这句话放在英伦三岛才更加合适。不论春、夏、秋，甚至冬天，也不论男、女、老、少，只要在街上走，你就看吧：有穿吊带背心的、T恤衫的、毛衣的、西服的、夹克的、风衣的、呢子大衣的、棉袄的乃至羽绒服的……五花八门，真正是"自由化"的西洋一景，就好像人们的基本温度感被看不见的魔法在随心所欲地戏弄似的。

最夸张的是，去年初冬时候，气温已经直降到六七度，我在屋子里越坐越冷，就到外面打个太极。一出门，愣是看见一位40多岁的

这是 8 月的雷丁市街头（韩小蕙 摄）

母亲，身后跟着 3 个孩子，都只穿着一件薄薄的短袖 T 恤，跑前跑后的，寒风中竟也看不出他们瑟缩的样子。真是给了我当头一棒，以为自己的感觉出了毛病？赶紧扭头四望，分明又看到其他英国人也是棉袄毛衣的。

实则，英国的气温也确是鬼鬼怪怪的：说的是夏天，你在太阳底下正被晒得冒油，可是一片云彩飞来遮蔽了阳光，你马上就会被冷风吹得直打哆嗦，云起云飞之间就差上了一个季节。还有，每天的气温也相差甚远，有时候你看着大太阳明媚，也许就非常冷；有时候浓云蔽日，兼有四五级大风把树叶吹得一片"嗷嗷"吼叫，可也许又非常的热。一次次的吃亏，终于练就了我的经验：出门之前，你千万不要看英国人穿什么，只能自己站在门外先试试。而且，不论大太阳怎么金光灿烂，你一定要像随手带着雨伞一样，拎着一件外套或一个足够厚实的大披肩。

## 英国城市里有古树

让我羡慕不已的是，英国哪个城市里都有古树和大树。不是一般的大，而是至少有七八百年、上千年的树龄。我见过的大树有枫树、榉树、栎树、松树、柏树、槐树、梧桐树，还有叫不上名字的许多树。最大的直径有两米多，要三四个成人绷直双臂相衔，才能环绕起来。而且，这些古老的"爷爷树""太爷树""祖宗树"株株都长得绿叶葱郁，像"儿树""孙树"一样闪现着逼人的青春光彩。

我印象最深的，是在巴斯市的一个街头公园里，直径 1.5 米以上的大树居然有十多株，直径 1 米以上的、半米以上的，就数不过来了。看它们的年龄，肯定超过千年了，可是，它们怎么会矗立在这座城市中心呢？以城市的岁数计算，巴斯的生日肯定是在大树之后，难道整座城市是依照它们的生长形势和生态环境而规划、布局、建造的？城市礼让树，人礼让树，这在我们看来，又是英式思维。

## 英国的窗户都无纱窗

英国居民的住房基本上都是两三层的哥特式小楼，有的独栋，有的联排，有的装饰着精美的洛可可纹饰和雕塑，所有的住房门前屋后都带花园，种着鲜花绿草。近年来，随着人口的增长，房子不够住了，土地不能再浪费了，英国也盖了不少公寓楼。除了伦敦等超大型城市，这些公寓楼都只有三四层，屋顶做成哥特式的斜坡顶，颇得老楼的神韵。我觉得是"私有权神圣不可侵犯"的缘故，英国人特别爱护房子，无论是百年老屋还是几十年的新房子，均保存和维护得很好，这使所有建筑物都显得典雅和华贵，并不陈旧，一副副仪态万方的样子。里面的布局也不错，客厅、餐厅、厨房、卫生间、卧室、储物间……应有尽有，一样也不少，麻雀虽小，五脏俱全，住着确实很舒服。

但最让我百思不得其解的是，所有窗户皆不装纱窗，也就是说，推开玻璃窗，苍蝇、蚊子、瓢虫、大小蜘蛛……无论四季，都经常性地不请自来，随便放一个身段，就进来暖和暖和或者凉快凉快了。我这人是最见不得苍蝇的，有时正在电脑前写作，忽然就听见"轰炸机"来了，"嗡……嗡……"吵得人心烦意乱，只好起身往外轰，它们倒也不在乎，反正窗户大敞，怎么进来的再怎么出去就是了。不肯出去的就是找死，英国的苍蝇特别傻，拿块抹布就能抽死，有时用脚也能踩死。还好，幸亏英国没有咱们中国那种咬人的蚊子（该国蚊子的餐点都不是人肉，而是植物的汁液，这也很奇怪），不然，英国又没有蚊帐这种神器，非把你咬得浑身大包小包不可！

近年新盖的公寓房也不装窗纱（韩小蕙 摄）

## 英国的水龙头各行其是

前两次我去英国，住的都是洋楼，其无论厨房还是卫生间，水龙头都是鸳鸯两个，虽然形影不离，却是冷热水分开，没有混水阀。而且，凉水特凉，扎手；热水特热，烫人，用起来还得两边一起拧，别提有多别扭了。想来，大概是英国工业革命的传统太古老了，各方面的历史遗留问题太厚重。

可是，现在都已到了网络统治一切的大数据时代，再古老的传统也必须更新了，不然就白白辜负了现代科技的滋润，还会被人当作"乡下人"一样地笑话。

直到去年住进了公寓楼，我才对英国人的保守精神稍稍放了点儿心：新公寓的水龙头已然悄悄更换成带混水阀的了，说明英国人到底明白了，再骄傲、再自尊、再想维护昔日大英帝国的荣光，也必须先跟上时代发展的潮流。

## 英国人可以不吃蔬菜

去英国超市，最闹心的就是买蔬菜。对于咱们这个一天也离不了绿叶菜的民族来说，英国的蔬菜种类，就像中国现在的北方一样，也不能说算少了：洋葱、茄子、黄瓜、番茄、紫萝卜、白萝卜、胡萝卜、大豆角、小豆角、红的绿的黄的柿子椒、白的绿的菜花、白的紫的卷心菜、芹菜、油菜、白菜、生菜，加上土豆和豆芽（如果把它们也算作蔬菜的话）；还有一些咱们中国人不认可的西洋菜，比如长得像野草似的、浑身满是绿刺的菜，我也不知道它的名字，听说英国人洗洗就生嚼……

英国人觉得汉堡里面有一片生菜叶就算是吃过蔬菜了（韩小蕙 摄）

我所说的闹心，是英国蔬菜贵得人惊心动魄！比如（全都换算成人民币）：1 棵油菜 5 元（注意，我说的是 1 棵而不是 1 斤），1 棵两个拳头大的白菜 12 元，1 个柿子椒 8 元，1 斤豆芽菜 10 元，1 斤豆角 12 元，等等。这还是按照今天 1∶10 的汇率计算，10 年前的汇率是 1:16，那 1 斤豆芽就是 16 元，当时咱们中国人的工资才是多少钱呀，你说，这不是割肉吗?!

并且，英国蔬菜也真不好吃。比如卷心菜可不像咱们中国的圆白菜，其根粗叶厚，怎么炒也炒不烂；芹菜也粗壮如树枝，得先用水焯 5 分钟以上，再爆炒，才能吃到熟的。

因此在所有中国人眼里，英国简直没什么可吃的——大街上除了比萨饼、汉堡包、三明治，就是美国炸鸡和土耳其烤肉，照今天的健康膳食观点，都是帮助人猛长脂肪和形成"三高"的垃圾食品。英国的"国菜"也不过就是"炸鱼排＋炸薯条＋番茄酱"，再加上一罐冰凉的饮料，这不是让咱们中国人哭晕在英国吗? 可是，英国人自己非常满足，他们只要有了牛排，再加上半个烤番茄、几块烤土豆和几粒豌豆，就觉得非常美味了，天天这么吃，也不长口疮也不烂嘴角，真是神了!

## 英国没有卡拉 OK

大家都下班那么早，那么，晚上既没有商店可逛，也没有大排档可吃的英国人，都糗在家里干什么呢? 不知道。也没见他们有什么娱乐活动，英国没有卡拉 OK 厅，也没见过舞厅，更没见过洗脚屋、桑拿房什么的。我只见过很少的健身房和台球厅，再有就是各种类型的酒吧。

对伦敦那种大都市来说，话剧和音乐歌舞剧是很惬意的享受，演出票很紧张，要提前几个月或一年就预订。而中小城市就只有酒吧、赌场可以消遣了。

## 英国警车整天哇哇叫

我最不喜欢英国的，就是大白天的，光天化日之下，警车老是没事"哇哇"大叫，吵得全城不安，以为出了什么恐怖事件。其实英国是犯罪率很低的国家，连小偷都很少，抢劫等暴力犯罪就更少。

英国交警配备着世界上最快的警车，拉风则拉风，
可也不应该没事乱叫呀（资料图片）

以前我看到女儿的包老是敞开式，里面钱包、信用卡什么的就那
么随随便便地丢着，总忍不住提醒她，或者帮她把拉锁拉上。她就不
耐烦，故意说："英国没有坏人。你就是把钱包落在哪儿了，人家拾
到了也会还给你。"我当然不信"英国没有坏人"，不过我承认，英
国的坏人真的有点少，晚上出门是无须害怕的。

既然如此，你这警车就别叫了，这不是严重扰民嘛，将来也真
的难免演一出"狼来了"！再说，英国是一个特别强调不能打扰别
人的国度，怎么唯独这警车大煞风景？依我看，这是英国警方的不
正之风，有一次我就看见一男一女两个年轻警察，拉着警笛满大街
兜风，俩人满面轻松，又说又笑，当然名义上还是在"巡逻"。看
来，全世界的警界都有共同的软肋——英警虽不能像美国同行那样
佩着枪，想什么时候射击就什么时候射击；可是他们的警车"哇
哇"乱叫也同样是社会公害。我就奇了怪了：一点儿不能容忍社会
车辆和私家车随便鸣笛的英国人，怎么就能对警车的"哇哇"乱叫
听之任之呢？

## 三　英伦文化对世界的重要贡献

英国的全称叫"大不列颠及北爱尔兰联合王国"，现在是由四部

分组成：英格兰、苏格兰、北爱尔兰、威尔士。就是这么一个小的国家，在16世纪至20世纪初，居然征服了世界，其殖民地从地球东到地球西，从世界南到世界北，大到"日不落"。教科书上说，瓦特发明了蒸汽机以后，英国进行了最先进的工业革命，然后迅速利用工业革命取得的成果，不停地向外扩张，拓展殖民地，中国当时还是农业文明社会。

英国的很多文化理念对全世界文明做出了贡献，比如说对法律、对世界秩序等的贡献。英国对世界的贡献很多，我只把苏格兰那个小部分的发明稍微给大家捋一下。

高尔夫球、威士忌、福尔摩斯、《哈利·波特》、《勇敢的心》（电影）、《友谊地久天长》、圣·安德鲁斯大学（是英国第三古老的大学，威廉王子和凯特王妃就是那里毕业的）、英格兰银行（世界第一家银行）、马桶（公元前220年，中国是秦朝，苏格兰就有了成熟的排水系统）、马路、蒸汽机、自行车、电话、指纹鉴定、ATM取款机、核磁、充气轮胎、青霉素、麻醉剂、胰岛素、苏格兰裙和风笛（是苏格兰民族的标志）、亚当·斯密的《国富论》（不但奠定了英国立国文明的基础，对全世界各国的影响都是非常巨大的）、爱丁堡艺术节、尼斯湖水怪传说和英国北海油田，还有好多名人是从苏格兰走出来的，比如大科学家牛顿、大哲学家休谟、大诗人彭斯……

## 四　英国的理念在于尊重别人，平等对待别人，爱别人

**英国理念**

英国的国家格言是什么呢？"天赋人权"，我把它翻译为"天有上帝，我有权利"。为什么在英国，人与人之间有爱，有互相理解？是因为它的理念。英国的国家的价值观是尊重每个人。我参与，我奉献，我被肯定，我被尊重，我被铭记。每个人都活得很自信，很舒展。不管你是高官也好，你是富商也好，你是贵族也好，还是普通的

老百姓，还是比如说像黑人、有色人种，甚至新加入英国籍的难民，每个人的贡献都被承认。这都是因为他们的那个理念——我们把每个人的小日子过好了，整个国家就提升上去了。

尊重别人，人人平等的理念深入人心。

第一个例子。亚洲加入英国籍的特别多的是巴基斯坦人、缅甸人，因为国内战乱来到英国避难。我问过他们当中的很多人喜欢英国吗？所有的人，特别贫穷的人，特别普通的老人和中年人，都一脸灿烂地说喜欢。我问为什么呢？他们说自己原来的国家不是战乱就是贫穷，到了英国生活就很安定。虽然他们做的是下等的工作，但是他们觉得安定了，有房子住，有饭吃，被尊重。在英国，就是再穷的人，你跟他说话也必须是非常礼貌的，人与人之间有着平等的观念。所以他们就觉着活得挺舒展，用我们的话说是"幸福指数高"。

第二个例子。在法律面前真的是人人平等。英国实行陪审员制度。什么叫陪审员？所有的公民都在册，然后每个案子随机抽出 12 个人来，到法院报到，隔离开一段时间，然后根据各自的认识来判案，决定有罪、无罪，有期徒刑、无期徒刑。有的人他可能就是一个文盲，或者是少数族裔，只要是英国籍的都在册，都要履行这个义务工作。英国为什么要这样呢？据说在 20 世纪以前，英国实行的也是法官判案，后来，有一个案子判得特别不公，使人们觉得穷人的利益被忽视了。经过议会的讨论投票，就改行陪审员制度。所以，人人平等的观念是深深扎根在老百姓的心中的。2012 年，伦敦奥运会的开幕式上，伊丽莎白女王（当然肯定是替身）和 007 登上直升机，坐着降落伞落到伦敦晚会的会场。女王贵为国家君主，在全民欢乐的时候，用这种最平民的方式跟全国老百姓一块儿狂欢，也是以这种方式，来体现一种人与人之间的平等。

第三个例子。英国人有直面历史的勇气。伦敦奥运会开幕式演出中有他们对自己国家过去犯错的一系列反思：工业革命时期，为了建工厂，把农民逐出家园，逼他们做血汗工厂的"奴隶"，对那一段资本原始积累时期的社会生活，狄更斯，包括法国巴尔扎克的很多作品中都有淋漓尽致的描绘，当时的百姓生活真是非常非常苦的，工人们实在忍受不下去，徒步走几百公里到伦敦议会大厦前抗议；还有著名的伦敦雾，大家都知道当时伦敦的黑雾是全世界最严重的，英国能在这全球瞩目的奥运会开幕式上，公开承认并反思自己的错误，这一点不能不让人感动和佩服。

反思伦敦黑雾——伏地魔（资料图片）

爱别人的理念也深入人心。在英国，我年纪比较大，英文不好，又一看就是外国人，可以说是特别弱势的，可是从来也没有人欺负我。走在大街上，我一点儿也不害怕，哪怕我走丢了，也会有人帮助我，把我送回家去。我在英国觉得没有任何危险，哪怕有一点点困难，也马上会有一大堆人过来，看看我能帮你做什么？他们把爱人放在至高无上的地位。所以，在这种环境里活着，你会觉得吃什么、穿什么、住什么都没有关系，即使苦点累点都没关系，因为你的心情是舒畅的。你会觉得明天的日子一定会比今天好，因为你得到了尊重。

英国人视传统和自然为珍宝。很多老房子都是三四百年的老寿星，傲然地站在大城市、小城市、大乡村、小乡村，就是不许拆。如果不结实了，你可以维修，也可以小小地改造，比如说加一个卫生间什么的，但外表只许维修不许动。新造的公寓，在建设之前也必须经过有关部门的审批，风格和颜色都是有要求的，必须保留英格兰的建筑元素。

另外，大家都知道英国的博物馆事业非常发达。大英博物馆就不用讲了。我个人最喜欢的是英国国家美术馆，它在特拉法尔加广场，是全世界收藏古画最多的一个博物馆，藏有 2300 幅古典名画，从 13 世纪到 19 世纪的每个艺术大师的作品都有。有达·芬奇的《岩间圣母》——十大镇馆之宝之一，还有梵高的《向日葵》等。

英国人特别有博物馆意识。比如距伦敦 90 英里（约为 145 千米）的巴斯城，本是一个特别小的城市，步行从这头走到那头用不了一个小时，但她却是英国第三大旅游城市，罗马恺撒大帝侵略欧洲时，发现那地方风景又好，又有温泉，就在那里建起一座罗马式的城市，修建了很多浴场。"古罗马大浴场"是现存的唯一浴场，内外皆是巴斯的标志性风格，富丽堂皇，跟宫殿似的。英国人把巴斯城做成了一个大博物馆，用世界各国的语言来介绍。不光是洗浴，包括当时的风土、人情、社会状况，使人参观完后特别有收获。那年济南市邀请我们一些作家前去，帮忙研讨城市建设问题，我就写了一篇《巴斯温泉与济南名泉》的文章。我提到巴斯就一个大澡堂子，英国人就把它做成了一个博物馆，全世界每年有上百万人去参观，形成了独特的"巴斯文化"。济南有 72 名泉，从古到今这么有名，可济南连一个泉水博物馆都没有，建议济南做一个泉水博物馆。此文在《光

巴斯亚贝大教堂（资料图片）

巴斯古罗马大浴场（资料图片）

明日报》上发表后，恰被新到任的市委书记看见了，深以为然，马上派了他们的博物馆专家去巴斯专门考察学习。现在，济南的泉水博物馆已经建起来了，同时，两座城市的政治、经贸、环保等全方位合作也开展起来了。

# 五　英国的不足

英国的不足体现在陈旧保守，莫明其妙地自高自大，对少数族裔和对穷人的政策不太好。第一代移民去时，中国人开餐馆和洗衣房；巴基斯坦人开比萨饼店；肯尼亚人、摩洛哥人去养老院做护工，都是所谓的下等工作，工资也很少。东欧剧变之后，原东欧国家的人涌入英国打工，基本从事的也是这些英国白人不愿做的工作，而上层的管理工作基本都是白人做的，挣钱多，社会地位也高。

第一代移民是很接受现实的，老年华人勤勤恳恳，吃苦耐劳，日复一日做着这些繁复的工作，只求个温饱，其他族裔的老年人也大体如此。但现在他们的儿子们、孙子们就不满足了，华人的孩子通过发奋读书，考上名牌大学，跻身上层社会，改变自己的命运；但其他族裔里，能这样的不多，年轻人看不到改变自己社会地位的希望，从而产生抱怨。他们中的一些人就接受了极端思想，做出恐袭等极端的事情。

英国国家制度在体制的设计上也有弊端，容易滋生贪腐。比如国家议员的年薪是7万镑，这些议员就自己制定出一个政策，7万镑是一个坎，可以不交税或者少交税。

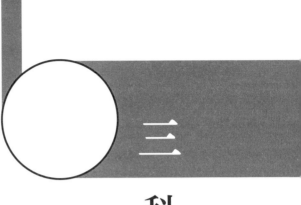

三

科技自然

# 解读生命的基因密码

彭智宇

## 彭智宇

华大基因股份有限公司首席产品官，先后担任华大医学副总裁、华大基因股份有限公司副总裁等职。主要负责华大基因临床医学产品的研发及推广，先后主持和参与了国家 863 计划、973 计划、ICGC 国际肿瘤基因组项目等重大科研项目。

## 我们从哪里来？

我们从哪里来？可能大家会说，我们从猴子来，我们从猩猩来，或者从海里面的海豚来，海豚也是很聪明的。但是我要跟大家讲这是错误的。至少我们的生物学家、科学家们从来没有讲过这个。正确的说法是：在很遥远的古代，人和现在的黑猩猩有共同的祖先。不是说现在的黑猩猩能变成现在的人，而是我们有共同的祖先，一支变成了黑猩猩，一支就变成了人。生命科学最基本的一个理论叫达尔文进化论。生命科学有一句话，离开进化论，生命科学什么都不是。

为什么评价这么高？因为这个理论有两个特点。第一，物种是可变的。它不是一成不变的，进化是从低等到高等。第二，自然选择是它进化的动力。这就与神创论区分开了。达尔文也找到很多证据，比如他出海的时候发现了很多化石，化石也是从低等到高等、从简单到复杂。尽管如此，我们还是要问，一开始是怎么从无机变成有机的？比如一个石头，或者一个玻璃，怎么变成人，变成有生命的呢？

有一个很经典的实验，就是在《物种起源》发布之后的 90 多年，美国的一个研究生米勒在导师的指导下，模拟了原始地球几十亿年前的环境，只有原始的海洋和原始的大气层。原始的大气层有氨气、甲烷、氢气加上水蒸气和不停的电闪雷鸣。经过大约一个星期，这里面检测到 20 种有机物。其中 4 种是氨基酸，即我们人体也有的氨基酸。这个故事告诉我们，在原始地球的环境下，从无机物变成有机物是有可能的。这个实验很有名，影响了一代又一代的人。尽管如此，其实很多问题还是没有回答。比如，有机化合物它仍然是没有生命的，怎么变成简单的生命呢？

先来讲讲遗传学的一个基本定律。比如有两滴墨水，一滴是蓝色的墨水，一滴是红色的墨水，如果混在一起的话，会变成什么颜色的墨水？它既不是蓝色的墨水，也不是红色的墨水，它是紫色的墨水，是介于中间颜色的。那真正的问题就来了，自然界当中，把紫色的花和白色的花杂交，会变成什么颜色的花？结果全是紫色的。把杂交后的紫色的花再杂交，后代会变成什么颜色的花？结果是有紫的，也有白的，而且非常有规律。四朵花，三朵是紫的，一朵是白的。这就表明，遗传不是像墨水一样融合的遗传，它是颗粒状的。那颗粒状的为什么第一代没有显现出来呢？因为有两份基因，一份代表紫，一份代表白。紫色的更强势一点，紫色和白色凑在一起的时候，紫色表现出来，白色没有表现出来，所以就是紫色的花。但是杂交后的紫色的花它又有紫又有白，那么它的精子或者卵子，我们叫花粉或者花药，各传一半，会有四种组合。紫色和紫色，那就是紫花，1/4 的可能；如果紫色和白色凑在一起，还是紫色的花；如果白色和白色凑在一起，就是白花。上面的结果就是这个原因造成的。

这就是遗传学三大基本定律之一，即基因分离定律。控制统一性状的遗传因子，它成对存在，不相融合。在形成配子的时候，也就是我们说的精子或者卵子，它是分别进入的，它会分离，分别遗传给后一代。

那么遗传因子，也就是后来被命名为基因的这个东西，它到底是什么呢？最主要的遗传物质就是 DNA。DNA 位于染色体里。染色体是双螺旋结构，由四种碱基组成，我们用四个字母代替，就是 ACTG。ACTG 还有一个特点，上面的 A 对应的下面就是 T，再隔一个字母，那个 T 下面对应的就是 A，所以 A 和 T 永远是配对的，C 和 G 也永远是配对的，这叫互补的结构。我们大自然中的所有万物，都是由这四种碱基组成的，无非就是多一点，少一点，排列组合不一样。我们跟老鼠之间的基因相似度是 80%，人和人之间是 99.5%，已经非常接近了。万物最后都是尘归尘、土归土，骨肉化泥土，留下来的是 DNA。DNA 在我们后代当中传播，所以万物归一，这个"一"就是 DNA。

20 世纪我们开始对人的基因进行了探索，就是人类基因组计划。2001 年，人类基因组完成。

## 基因科技可以给我们带来什么？

基因科技可以给我们带来什么呢？

看得见是每一个盲人，或者说视力不好的人的一个奢望。但是到底有没有可能呢？科学家发现，如果是遗传性的眼病，可以去探索和尝试做基因治疗。不可能一上来就做人的实验，那么就先在一条狗身上做实验。这条狗它刚好也有相应的基因突变。科学家对狗做了基因治疗之后，它的眼睛就能够看到东西了。后来又有几十个眼盲的患者接受了这样的基因治疗，结果都看得见了。这个基因对应的，是这种视网膜病变的症状。

有个 2000 年出生的小男孩，出生的时候患有先天性的黑内障。到了 2008 年，几乎全盲了。2008 年，在费城儿童医院接受了基因治疗，一年后就可以读书，也可以玩球，这个小男孩是比较幸运的。可是还有个小男孩，同样患有先天性黑内障，就是找不到疾病基因。当时找了十几个已知致病基因，发现都没有突变。我们华大基因就帮他做了全基因的检测，最后找出了致病的基因。

怎么找到这个致病基因的呢？首先做了一个全外显子组的基因检测。就是把人所有的两万多个基因全测出来。第一步，找出来有 2460 个没有经过报道的变异。那 2000 多个，到底哪个是真的呢？这个仍然太多了，肯定要跟正常人对比。如果是大家都有的基因差异，它不跟疾病有关，就是正常的一些差异，将其排除掉。一步一步地缩减，最后剩下 5 个，它是视网膜上表达的。因为当时做了 3 个个体，3 个个体都有交集的，都对应到那儿了，那就定位了一个基因。但是，科学家非常严谨，到这儿还不算完。如果仅仅是在这个小男孩身上找到的话，它是不是致病基因呢？所以这个医生就把他保留的很多以前眼病的病人的样本都做了一遍。在 9 个家庭中，都找到了这个基因。所以，它确实就是这个基因。

有了这个之后，基因治疗就具备往下进行的可能性了。到了 2014 年，已经处于基因治疗前的临床阶段。但是能不能赶在这个小男孩完全失明之前，把他治好呢？可能我们也还得继续做更多的努力。

有些聋哑人，其实是因为小时候用了叫氨基糖苷类的抗生素，就致聋了。普通人用可能没事，但是，有基因突变的就不行了。如果能够提早发现携带这样的基因，不用这样的抗生素，就能避免致聋。人群当中，大概有3/1000的人会携带这样的基因。

这是已经生下来的。那我们怎么去提早预防？比如说有对夫妻生了几胎，都是耳聋的。这对夫妻就想，我们怎么才能生一个健康的小宝宝？他们做的是试管婴儿。做试管婴儿的时候就可以挑选健康的胚胎了。就是有好几个胚胎，可以先做一个基因检测，如果说它是不致病的，就把它植入进去。这样他们就生了一个健康的宝宝。

如果肿瘤可以早发现、早预防，又会怎么样呢？肿瘤是基因病，造成细胞增殖的异常。说到这个，大家这几年听得比较多的就是朱莉切乳腺的故事。她为什么选择切乳腺呢？因为她的家族就有乳腺癌高发的病史。她自己也做了基因检测，查出来自己的这个基因是有突变的。这个基因有突变，女性到了更年期以后，患病的风险会从普通人的5%上升到87%。所以她就选择了切除乳腺。遗传性的乳腺癌，如果提前知道的话，就可以去干预。

肿瘤是基因病，那我们能不能量"因"定药？有一些同样是癌症，比如说肺癌，我们有不同的治疗方式。这也没有什么新鲜的，除了放疗、化疗、吃药，可能也有不同的，这是因为对应不同的基因。但是大家可能之前听得比较少，就是不同的癌症可以用同样的药去治疗。我们西医现在是根据器官划分的，肺癌、肝癌、肾癌等。但是位于不同位置的肿瘤，可以用同样的药，即阿瓦斯丁去治疗。背后的原因是，它对应同样一个基因的突变，因此可以用同样的靶向药。肿瘤还有别的治疗方式，比如通过基因编辑、免疫治疗。

深圳目前可以做无创的产前基因检测。只要抽5毫升的血，也不需要空腹，就可以查妈妈肚子里的小宝宝的健康状况。主要是唐氏综合征等一些染色体异常的疾病，这个技术也是非常成熟的。

再举一个例子。有一种病叫地中海贫血。根治的办法，就是移植健康人的造血干细胞。但是移植有一个前提，就是这两个人不仅血型要相合，两人之间还不能有免疫的排斥反应，即所谓的异体排斥。这样的话就要查人的 HLA 配型，如果配得上，移植就不会有反应，就可以移植好。这就是地中海贫血 HLA 配型的检测。

与地中海贫血类似的还有一种病，叫渐冻症。那渐冻症是什么呢？行动不便，肌肉萎缩，动不了，渐渐就冻住了，就是这么一个症状。世界上最有名的渐冻人，就是霍金。

这些基因遗传的病是怎么来的？刚才的实验已经说了，这里以人为例子，进一步再说一遍。比如夫妻两人，一人携带致病基因，另一人携带健康基因。那么这个精子也好，卵子也好，各得到一半的基因，如果两个健康的基因组合在一起，就是健康的；如果一个健康的基因与一个得病的基因凑在一起，有 1/2 的可能，但是它仍然表现是正常的；但如果两个致病基因凑在一起，那它就是得病的。在这个世界上，我们每个人都携带致病基因。已知的致病基因有 7000 多种。

科学家挑了其中 448 种致病基因，对这些所谓健康的人做了筛查，最后统计发现，平均每个人携带 3 ~ 4 种致病基因。隐性杂合，这个术语比较绕，隐性是什么意思？如果这个致病基因只有一种，搭配健康的，它就隐藏起来了，不表现出来，它就是隐性的。也有一类病是这样的，只要有一种致病基因就得病了，这叫显性的。隐性杂合，只不过是没有表现出来。这才 448 种致病基因，如果 7000 多种致病基因一起查的话，就远远不止这个数了。

## 怎么活得更好？

除了刚才讲的地中海贫血的治疗之外，还有什么神奇的呢？那就是干细胞。其实干细胞是一类有神奇的分化功能，保持了多项分化能力的细胞。干细胞治疗可应用在眼病视网膜黄斑病上，通过人的胚胎干细胞的分化，得到健康的细胞，将其移植到眼睛上之后，这个人的视力就得到了显著的改善。用干细胞诱导分化出来的心肌细胞，结合

3D 打印，可以制造出心脏。

还有永远不会得艾滋病的人。艾滋病是怎么得的？是因为 HIV 感染。这个世界上有一类人不会得艾滋病，为什么会这样？病毒感染，是通过识别宿主细胞的受体来感染的。如果受体和它刚好配上，它就能识别，所以病毒都会特异性地去识别，它也不是什么都感染。HIV 病毒也是一样。大部分的人，他的表面都有一个受体，这个受体如果发生突变，HIV 就识别不了了，那他就不会感染，就不会得艾滋病，就是这么一个道理。在欧洲大概 10% 的人携带这个突变。在黄种人中，这个比例比较低，大概不到 1%。

有一个神奇的事情。一个得了艾滋病的病人，在移植别人的血细胞之后，艾滋病好了。这个人原来有白血病，白血病大家已经比较清楚了，通过移植干细胞是可以根治的，跟地中海贫血类似。可是他移植的时候比较幸运，供体（就是给他血的那个人）不仅配型完全相合，而且他的这个基因就是突变的，就是说没有 HIV 识别的那个抗体。所以移植过来之后，他换了血细胞也具备了那个人的能力，所以他的艾滋病好了。

我们可以发现，数千年以来，人类基因没有发生什么很大的变化，因为这个时间尺度是不足以对基因造成巨大改变的。如果不改变基因，能力也可以传承的话，是不是人可以成为神人呢？比如刚才举的这个例子，不得艾滋病。尽管只有很少的人具备这个能力，换一个血，就有这种能力。如果别的能力，都可以集中在一起，就像我们学习知识一样，然后再传给下一代，这个能力传递下去的话，是不是就有这种可能？不知道，但是确实有这种可能性。

2010 年，美国的一位科学家人工合成了一个支原体。这是人工合成的生命。2017 年，科学家又合成了更大的生命叫酵母，这个也是几个国家的科学家一起合作的，中国的华大基因也有参与。我们来回顾一下人工合成生命的历史。2003 年噬菌体合成，再到支原体，再到人造细胞。2016 年，科学家提出，要做人类的基因组编写这个计划，也就是说，合成人类的基因组。

　　我们讲从猴子或者从黑猩猩到人，有很关键的一步叫直立行走。直立行走虽然带来了一个新的物种，但是行为上只是一个微小的改变。那今天我们讲这个基因，它可以选择，可以改造，将来有没有可能演化成新的物种？这个其实谁也说不清楚。

# 从疟疾治疗到人造生命

## ——浅谈基因合成与编辑技术

沈 玥

### 沈 玥

深圳国家基因库合成与编辑平台负责人。2011 年至 2016 年担任华大基因研究院合成生物学负责人。主要研究方向为合成基因组学相关技术的研发及其在生物制造、数据存储、生物检测等领域的应用。申请专利 9 项、软件著作权 4 项。参与 863 课题 2 项，973 课题 1 项。发表文章多篇。

## 解读生命密码

人体由消化系统、神经系统、血液循环系统等几大系统构成，分工明确的不同系统之间相互协作行使功能，最终形成独立于天地间的人类个体。系统向下可划分为各种器官，如大脑就是神经系统的重要组成器官；器官又由不同的组织构成，如大脑里的神经组织；组织由特定的细胞构成，像神经组织是由神经细胞构成的。所以我们说，细胞是构成人体的最基本单元，也是人体生命活动最基本的单元。

那么，细胞又是如何控制生命活动的呢？在过去的一百多年时间里，科学家从未停止探索生命本质的脚步。虽然说，细胞是最小的生命活动单位，但细胞核仍然具有极其复杂的结构，其中存在一种叫作染色体的物质，例如在人细胞里就有 23 对染色体。染色体的重要物质 DNA，是由 4 种碱基 ATCG 排列组合而成的。DNA 存有的遗传信息被称作生命的密码，因为就是这些遗传信息控制着各项生命活动。简单来讲，类似于生活中常见的扑克牌，扑克牌通常会有五十几张，但是人其实只有四张牌，这四张牌是如何排列组合形成人们不同的外貌？为什么会存在这样大的差异？究竟是什么控制着这万千的变化？由此，我们希望能够在 DNA 层面上解读生命密码是什么。

解读生命密码，需使用基因组测序技术。测序技术的核心是将分离出的 DNA 上的 ATCG 碱基排列组合顺序重新排布出来，告诉我们原来的基因组是什么情况。

在过去的几十年里，科学家已经在不断地通过测序技术去解读不同生物的基因组序列。例如，20 世纪 70 年代，测序完成第一个病毒噬菌体基因组，噬菌体作为一个最简单的生命形式，只有 3000 对碱基。到 90 年代，先后完成流感嗜血杆菌基因组和酿酒酵母基因组测序。上述三种生物基因组的大小，可能会有十倍，甚至百倍的差异。在对微生物这种简单的生命形式测序之后，人们开始尝试了解动物、植物的基因组，所以在 2000 年前后，第一个动物和第一个植物的基因组信息也被解读出来。

随着探知欲的不断加强，人们迫切地想要知道人类基因组信息。所以，在 20 世纪最后 10 年，英、美等 6 个国家的 100 多位科学家聚集起来，只做一件事情，就是尝试解读人类基因组信息。这项工程耗时十几年、经费约 30 亿美元，才完成解读第一个人类基因组。由此获知人基因组约由 30 亿对碱基组成，包含约计 22300 个基因，而基因编码的差异，造就了千千万万个不同个体。

在过去的数十年里，人们尝试解释疾病的发生只是外界的原因造成的，还是在基因组上也会发生变化。这个问题可以通过解读人类基因组，诠释基因相关变化来回答。同时，我们不单单关注人本身，也对整个大千世界不同物种充满兴趣，满怀希望去了解它们的基因组信息。

通过对基因组测序，尽管在外形上与高等动物的人类如此不同，但植物与人类基因组也有约20%的相似性，鱼与人类基因组有超过60%的相似性。还有鸡、老鼠、猪，这些动物与人类基因组层面相似性在80%左右。但是每一个人，甚至是具有亲缘关系的人们之间，虽然有一些类似，但还是存在不同的地方。这种不同，在基因组上其实只有0.1%~0.5%的差异。

是什么决定了我们的外貌？又是什么决定我们有可能得什么病？或者不得什么病？前期这些信息都有了很多研究积累。那么，在这个基础上，下一个问题是，基因的密码是不是持续在变化？答案为"是的"，它确实一直都在变化，并且这种变化在很早之前在自然界中就已经发生了。

比如植物拟南芥，大概是两千多年前出现的一个物种。拟南芥和西兰花、卷心菜、花菜这些经常在餐桌上看到的食物有什么关联呢？实际上，从基因组上来讲，如果花或者叶子，以及根茎的基因发生变化之后，这个长相似草的拟南芥，就变成了餐桌上非常熟悉的蔬菜。而这个改变并不是人类的杰作，是拟南芥经过长期的进化、演化，基因组上发生的变化，使物种的多样性呈现了出来。

## 基因编辑

除了生物在自然界长期进化以外，是不是也可以做到人为改变基因密码呢？回答是可以的。例如杂交水稻之父袁隆平和他的超级水稻，超级水稻在产量以及对环境抗逆的性状上都有非常显著的提升。

袁隆平院士利用杂交技术，把想要的品种，如穗大、可以抗倒伏或者抗病虫害，集合在一起，通过杂交的方式获得优良水稻品种。这就是一种通过改变水稻基因组的信息，使想要或者对自身需求更重要的一些性状集合到一个水稻品种上。

除此之外，在过去的二三十年，出现了基因工程技术。基因工程是把一个其他来源的基因导入目标基因组，使其呈现一个新的性状。比如耳朵和鼻子周围能够发荧光的小鼠，就是把可以发荧光的蛋白基因导入小鼠体内，使它局部可以呈现发光的性状变化，这些变化是人为形成的，证明人类可以有目的性地在基因组上做改造。

在过去的五到十年的时间里，出现了一个更新的技术就是基因编辑。它可以不用外源引入或者其他形式，通过基因编辑技术，像剪刀一样把与疾病发生相关的碱基或者序列进行裁剪，在基因层面上干预整个疾病发生过程。

现在，尤其是在过去的五年时间里，一些比较熟知的疾病，如白血病、黑蒙症、艾滋病，基因编辑已经逐渐在这些领域开始尝试探索全新的疾病治疗方案。

在了解了如何解读生命密码、针对性或者尝试性修改生命密码后，有没有可能在某种程度上，重新创造一个生命体呢？

# 人造生命

这里的"人造生命"其实是指对生命的驱动装置"基因组"进行再造，而不是从头再造一个生命整体。细胞本身有太多不同组分，我们只对它最核心的 DNA 进行再造。DNA 是生命能够行使功能的基础，所以我们是针对这个基础物质再造之后，导入现有细胞，观测新的生命体能不能行使正常的功能。如果正常，则说明我们对这个 DNA 所编码的基因组信息的理解是正确的。

其实人们已经在过去的十年、二十年的时间里逐步地尝试探索人造生命。大概在 2010 年，美国的研究团队，解读支原体基因组得到序列信息后，通过化学合成的方式把碱基逐个组装和移植，出现了第一个所谓的人造生命。这是世界上第一个以计算机为父母的原核生物生命体。

生物有简单、复杂，再到更复杂的层级划分。支原体是一个非常简单的生物，属于原核生物。真核生物相对来说更复杂，是在进化历程中，原核生物之后出现的更为高级的生物。原核生物再造之后，是否可以对真核生物做尝试再造呢？

在过去的几年，我们尝试合成酵母 2.0 版本。测序之后的酵母基因组视为 1.0 版本，在此基础上重新再造后的基因组则称为酵母 2.0 版本，我们在 2.0 版本中额外增加了一套"指挥系统"，例如当把编码胡萝卜素的基因加入 2.0 版本酵母中后，不仅能够指导酵母 2.0 版本合成原本不能合成的胡萝卜素，并且能够控制产量高低，使其从原来简单的酵母变成了一个细胞工厂，通过这个工厂可以合成一系列我们想让它合成的物质。

## 人造生命对人类的影响

人造生命，或者说基因组解读和改写技术，究竟对人类会有哪些影响？下面将通过一些例子从五个方面加以说明。

一是生物制药方面。疟疾可能是目前世界上最大规模的一种流行病，在世界范围内约有两亿人口患有疟疾。估计有几十万人因为得不到合适的治疗或者合适的药物而死亡。

目前治疗疟疾最有效的药物叫作青蒿素。著名诺贝尔奖获得者屠呦呦，通过现代医药技术，从植物黄蒿草中提取出青蒿素。但是提取的青蒿素产量非常低。需要大面积种植黄蒿草，最后获得率只在百分之几以下，意味着从几公斤，甚至几百公斤原料中只能得到几克青蒿素。这种提取水平无法满足全球对该药物的需求。就在过去五年，美国科学家把黄蒿草的基因抽提出来，与酵母基因整合，使酵母可以大量合成青蒿素前体青蒿酸。该技术已经成功在药厂转化为生产线进行生产，年产量可以达到全球一年需求量的 1/3。这意味着我们可以通过该技术，革命性地改变药物生产方式，可以不再依靠种植和对环境不友好的化学提取方式，就能够大量获得药物。

二是环保方面。牲畜养殖造成的污水，对环境的污染非常严重。把它分解成无害物质后再排放需要投入相当多的人力、物力。

现在我们尝试在大自然中发掘"天然净化器"，利用"天然净化器"去解决一些污水或者环境污染的问题。例如在地球上分布非常广泛的一种非常古老的生物微藻，可以进行光合作用，其光合作用效率是普通植物的几十倍。

首先改造微藻基因组获得超级微藻，使它能够解决废水降解问题，将流入的粪水处理得到达到标准的净水。同时，改造后的微藻收集后还可以再次利用，比如作为饲料等。

三是医学方面。如何利用合成和编辑技术治疗疾病。例如肿瘤主要是因为基因发生变异；传染性疾病和感染性疾病可能更多的是外来基因的入侵所导致；复杂疾病可能是因为有一些基因会对某些外界因素有更强烈的反应；而出生缺陷是因为父母或者更早的家族成员携带致病基因。

这里列举一个出生缺陷的疾病，地中海贫血，它是一种隐性遗传疾病，通过父母双亲进行隐性遗传。什么是隐性遗传？就是携带有致病基因的个体，本身没有表现出这种病症的特征，但是当两个携带者结合，所生下的孩子拥有 1/4 的概率患病。

目前的诊断做法是在孕前通过 DNA 解读技术，基因筛查的方法检测个人是否携带相关基因。从而对这种遗传性疾病进行预防和检查。

现在的治疗方法有多种，可以通过输血的方式来补充患者功能上的缺失，也可以通过药物进行功能上的弥补，或者通过造血干细胞移植尝试修复缺陷。但是问题在于，机体之间存在免疫差异性，异源组织或干细胞，都可能激发自身对外来物的抵触，可能会导致更严重的免疫并发症。所以，虽然说技术可行，但是从实际操作来讲，可能要经过大量的筛选才能找到合适的配型，且移植后不排斥的概率非常低。

是否有可能通过改写技术尝试从基因层面上解决呢？直接将致病基因纠正过来。治疗过程是先分离出病人的细胞，通过基因解读技术，分析基因哪里出现错误，用基因编辑技术修正细胞，用修正后的细胞进行扩增，再通过自体移植，替换掉有问题的细胞。这样解决了因异体移植诱发的免疫疾病。这或许是未来这一类型遗传性疾病的一种新的治疗方式。

四是机体衰老方面。我们每一个人从受精卵的形成，到胚胎发育，出生，然后成为壮年，注定会走向衰老。是否有可能把衰老过程扭转，尝试返老还童呢？

我们希望长命百岁，而且希望是健康地长命百岁。一个人能健康活到五十岁，然后开始衰老、生病，到最后可能需要在医院里进行护理，直到生命结束。我们也可以不走寻常路，在发现衰老过程开始之后，如相关的指标显示身体处于亚健康状态，或者已经有一些疾病要发生的状态时，可以找到和疾病相关的基因位置，分析发生了何种变化，然后通过技术去干预疾病发生，尝试把衰老或患病过程延迟，这样就可以长命百岁。

五是濒危物种保护方面。有数据显示现在每一分钟就会有一种植物灭绝，每一天会有一种动物灭绝。以这样的速度，我们的下一代，或者再下一代，只能从书里、动画片或者电影里才能看到当前存在的一些物种。

没有人真正看到过猛犸象、恐龙，但是它们在这个世界上是真实存在过的。在过去的 11 年到 15 年，俄罗斯有很多科学家发现了猛犸象化石，包括完整的雄性、雌性以及幼象的化石。现在的技术已经可以把这个物种的一些组织进行永久保存，并且已经有一些科学家从这些组织里面把它的细胞重新分离出来。这就给我们留出了一种解读它的基因组信息的可能，当获取了基因组信息，就可以尝试把猛犸象重新带回到这个世界上。比如，可以把细胞重新分化成干细胞或者其他的细胞形态，然后通过细胞移植技术，利用现存的亚洲象来复活猛犸象。或者，既然我们知道猛犸象与亚洲象在基因组上的差异，有没有可能把亚洲象进行特定的基因改造，使亚洲象开始长毛、长门齿，使亚洲象的相貌开始向猛犸象转变，通过这种方式，也可以复活猛犸象。

## DNA 可以作为一种新的数据存储介质

过去，信息存储的介质不断发生变化，从早期的磁带、硬盘，再到 U 盘和 SD 卡。当今是一个数据爆发的时代，每一天的数据量都以不可想象的速度在扩增。我们希望能够将每天产生的数据进行存储，但是存储是有成本的。数据中心的建设、运营，都需要经费支持。所以，我们现在尝试用一种新的方式，使用一种新的存储介质去替代目前这些方法。

说回到 DNA。我们每一个人都是由无数个细胞构成的，一个细胞存储的基因组信息是三十亿对碱基。如此小的体积和巨大的信息量，证明 DNA 是一个非常好的介质，可以使我们有一个新的方式进行数据存储。尤其是基因改写以及相关技术的发展，使我们用 DNA 作为存储媒介成为一种可能。同时，它的存储条件也不会像 U 盘这么苛刻，可以想象，利用 DNA 存储可以从空间、能耗上解决多少问题。

实际上人们已经发现了 DNA 作为一个新的存储介质的潜力。所以在 2007 年，就已经有科学家尝试把一些文本信息通过解码和转码，使用 ATCG 的形式合成出来，最终把信息进行存储。在过去的几年，科学家也开始尝试对不同的数据来源，如图片、视频和其他的除了文字之外的信息进行一些存储算法上的开发，使我们所有信息都可以用 DNA 的形式被编码出来。

最近，有一些科学家尝试在一个微量 DNA 里面，存了一百五十几首诗歌、一张图片、一篇科学论文，还有一个 26 秒的视频。当然，我们提到了它体积小，存储密度高，稳定性好，在常规的存储条件下，可以存 100 年，甚至更长的时间。但它也有一个问题，就是高保真快速读取存储信息的技术还是瓶颈。我们相信，在未来一定会通过技术的发展，把目前的问题有效地解决，使 DNA 成为更好的一种存储方式来为我们所用。

# 光电子学及应用浅说

彭文达

**彭文达**

深圳大学光电工程学院教授、博士生导师，享受国务院特殊津贴专家。曾任中科院西安光机所副所长、党委书记、中科院国防技术专业组光电子组组长。主要从事光电转换和超快诊断技术研究。曾荣获国家科技进步二等奖2项、中国科学院科技进步一等奖、二等奖等多项奖项。在国内外发表论文数十篇。

　　人们对光有一个逐步认识的过程。光学其实是很古老的。在自然界里，人类首先就受惠于太阳。太阳光成了我们了解周围世界很重要的一个条件或工具。人类又发现了火，并找到了产生火和光的方法，人们渐渐又倒过头来研究光本身，光成为我们研究的一个对象，同时光又是研究别的物质和现象的一种工具和手段。

光发展到今天，其本身不仅仅是一种能量的载体，实际上也是一种信息的载体。作为能量的载体，像我们所说的照明、激光等，就靠它的能量。作为信息的载体，如光通信，光经过调制以后可以携带很多的信息。因为光的频率比较高、频带比较宽，它所能携带的信息量是一般无线电波所达不到的。

在人类历史上，人们对光的认识有一个过程。牛顿认为光是一种粒子。那么到了惠更斯，他发现光的衍射现象、干涉现象是粒子说解释不了的，所以又有了波动说。他们两派为这件事情争了很长时间。如果光是粒子的话，那么光在传输过程中，粒子之间互相会有碰撞作用，就会发散，它的方向就会改变。而实际上不是这样，如果说是波，那么波传过去，像声波一样就可以绕射，就不会形成影子，而光能形成影子。所以这两家争执不下，甚至争了几百年。一直到爱因斯坦1905年发表了一篇论文，他把粒子说和波动说统一了。人们才认识到，其实粒子和波是光具有的两种属性。在某些时候它表现的是粒子状态；某些时候表现的是一种波的状态。我们把它叫光的波粒二象性。

光学和光电子学在我们的生活中应用得非常广泛。专家说，光学在人类健康、通信、经济、环境、人类生活改进等方面都做出了巨大的贡献，就拿每个人都离不开的手机举例，至少有16项部件是和光电子学有关的。如CCD或CMOS照相、显示、照明、二维码扫描、红外传输等。

光通信是目前在光方面运用得最成功的一种技术方式。光通信使整个的信息传输量越来越大。现在应用很广泛的手机，也是移动通信终端，是和光通信整个网络连接在一起的。

2013年12月20日联合国大会第六十八届会议"认识到光和光基技术对世界民众的生活以及全球社会多层面未来发展的重要性；强调指出提高全球对光科学技术的认识和加强这方面的教育，对于发达国家和发展中国家应对可持续发展、能源、社区保健和提高生活质量的挑战至关重要；考虑到光科学技术的应用对现有和未来医药、能源、信息和通信、光纤学、天文学、建筑、考古、娱乐和文化的进步至关重要；考虑到从当前关于确定 2015 年后发展议程的讨论角度看，光基技术提供获取信息的机会，增进社会健康和福祉，直接满足人类需求；又考虑到技术和设计可在提高能效和保护暗色天空以及在减少光污染和能源浪费方面发挥重要作用；决定宣布 2015 年为光和光基技术国际年"。

2015 年恰值光科学历史上一系列重要发现的周年纪念，包括 1015 年伊本·海赛姆的光学著作、1815 年菲涅尔提出的光波概念、1865 年麦克斯韦提出的光的电磁理论、1905 年爱因斯坦的光电效应理论和 1915 年通过广义相对论将光列为宇宙学的内在要素，以及 1965 年彭齐亚斯和威尔逊发现宇宙微波背景，2015 年为这些发现举办周年纪念活动将提供一个重要的机会，可突出宣传科学发现在不同领域的连续性。

## 光源主要分成四类

下面讲一下光源。现在有一些科学家把光源主要分成四类。这四种光源对人们的生活产生重大影响。

第一种光源就是爱迪生发明的灯。以前叫白炽灯，后来我们又发明了日光灯。现在有了 LED 灯（发光二极管），我们称之为固体灯，或者半导体灯。现在又开始往有机走，我们称其为有机发光二极管（OLED）和聚合物发光二极管（PLED）。那么从这种真空的白炽灯发展到固体化的灯，这是不可阻挡的趋势。就像电子管往晶体管方向发展。过去雷达用多种类型的电子管，如速调管、磁控管、返波管、前向波放大器等，都属于电真空器件。它要求高频率、大功率，早期半导体是达不到的。现在半导体几乎可以取代。当然有一些大功率的管子现在还是用电真空器件。但总体来说，电真空这个行业是越来越萎靡了。

第二种光源就是 X 射线，这个作用非常大。我们现在接触的最多的就是医疗。除了医疗，实际上对物质的研究也用得非常多。对很多微观物质的了解都是靠 X 射线，包括现在许多搞材料研究的，常用它作为表征手段。

第三种光源就是激光。激光是美国和苏联的一些科学家搞出来的。它的单色性与相干性很好。所以现在激光的使用越来越普及。如激光通信，工业制造（激光焊接、切割），医学上的激光诊断及手术，全息摄影，军事上的激光雷达、激光制导等。

第四种光源是同步辐射光源。这个大家接触得最少。回旋加速器中的电子束在加速的过程中它的方向在变，速度作为一个矢量，方向改变就有能量释放出来，这就是同步辐射。这种同步辐射的谱线非常宽，而且质量非常好。同步辐射光源有很多优点，它的波段高准直、高偏振、高纯净、高亮度、窄脉冲等。它可以做很多事情，如在农业领域、医学领域、材料研究领域等均可运用。这种光源，我们国家已经建成第三代。第一代在中科院高能所，第二代在中国科技大学，第三代在上海浦东。

产生光的机理有两种：一是原子内电子状态从高到低的跃迁产生的光辐射；二是带电粒子，特别是电子，运动速度发生变化时伴随产生的光辐射。前三种光源的产生机制主要是第一种，同步光源则是第二种。

## 光电子学的应用

由于苏联的切尔诺贝利核电站和日本的福岛核电站的严重泄漏事件，全世界各国对核电的利用产生了恐惧。如果能够在地球上利用聚变能发电，发电站的燃料供应将会取之不尽，因为一桶海水中含有的聚变燃料，就能产生相当于 300 桶汽油燃烧产生的能量。核聚变反应不会产生化学污染或温室气体，具有可靠的安全性（不怕泄漏）。

但是聚变反应所要求的条件却极为苛刻。首先，要有 1 亿度左右的高温；其次，参与反应的粒子密度要足够高并能维持一定的反应时间，即著名的劳逊判据。

要产生受控热核反应的条件，是非常困难的，要产生且保持极高的温度和压力。苏联 20 世纪 50 年代发明的托卡马克（Tokamak）是一种利用磁约束来实现受控核聚变的环性容器。它的名字 Tokamak 来源于环形（Toroidal）、真空室（Kamera）、磁（Magnit）、线圈（Kotushka）。

另一种方法是美、苏的科学家和我们国家的科学家王淦昌院士提出的利用脉冲激光来实现热核反应条件，叫惯性约束。因为激光的能量可以很大，脉宽可以压缩得很窄，所以它的功率就很高。惯性约束聚变的基本思想是：利用激光或离子束作为驱动源，脉冲式地提供高强度能量，均匀地作用于装填氘氚燃料的微型球状靶丸，利用反冲压力，使靶的外壳持续向心运动，压缩氘氚燃料到每立方厘米几百克质量的极高密度，并升温到热核点火温度。驱动脉冲宽度为纳秒级，在高温高密度热核燃料来不及飞散之前，即完成反应过程并释放出核能。这方面，美国走在世界前列。我们国家在这方面做得也很好，当然离真正的点火还需时日。

再讲一下显示器。以下为显示器件的态势和趋向：

真空器件→固态器件

无机器件→有机器件

小画幅器件→大画幅器件

高功耗器件→低功耗器件

笨重型器件→灵巧型器件

早期较成熟的显示器是 CRT，叫阴极摄像管。那个时候要做到 20 多英寸都很难。CRT 的缺点是体积大而笨重，耗电大，因高压有短波射线泄漏，对环境和安全有害。针对上述问题，科学家和工程师经过几十年的探索，已研发出了一系列新颖的平板显示器。如液晶显示器（LCD）、等离子体显示器（PDP）、电致发光显示器（ELD）、有机发光显示器（OLED）、聚合物发光显示器（PLED）、场发射显示器（FED）、薄型阴极射线管（ThinCRT）和电子墨水（e-Ink）等。目前市场上最多的显示器是 LCD，超大平面的有 LED，手机屏有 OLED。

有显示就得有摄像，摄像头可分为数字摄像头和模拟摄像头两大类。摄像机种类繁多，其工作的基本原理都是一样的：把光学图像信号转变为电信号，以便于存储或者传输。当我们拍摄一个物体时，此物体上反射的光被摄像机镜头收集，使其聚焦在摄像器件的受光面（例如摄像管的靶面）上，再通过摄像器件把光转变为电能，即得到了"视频信号"。光电信号很微弱，需通过预放电路进行放大，再经过各种电路进行处理和调整，最后得到的标准信号可以送到录像机等记录媒介上记录下来，或通过传播系统传播，或送到监视器上显示出来。

摄像器件有以下几类。

（1）光电导摄像管（真空管）：氧化铅管、硒砷碲管。

（2）CCD（Charge-Coupled Device）：电荷耦合器件。

（3）CMOS（Complementary Metal Oxide Semiconductor）：互补金属氧化物半导体。

CCD 的优点是灵敏度高，噪音小，信噪比大。但是生产工艺复杂、成本高、功耗高。

CMOS 的优点是集成度高、功耗低（不到 CCD 的 1/3）、成本低。但是噪音比较大、灵敏度较低。较早期的 CMOS 对光源的要求比较高，在采用 CMOS 为感光元器件的产品中，通过采用影像光源自动增益补强技术，自动亮度、白平衡控制技术，色饱和度、对比度、边缘增强以及伽马矫正等先进的影像控制技术，可以接近 CCD 摄像头的效果。

在相同像素下 CCD 的成像往往通透性、明锐度都很好，色彩还原、曝光可以保证基本准确。而 CMOS 的成像往往通透性一般，对实物的色彩还原能力偏弱，曝光也都不太好。CMOS 技术发展很快，除一些特别的用处，几乎可全面取代 CCD。

随着电子成像器件像素越来越高，现在几乎已经看不到胶片相机了，高像素微型化让手机与相机集成一体，使人们的生活、学习更简便、更精彩。

再讲讲在军工方面的一些应用。

夜视含微光和红外两种类型。微光夜视是指在月光、星光，或城市光辉下的人眼观察。微光夜视仪是 20 世纪 60 年代发展起来的一种夜视器材。它是通过像增强器增强目标反射回来的微光，使人眼看见目标图像的一种夜间观察仪器。微光夜视仪本身不需要主动光源，是一种被动式成像系统，因此，它克服了主动式红外夜视仪容易自我暴露的缺点，更适合部队夜战使用。

从光学原理来看，微光夜视仪是带有像增强器的特殊望远镜。微光夜视仪按所用像增强器的类型，可分为第一代、第二代、第三代微光夜视仪。第一代也叫级联式，第二代也叫近贴式，第三代也叫负电子亲和势式。在这期间人们又研制出二代半夜视仪。

**科学观测**
一些生物学家及爱好者使用夜视仪来观测动物在夜间的活动，获得更加珍贵的研究资料，诸多电视节目中介绍夜行动物，一般都是在使用夜视仪的辅助下拍摄的。

**看守防盗**
鱼塘，库房，工厂，果园等公共场所夜间容易受到盗贼的侵害，夜视仪可以有效的帮助减少甚至避免类似损失还可以应用于相关部门夜间监察。

物体的红外辐射强度与其热力学温度直接相关。通过检测物体的红外辐射可以进行非接触测温，具有响应快、距离远、测温范围宽、对被测目标无干扰等优势。因此，红外测温特别是红外热像测温在预防性检测、制程控制和品质检测等方面具有广泛应用。所有温度在热力学绝对零度以上的物体都自身发射电磁辐射，而一般自然界物体的温度所对应的辐射峰值都在红外波段。因此，利用红外热像观察物体无需外界光源，相比可见光具有更好的穿透烟雾的能力。红外热像是对可见光图像的重要补充手段，广泛用于红外制导、红外夜视、安防监控和视觉增强等领域。

按照工作温度，可以分为制冷型探测器和非制冷型探测器。按照响应波长，可以分为短波红外探测器（1～2.5um）、中波红外探测器（3～5um）以及长波红外探测器（8～14um）。按照红外辐射与探测器的作用方式，可以分为光子型探测器和热探测器。按照敏感元的数量，可以分为单元探测器、线列探测器以及焦平面探测器。现在很多的战斗平台都需要隐身，它的隐身不仅对雷达隐身，也对红外隐身。即把温度散开，不要让发动机等部位的热量过于集中，这样容易暴露。其采用了许多新材料和新技术。

在伊拉克战争初期，美国的飞机晚上出来，在沙漠上空看伊拉克的坦克一看一个准。大家知道，水的温度降得较慢，沙石温度降得较快。晚上，沙漠温度随大气很快就降下来了，但坦克白天开了，发动机过热，即使在掩体里，利用红外夜视仪很容易就能探测到。

日出时海岸边可见光、热像仪、短波红外成像对比

目前，飞机、导弹都装有这样的系统，目标的伪装就显得有些困难。红外探测或叫预警现在也是侦察卫星必备的有效载荷。

许多发达国家投巨资研发激光在军事上的运用，如激光通信、激光导航（陀螺）、激光制导（含导弹、炸弹）、激光致盲（属定向能武器类）等。

还有一个太赫兹波（0.1～10THz）。太赫兹波刚好是在雷达无线电毫米波到远红外光的这样一个宽波谱的波段里面（30μm～3mm）。因为它有许多特性，引起人们的重视。

（1）低能性：只有 X 射线光子能量的百万分之一。因而基于 THz 波对生物组织的伤害小，其在生命科学研究和医疗诊断等领域，具有重要的科学意义和应用前景。

（2）穿透性：太赫兹波可以穿透合成纤维、脂肪、陶瓷和塑料等非极性和非金属材料，因此可对危险或可疑物品（如手枪、金属刀具等）进行成像；对包裹、邮件等包装的物品的安全检查，无须拆封即可进行。

（3）"指纹"特性：太赫兹波对某些具有特定转动和震动能级的极性分子，有明显的指纹特性；许多生物大分子（如 DNA、生物酶、药品和炸药分子）的振动和转动能级均可在 THz 波谱中获得它们的指纹光谱。

（4）吸水性：水对太赫兹波有极强的吸收性，利用这一特性可对病变组织中的水含量进行测定，进而判断此部分的病变程度，例如对皮肤癌病变组织进行成像辨别。

（5）相干性：具有相干性的太赫兹波在生物医学成像和光谱分析方面具有很高的实用价值。通过光子学方法产生的太赫兹波具有类似激光的特点，具有较好的方向性和相干性。

（6）瞬态性：典型的太赫兹脉冲宽度通常在皮秒量级，太赫兹的相干性和瞬态性为进行时间分辨研究提供了条件，可方便地对各种样品（半导体、铁磁体等）进行时间分辨研究，而且能够有效抑制噪声。

现在有些国家的安检都用到太赫兹波技术。

在军事方面，因太赫兹波波长比一般雷达波长短，所以可以反隐身。

最后再讲讲光学在其他一些方面的应用。

光电可以说无孔不入。任何一个领域光学一介入，就会形成一个新的交叉学科。比如光化学、光生物、生物医学光子学等；技术领域

如光－MOCVD、材料激光改性等。

在穿戴方面，我觉得大家用得很多了，但是目前比较多地停留在概念上。谷歌、摩托罗拉它们做得很多，也做得很好。我们前几年把智慧城市、智慧穿戴这一块炒得比较热，随着人们更冷静，其发展会越来越理性化、越来越系统化、越来越科学化地向前推进。

我们生活中是根据太阳来看时间的，叫天文时。地球自转一圈我们叫一天，24 小时。月亮围地球转一圈，叫一个月。经过春、夏、秋、冬四季就是地球绕太阳一圈，定为一年。天文时不太准，经常要修正。现在人们发现更精确的时间，叫原子时。那就是靠原子的振动频率，如铯钟、铷钟、氢钟等，原子的振动频率是非常稳定的，做我们的时间标准，其准确度非常高。所以在航天方面，时标主要用原子钟。

# 你所不知道的空间天气

魏奉思

## 魏奉思

空间物理学家，中国科学院院士。国家基金委地球科学部空间环境与空间天气学科指导小组组长。主要致力于我国空间天气科学的开拓与发展。建立了世界上第一个空间天气学实验室；提出、组织和推动国家重大科学工程——"东半球空间环境地基子午链监测"（简称子午工程一期）的实现，并提出国际第一个"国际空间天气子午圈计划"建议。主持有关空间科学、空间天气保障能力、数字空间等中国科学院战略咨询项目等；主持国家自然科学基金"八五""九五""十一五"重大基金项目，荣获国家自然科学二等奖等6项。

## 什么是空间环境？

什么是空间环境？空间环境是影响地球人类生存发展的外部空

间，我们统称为空间环境。

最大的环境是由太阳物质和活动所控制的范围。它有一个边界，远离太阳 70 ~ 80 个天文单位，一个天文单位就是从太阳到地球的距离。美国已经有旅行者 1 号、2 号卫星穿越了这个边界，进入星际空间。

第二个环境就是日地环境。即太阳和地球构成的一个日地环境，它是关系到我们地球人类生存发展的环境。我们现在做的空间天气研究，主要就是在这个环境里面。

再就是地球的空间环境。我们知道，地表之上的对流层、平流层大气是我们地球控制的范围，刮风、下雨就是由这个环境来主宰的。再往上直到千万公里的高空，就是我们航天活动一个主要区域了。

我们再细分一下地球空间，它有个磁层空间，是由地球的磁场所控制的区域。这里要请大家特别注意的是，地球的磁场把来自太阳和宇宙的带电粒子捕获，形成了辐射带，这对我们的通信卫星造成了极大的危害。通信卫星运行的高度是六个地球半径，正好在这个辐射带的区域里面；还有就是电离层，X 射线和紫外线的照射，大气加热以后会形成一些电离的片状区域，嵌在 70 ~ 80 公里甚至 1000 公里的中高层大气中。如果没有电离层就没有我们的无线电通信，也就没有我们今天的信息社会；再就是中高层大气，就是我们的航空和近地轨道的卫星活动区域。最近十几年来，临近空间，大家从报纸杂志可以看到很多，美国人宣称他们已经有 1 小时打遍全球的能力，特别是X37B，它是 2015 年 5 月发射，2017 年 5 月 7 日返回地球的，在天上转了 700 多天。它是干什么的？它是将来一种超高音速的空天武器；还应特别提到，地球的磁场环境是我们人类生存发展的第一个屏障，它把来自太阳的、宇宙的高能带电粒子以及等离子等物质，屏蔽在外边，而且被它所捕获。这样才有了地球人类的生存环境。假如没有地球磁场的保护，就没有适合人类生存的大气层了，我们的地球就会像金星、火星、月球一样。

所以我们说地球的空间环境是人类赖以生存和发展的空间环境，我们既要充分开发利用它，也要保护它。

## 什么是空间天气？

空间天气的源头，是太阳巨大能量和物质向外的输出，对我们的地球造成了影响。两个最主要的现象，一是太阳的耀斑活动，就是太阳的低层大气里电磁能量的突然释放，相当于百万个氢弹，能量十分巨大。二是日冕低层大气里由于高温，太阳的大气都是电离的等离子物质，它每秒钟可以数百公里至上千公里的超高音速抛射出来。

当太阳源头这些能量的输出突然增强时就形成了太阳风暴。太阳风暴是什么？美国宇航局举了一个例子，其就像一团火球。太阳爆发活动，巨大能量和物质突然释放，媒体把它叫作太阳风暴。这不是一个严格的科学定义。它有三种方式释放能量，一是电磁辐射，呈爆发式的增长，8 分钟到达地球，它的 X 射线的流量可以在短时间内突然增加十倍、百倍、千倍。二是高能带电粒子流量，也突然增加十倍、百倍、千倍、万倍。它几十分钟到十几个小时就可以到达地球。三是高温日冕的物质，常以一团等离子体物质方式抛出来。通常是 500 公里到 700 公里的范围，最高的速度我们已经观察到，每秒钟是 2000 多公里，不到一天就可以吹到我们的地球。

太阳风暴吹袭地球的时候，地面上的人感受不到什么，帽子不会被吹掉。但是在高空，整个地球空间的环境会发生急剧变化。比如我们会看到美丽的极光。但是极光的到来，意味着空间灾害的来临。再有就是地磁场的水平分量会突然下降，然后缓慢地恢复，这个就叫磁暴。大家看新闻报道里经常讲，磁暴来了以后，通信会受影响等。太阳风暴来了以后，电离层电子浓度有时会突然增加百分之几十，甚至百分之几百，这样传播就会受干扰。大气的密度、温度有时会突然增加百分之好几十，卫星的轨道就会受影响等。空间天气影响的是空间里各种各样的空间活动，如一切的航天活动、所有的通信频谱都受空间天气的影响，高技术战争的军事行动的所有任务，也都受空间天气的影响。甚至空间天气会影响地球人类的生存与发展条件，最终与地球灭亡有直接关系的就是空间天气。当然这是多少万年以后的事，大家不必害怕。除非太阳自身已经快不行了，它走下坡路了，巨大的能量就往外抛，这个能量到地球，会破坏地球的生态平衡，到那个时候太阳要灭亡，地球也一样要灭亡，这就是大自然的规律！

现今人们开始认识到，空间天气是能够影响全球经济的一个重要议题，美国白宫非常重视这件事情。空间天气的影响，概括起来讲，就是影响飞行器，包括轨道、姿态、寿命、导航、定位、通信、材料、电力、电子器件、计算机、太阳能电池、航天员健康与生命等。我们现在所有的各种各样的卫星，从发射开始，都要受到空间天气的影响。美国航天部门的统计告诉我们，40%的卫星故障来自空间天气。在我们国家，有些卫星，如风云一号、亚太二号等，受到了空间天气的影响。特别是短波通信，最长的一次在北方，中断了17个小时。

还有一个小故事。1971年4月25日，联合国恢复我国合法席位。当时，乔冠华是外交部部长，他把联大的报告送回中央审查。突然太阳风暴吹袭地球导致短波通信中断，传了好几个小时，险些误了大事。谁惹的祸？就是空间天气。这是90年代人们才认识的新事实，空间天气跟我们生活的关系正逐步为人们所认识。尽管你的帽子吹不掉，但是你的广播、远程教育、金融活动、出门安全导航定位、气象等都和它有关。

空间天气对人类活动的影响涉及面非常广，如我们通过北极坐飞机去美国大约要节省1/3的路程；还有我们的超高压电网都是长达几千公里，空间天气引发的地磁感应电流会有上百安培，甚至上千安培，电路会出现问题，我们的抢险救灾的通信、海洋的开发、手机通信、航天活动、信息的传播等都会受到影响。当今，对日地系统空间天气全程的监测能力已初步形成，美国有几十个卫星为空间天气服务。

空间天气（Space Weather）一词提出于 20 世纪 70 年代，开始流行于 1995 年美国制定空间天气战略计划。中国的科学家同时关注到了空间天气。

空间天气的概念，是在与地球天气对比的基础上发展起来的。它研究的是离开地表二三十公里以上直至太阳大气，整个日地空间环境中有关电磁的环境、带电粒子的环境、等离子体环境和大气的环境。它聚焦在突发性爆时的变化，就和我们地球天气的暴风雨、雷鸣闪电是一样的。

大家比较公认的一个空间天气的科学定义，就是太阳风、磁层、电离层和热层能够影响我们的空间、地面技术系统的运行，以及危害我们人类健康与生命的条件，代表就是太阳风暴。什么是空间天气科学呢？经过 20 年来的发展，我们对空间天气科学做了一个概括，空间天气科学是一个新兴的前沿交叉科学，它以空间物理为学科基础，与太阳物理、地球物理、大气物理、等离子物理等多学科交叉。它聚焦在监测、研究，建模预报日地空间乃至太阳的行踪，突发性的条件变化的基本过程、变化规律。同时，空间天气科学也是一门关注人类社会生存与发展安全的战略科学。它以天基卫星探测为基础，与航天、航空技术、通信导航技术、跟踪定位技术、电子技术、光电技术等多种工程技术紧密结合，研究空间天气环境变化对空间技术系统、人类健康与生命的危害。空间天气科学的目标，就在于减轻和避免空间天气灾害，保障空间活动安全，开拓和平利用空间的战略经济的新领域，为人类的和平进步谋福祉。

空间天气科学的重要性概括起来讲，它是经济社会的一个"助推器"，是科技进步的"加速器"和空间安全的"倍增器"。

目前的空间天气科学分为三大类。一是军事空间天气。它保障空间的军事技术系统和空间的军事活动，保障国家安全。二是基础空间天气，就是我们常说的空间天气科学，它夯实监测能力、创新能力、建模与预报能力、效应分析与工程服务能力，为国家提供一个支撑与保障的平台。它通过国家的计划去实现。三是民用的空间天气。它保障空间技术系统、空间活动、空间开发利用，要列入国家专项去实现。现在这三大类，都由国家的项目来支撑。

## 应对空间天气灾害是人类面临的一项巨大挑战

应对空间天气灾害是人类面临的一项巨大挑战。正如美国总统科技助理、科技政策办公室主任官员所言："空间天气对国家经济和社会福祉产生重大的不利影响。应对和预报空间天气事件及其对地球的潜在影响是一项重大的挑战。""这一挑战需要举国共同努力。"下面我们通过一些例子来说明。

第一个例子，美国国家科学院 2009 年 1 月特别报告警告，假如一个超强太阳风暴吹袭地球，90 秒后整个美国东部地区将停电，国家基础设施将变成一堆废墟，其经济损失可达 1 万亿 ~2 万亿美元，恢复重建至少要 4 年。同时欧洲、中国以及日本等地区和国家也和美国一样，在这次灾难中苦苦挣扎。罪魁祸首，是距离我们 1.5 亿公里之外的太阳表面的太阳风暴。这就是我们所说的空间灾害性天气事件。

据科学家的评估，太阳风暴一来，电力系统会被摧毁。除了电力系统之外，整个卫星也会受到相当程度的破坏。美国科学家估计，卫星的损失达到 2000 亿 ~3000 亿美元。我国根据美国人的估算，做了一个保守的分析。我们按美国损失的 5% 计算，按人民币来算也是达到千亿元量级，这是直接损失，间接损失没有办法估算。

第二个例子是 2003 年 10 月空间的灾害性天气事件，这次事件带给我们什么呢？很多卫星发生故障，全球的短波通信中断，特别是雷达；瑞典的电力系统被中断，很多卫星的数据丢失；伊拉克战场的指挥受到影响；等等。

从它的科学原理看，就是太阳风暴造成地球空间环境大乱，原本通信卫星在地球磁场的保护之下比较安全，但是太阳风暴来了以后，通信卫星暴露在星际空间，那个地方高能带电粒子环境十分恶劣，容易出问题。我们短波通信要依靠电离层，它最大电子浓度的高度通常是 400 公里。因为地球空间环境的一个剧烈变化，它有时会突然降低 200～300 公里。这个时候就会造成短波的中断，而且时间相当长。

第三个例子是美国空间实验室提前坠落。20 世纪 70 年代，太阳风暴吹袭，中高层大气加热，这使空间实验室的密度突增，阻力增加，提前就掉下来了。

第四个例子是空间站的对接。前不久报道的一个对接的事例，大概花了 43 小时，和两年前的一次对接花的时间差不多，都要 40 多个小时。一个来回转一圈，两个小时左右，它要十几个回合，为什么？它对不上。这是一个复杂的问题，有空间天气的问题、大气科学的问题、空气动力学的问题、自动的跟踪问题等。这里我想说，对于轨道来讲，大气密度 10% 的误差，20 天以后造成的误差就达到了上千公里，它与时间的平方是成正比的。北京的航天飞控中心告诉我们一个事例，他们去年对接的时候，突然一个小的太阳风暴吹到地球，我们的轨道就下降了 100 米，这就需要跑好多圈才能对得上。在美国和俄罗斯，6 小时就可对上。值得高兴的是，据最新报道，我国 2018 年一次对接时间也缩短到 6 个多小时，进步很快！

第五个例子，2001 年 4 月 3 号，美国的侦察机就在三亚附近，把我们的战斗机撞毁了。飞行员跳伞了，我们组织搜救，恰恰遇到太阳风暴吹袭地球，短波通信中断三个小时，当时部队非常紧张，担心是不是美国人向我们搞了电子干扰战？很快知道是太阳风暴引起的，大家才松了一口气。

第六个例子，这是一个真实的记录，就是深圳、广州、香港、珠海、澳门和海口这一带，受到太阳风暴吹袭的时候，卫星通信会发生中断。我们已经知道在地球上存在两个电离层的闪烁区，一个是在极区；一个是在赤道、低纬度的黄昏到午夜之间。当太阳风暴发生时，若海口、深圳、广州一带正好位于这个时段，GPS 就易受到干扰甚至中断。这种情况下，GPS 就失效了，不能用了。这种电离层的闪烁，就是指在电离层里有一些电子的浓度突然减小的空泡结构，电波传播的时候，它的幅度、相位、途径都会发生闪烁变化，特别是在我们广阔的海洋地区影响很大。

第七个例子，带电离粒子的辐射对航天器经常造成危害。据日本报道，日本近几年就会发射空间太阳能发电卫星。关键的技术已经攻克，他们的太阳电池帆到空间以后打开，有四个足球场那么大，接收的太阳能转变为微波可以供50万人的城市用电。我们国家也在积极推进，据说关键技术也基本上突破，就是等待机会。这里面的问题是什么呢？这个卫星的造价很高，作为一个能源，它需要稳定，因此寿命很关键。但是，空间天气一次大的事件来了以后，它的高能的太阳质子会使太阳电池的寿命一下子缩短几年，若来上两三次，这个卫星就完了。这些高能带电粒子是"杀手"，它会击穿太阳电池板。所以，对于我们将来和平利用空间，这个空间天气也是一个不折不扣的"杀手"。

第八个例子，谁改了航天飞机的指令？这是美国的航天飞机记录到的单粒子事件，就是它的信号发生翻转，且发生得非常频繁。大家知道一个电子器件的状态，太阳风暴来了以后，高能带电的质子或者重离子轰击，它的状态发生翻转，就会制造出假的命令信号，有的是可以恢复的，有的是永久性的损伤，这就会出现很多问题。

第九个例子，谁把通信卫星变成一个僵尸卫星？2017年5月美国的银河15号卫星，受到高能电子的轰击，成了僵尸卫星。除了自然界的空间天气之外，人工也可以产生这种效果。比如2002年，在太平洋上空400公里的高度发生核爆炸，就形成了一个人工的高能电子带，比通常的密度增加了3到4个量级，造成了低轨的7个卫星完全失效。所以，现在在空间的安全方面，高空核爆炸是全世界都禁止的。但是真正发生天战，很难保证哪个国家不使用这种强电磁脉冲。因为强电磁脉冲一使用，所有军事卫星的军事技术系统都会受到致命的摧毁。

第十个例子，电子战是现在作战的一个主要形式。在沙漠风暴空袭行动开始后，多国部队对伊拉克实行了电子战，造成了伊军的雷达迷茫、通信中断、自导防空系统失灵和指挥系统瘫痪。其结果是，伊拉克 680 架作战飞机不能击落一架多国部队的作战飞机；它有 1700 枚防空导弹，只打下了美国的一架飞机。再就是伊拉克战争期间，美军的司令部相隔几千里就可以安全可靠地指挥和控制，五分钟可以发出一个战术指令，靠的就是通信卫星，其把所有的作战部队整合成一个整体。但是，如果遇到太阳风暴，整个电子战就会大受影响。

第十一个例子，美国空间天气的一个杂志讲了一个故事，2003 年 3 月一架直升机被阿富汗的基地组织击落，然后就派另外一架"海豹突击队"直升机去救援，但这架飞机得到了一个错误的指令，它又往被击落的那个地方飞去。当美军指挥部告诉它不能往那个地方飞时，这个时候突然遇到局部地区电离层通信中断，所以它还是飞到了被击落的地方，又被打下来了。最后科学家们分析，为什么会出现这种情况？就是在电离层里面，局部地区出现了"空泡"，通信受到了干扰。

## 空间天气受到技术发达国家的高度重视

20 世纪 60 年代美国的一位总统讲，"谁拥有了太空，谁就拥有了地球"。这是很有战略眼光的一个判断。到了 21 世纪，美国的国家安全委员会评估，未来作战的主战场将集中在太空。从历史上看，陆、海、空都发生过战争，现实的情况表明，空间也不例外。美国国家安全管理与评估委员会也报告说局部的天战是不可避免的。同时，根据多次局部高科技战争实践，美军得出一个结论，空间天气影响高技术战争和军事行动的所有任务领域，于是空间天气被称为"军力倍增器"。

空间天气受到技术发达国家的高度重视。美国宇航局的战略目标之一，就是要认识太阳及其对地球和太阳系的影响。我给大家念其中一段话，"人类的生命与太阳的活动紧密相关，太阳的变化严重影响地球上生命的生存，太阳亮度的长期变化，造成的冰川纪，11 年太阳活动周期造成的强耀斑和日冕的抛射，将影响地球，干扰通信和导航，威胁航天员的生命，毁坏卫星，造成电网故障。对太阳的活动性及其对太阳系影响的研究将为非载人和载人的探索提供安全的保障"。最后他们得出结论，"作为一个越来越依靠空间技术的社会，空间天气对人类的危害越来越明显，因此认识并降低空间天气对人类的危害效应迫在眉睫"。所以，在美国的空间科学计划里面有行星的、有地球的、有天体的，还有一类是专门针对空间天气的。同时，美国把空间天气灾害纳入国家重大减灾计划。中国也把空间天气列入气象法，作为减灾的一个范围。

正因为空间天气对国家的重要性，奥巴马在离任前 100 天内还发布总统令，要求八大部委要大力协同提高国家应对空间天气事件的能力，这充分展示了美国把发展空间天气作为国家决策的一种重视，它也预示着新一轮竞争的开始。

除了美国重视之外，欧洲空间局对空间天气也十分重视。他们讲空间天气计划，关系着欧洲的实体、政府、军队、跨国公司、中小企业和个人诸多用户的多方面利益。它们包括战略利益，要提高欧洲的工业军事技术科学的独立性，因为他们在这个方面长期依赖于美国。经济利益，要提高用户的商业竞争力，比如降低卫星成本、增加卫星的可靠性、延长寿命、提高发射的可靠性、减少航天员的辐射暴露、减少患癌的概率等。还要改善全球卫星通信的可靠性，更有效地使用卫星通信。在科学技术方面，要促进新产品、新工业的发展。教育方面，欧洲人和美国人都特别重视空间的教育，它们把空间天气作为大学的课程内容之一，向公众传播。

国际上，从 1995 年美国制定空间天气 10 年计划之后，技术发达国家如日本、俄罗斯、加拿大、德国、法国、捷克、丹麦、芬兰、意大利、挪威、西班牙、瑞典、土耳其、英国、澳大利亚等二三十个国家，也相继制定了空间天气的计划。国际的空间组织制定了规模宏大的空间天气计划。这里面有代表性的就是国际"与太阳同在计划"，全世界有 20 多个国家参加，中国也参加了，这是聚焦在空间天气应用驱动的一个计划，把得来的认识，用在天基、地基技术系统的设计与防护上。联合国也开始关注空间天气，2010 年起开始支持国际空间天气的起步计划，来协调全世界的努力。世界气象组织也成立了空间天气协调组。国际科学组织也设立了空间天气的专题委员会。欧空局也组织相应的计划。

美国的航天局还专门制定了一个卫星计划，来紧盯空间天气的变化，它由太阳动力学的卫星、辐射带的卫星来完成，都已经发射成功了。最近将要发射的是太阳的探测器，它将飞往太阳系尚未被探测的区域，进入距离太阳只有 9.5 个太阳半径处去看太阳。从太阳到我们地球约有 216 个太阳半径。我们现在看太阳是雾里看花，太阳上几十公里至上百公里的距离我们是分辨不出来的，它只是一个点。到太阳跟前去看，太阳的秘密会被揭开。希望我们中国有一天也能向太阳进军，这是一个具有划时代意义的事情。

空间天气科学正在世界范围蓬勃发展，它正在成为经济社会发展的"助推器"，主要表现在应对空间灾害，开拓战略经济新领域；它是科技进步的"加速器"，主要表现在把地球的知识体系向空间知识体系拓展；它是空间安全的"倍增器"，主要表现在倍增高科技精确作战的军力。

## 中国在空间天气方面的发展状况

下面介绍一下中国在空间天气方面的发展状况。中国正走在跨越发展的路上。首先看空间天气的基础研究，近七年发表文章的数量，只有中国和美国可以相比较，都占了 20% ~ 30%。基础研究论文的引用量的情况，美国和中国也占了很大的比例。在过去的 10 年里，美国基础研究的文章数量缓慢上升。英国、法国、俄罗斯、日本等是在 5% 的水平左右平稳变化。唯有中国接近直线地上升，从 2013 年开始，中国在空间天气方面的基础研究文章发表的数量，已经超过美国。当然，我们也很清醒地认识到，中国的空间天气科学在重大的科学理论、重大的科学发现以及广泛的应用等方面都还很缺乏。要建设空间天气科学强国，强化基础研究和应用基础研究是我们要努力的方向。

中国在空间天气的能力建设方面，这20年也取得了一个长足的进步。我们地球空间双星发射成功，东半球的空间环境监测的子午链，简称"子午的一期"也取得了成功。现在包括创新团队在基金委就有5个了。我在2002年提出一个建议，要把东西半球120°E + 60°W子午圈上的国家和地区联合起来实施国防空间天气子午圈计划，这样就可以更好地了解地球三维的空间环境及其空间天气变化状态。这个在国家科技部已经作为正式的重大国防合作项目在实施之中。

空间天气业务方面的能力也在迅速提高。2002年，国务院批准了在中国气象局成立国家空间天气监测预警中心，如同地球的天气一样，进行业务预报。而且中国的这个监测预警中心和美国的空间天气预报中心一起，被选为世界气象组织空间天气协调小组的共同主席，这就表明中国的影响力在迅速提升。空间天气监测预警中心对外开始进行不定期预报，而且为重大的空间技术活动服务。比如宇航员出舱，预报的误差不超过1分钟；提前预报我们的通信卫星什么时候会发生故障，特别是对民航的一些安全警示；我们一些短波通信系统的效率可以提高45%以上。

我们将来如何用人工影响和控制天气？我们现在知道北京雾霾很严重，但是一刮西北风就没有了雾霾。那么我们可以通过空间技术，把卫星放上去，把太阳能用来加热，蒙古上空的冷高压气团形成西北风。希望这个愿望早日变成现实。

国家高度关注。前面讲到了美国的两任总统都相继制定了国家的计划。中国在2016年批准了两个大项目，一个就是空间环境地基监测网，简称"子午工程二期"，它是我国"十三五"规划优先启动的十个国家重大科技基础设施建设之一。另外一个大项目就是空间天气的监测与预警系统。除了这个以外，我们还有电磁卫星，今年已成功发射。还有一些其他的卫星也列入计划正在推动。所以我们在空间天气环境的天基监测方面，也有了一个很好的起点。

展望未来 10 年，中国将以建设科学空间天气强国为奋斗目标，实现进入国际先进行列的跨越发展，中美将走进合作与竞争的新时代。

最后要说的就是，空间天气是一个隐形杀手，它有无穷的奥秘有待你去破解、有无尽的发展机遇有待你去抓住。

# 绿色建筑与生态城市

## ——都市里生命的共享

叶　青

**叶　青**

教授级高级工程师，国家一级注册建筑师，深圳市建筑科学研究院股份有限公司党委书记、董事长。长期从事绿色建筑、生态城市研究与实践活动。曾获第二届"全球华人青年建筑师""中国当代优秀青年建筑师"等称号，被评为"当代中国百名建筑师"之一，2014年荣获"全国优秀科技工作者"终身荣誉称号。主编行业标准《民用建筑绿色设计规范》等，参编国家标准《绿色建筑评价标准》等多项标准规范，主编《共享设计》《中国低碳生态城市发展报告》等专著。

## 绿色建筑与自然、生命的交响乐——中国
## 第一个绿色建筑——建科大楼的空间使用

我今天讲的副标题是"都市里生命的共享"。著名的美国建筑师沙里宁说，建筑就是一本打开的书，从中你能看到一个城市的抱负。深圳这座城市在 30 年之内从一个小渔村成为一个近两千万人口的大都市，这是世界城市史上的奇迹。下面我从一栋楼的故事开始讲我对城市的思考。

建科大楼占地 3000 平方米、共 12 层，在 2009 年竣工后，特别是最近五年来，获得了非常多的国际大奖，包括中国人居环境范例奖、全国绿色建筑创新奖一等奖、世界绿色建筑协会亚太地区绿色建筑先锋奖等。它被誉为一座有生命的建筑，一座会呼吸的建筑。2014 年美国著名的专业杂志《暖通空调学会（ASHRAE）期刊》将建科大楼刊登在封面，标题是"中国未来的模式"。它建在深圳，恰恰是这座创新型城市的缩影。我们都知道，一座楼要建起来，所受各种因素的影响特别大，正因为在深圳这座有创新基因的城市里，我们才能率先创新实践。

　　这幢楼外表看起来方方的，似乎很普通。但是它有生命，会呼吸。我们可以看到，孩子们在花园里面做游戏，他们的爸爸妈妈都在看着他们。我们的员工可以带小朋友来上班，小朋友们养了宠物兔，一个带了母兔子，一个带了公兔子，然后下了一窝小兔子，再抱回去养。这些给办公空间带来了生机。楼里还有很多自己飞来做窝繁衍的小鸽子。也就是说，一座楼不仅仅是给人用的，它还给本来在这片土地上的生命以享用空间。我们占了 3000 平方米用地，建了 4000 多平方米的空中花园作为生态补偿。

再看看我们最大的室外会议室，可以容纳 30 多个人在这个空中花园里面徜徉交流。在屋顶的花园上有我们自己的菜地，屋顶的上面是既作为遮阳板又通过太阳能发电或产生热水的板，为整个大楼提供 5% ~ 7% 的能源。会议室所有的外墙都可以打开。

在 5 月之前过渡季节的时候，我们都是吹着室外的自然风开会，而不是封闭的空间里必须要有空调和电灯。其实我们省空调、用自然通风，不仅仅是为了节能，节能是结果，不是目的，更主要的是为了健康。因为自然风里面有无数的微生物，是我们现有的技术无法认知的。人类在未认知的知识面前唯有谦卑。

整座大楼是没有大门，没有围墙的。2016 年，习近平总书记在全国城镇化工作会议上提到过这个要求。深圳则是在 10 年前践行的。为什么大楼没有围墙？实际上这是一个价值观，我们建楼，不应该因为占用这片土地，就把它跟城市隔绝了。在这片土地上，大家都拥有活动权，别人可以自由到达大堂，只是上楼需要预约。同时，不能因为建楼，就把左邻右舍的通风道挡了，这样可以减少整个城市的热岛效应。所以，这座楼就像一棵树，它的风可以穿流而过，不影响隔壁楼房应有的自然的能量。这是对自然、对其他人利益的一种敬畏，一种尊重。要学会共享资源，对外开放。

大楼周边的喷泉不仅仅是美丽的景观，还是空调的冷却水系统，它在散热。同时，因为有了这个喷泉，微颗粒的粉尘就会沾水自己落下来，减少空气中的粉尘量。而且这个喷泉池底是玻璃的，通过水来隔热，却可以让自然光进入地下室，而自然光对人的身体健康和心理健康至关重要。因此，这样一个技术措施，就有四五个功能，能够以低成本、更有效地运用自然资源。

　　多数建筑会把电梯放到中间位置，而且必须有空调。这栋楼里则是把电梯放到了西立面侧面，因电梯是间歇性使用，可以不用空调。走道占 1/3 的面积兼作室外会议室，因此走廊也不用空调，仅仅在房间里面才用到空调。我们做过深入研究，在深圳地区只有 28 天是不可忍受没有空调的，因为它是海洋性气候，只要有风的流动，就不需要空调。那我们就在这 28 天里不使用室外空间就行了，因为没有必要为这个面积 28 天的需求做空调配置。依据这个调查，18000 平方米的楼，只有 8000 平方米的空调面积。在不用开空调的区域里，因我们充分利用自然空间，所以开空调的时间可以少两个月，每天开空调的时间，可以少2~4个小时。我们还把外墙系统做了隔热，就像冰箱一样，同样的冷源，它会持续更长时间。如此，单位立方米的能耗只有常规办公楼的47%，照明只有27%。地下一层，在白天是不需要灯光的，它都是利用自然光。只有晚上，它才需要加灯。

所有的屋顶都是太阳能板，至今运行得很好。2009年建成前后，我们没有得到奖项，因为它外表看起来规则、普通，没有绚丽的材料，没有人看到它的美丽。但是它慢慢地在长，到2013年和2016年，大家看到照片上有这么多绿化。在西立面上小鸟衔来了种子，20厘米的花槽上长了2米高的树，60厘米厚覆土的屋顶花园长有6米高的芭蕉和桑树。桑树在4月还结满了桑葚；屋顶菜地结了大木瓜。为什么？除了土壤给它的营养以外，自然的风，还有中水回用的雨水都富有营养。这个大楼的污水会用人工湿地彻底净化后，再回到大楼冲厕所和浇花。而浇花的水充满了氮和磷，实际上形成了自然循环。大家看到，我们种的百香果都这么大，小鸟都会来吃。你有果子，小鸟就会来停留。它停留了就会来浇灌生命，带来了养分，带来了种子，就是带来了别的生命体。所以，我们种的一点点种子，最后成了各种各样的植物。我们建了一座楼，最后变成了一棵树。

人对自然的索取是因为要生存。在人类懂得敬畏自然不过度索取之后，我们还要做到更加高效地利用资源。建科大楼在使用的过程中，还在不断地更新。2017 年，我们做了一个幼儿园叫行·学苑，大家可能在很多网站上也有看到。我们探索的是与高层办公复合的幼儿教育实践。我们把教学等基本功能放在三楼的房间；一楼则是体育活动空间；地下的空间是音乐室；屋顶上是植物园，整个楼里面的空间都可以跟它共享。孩子们在这里，不仅学幼儿园的常规课程，也要介入公司活动。老师们也要介入公司活动。我们一定要避免幼儿教育和城市社会的割裂，从幼儿教育的开始就给他一个真实的世界。

另外，在这个幼儿的空间里面，孩子会被跟踪研究 15 年，直到他们 18 岁。我们在探索儿童健康成长的环境。行·学苑的核心理念是种下一颗幸福的种子。我们非常有幸和以深圳投控实验幼教集团的刘玲园长为代表的大师工作室团队进行合作，所有的教学由他们负责，我们提供场地，双方共同提出理念。孩子们从小开始学习什么叫节水，为什么要节能，为什么要做环保？给他们种下一颗幸福的种子，当他们对自然、对人类有一个客观认识的时候，当他们对财富、对名利有一个客观认识的时候，他们才真正拥有幸福的基础。

我们让孩子们参加公司的升旗仪式。我们每个月有一个升国旗的仪式，还有唱院歌升院旗的仪式。为什么呢？我们不能忘记自己的公民责任，不能忘记是整个社会支撑起我们的，要回馈国家和社会。员工大会上，我们混龄的（两岁多到五岁多的）孩子，面对几百个员工，能够潇洒地介绍自己，没有吓哭的，没有吓跑的，这是对领导力的培养。他们从小就知道怎么面对面介绍自己，怎么面对大家，怎么讲能够讲清楚。他们要做小旗手，为了练这个小旗手，他们起得很早，表现得很庄严，这都是一种责任感。孩子们帮建筑师评选办公室的清洁，孩子们去评，就会给它贴标签，叫"寻找最美的燕子"，因为燕子是最爱清洁的。中秋节的时候，孩子们还会来送灯谜、糖果等。因为大楼的空间是公司免费提供的，他们得到的同时，必须学会回报，学会感恩。

短短一年的时间，幼教老师发现了很多现象。比如新入园的孩子都不容易哭，因为他会觉得很安全，他知道爸爸或妈妈就在楼里上班，如有情况，家长随时会来看他。所有的水和空气，都达到了健康的标准。孩子们洗手的水是过滤的，孩子们喝的水是特供的小分子团水。一般新幼儿园的流行病，我们是没有的。有两个孩子，以前5月的时候会发风疹块，到我们这里后就不会了。实际上孩子们很敏感，你做的一点点变化，在他的身上马上就能够体现出来。孩子们要学习绣花，学写毛笔字，学茶道。传统的文化集中在茶道里面，他要知道什么时候，可以喝什么样的茶叶，这使他从小关注天人合一，热爱生命。孩子们每天要用画画的方式说出自己进幼儿园要做的四件事情；放学的时候，自己要校正，看这四件事情做到了没有。每个人有一个档案盒，毕业的时候会回头看一看。习惯是从小开始养成的。美国的平面设计师来给孩子们上绘画课，我们院的小蜜蜂 Logo 就是他们做的，他们教孩子们画画。

建筑的空间为人的生命创造无限可能。这个大型的木架构，深圳就有两个，实验学校十几个班有一个，我们二十多个孩子有一个。他们搭出城市——微型的城市、微型的建筑，然后我们的建筑师来指导他们。当我们的建筑师们要教会三四岁的孩子怎么搭积木、怎么做设计时，他会深刻反省建筑的本源，去思考建筑本身，这对职场非常有用。

绿色建筑就是在建筑的全生命周期内，最大限度节约资源、保护环境、减少能耗，为人们提供健康、实用、高效的使用空间，自然和谐共生的建筑。所以它实际上含有人、资源和环境三个要素。

如果不关注人，最理想的环保就是不要使用资源，但这是不可能的。所以，节能、节水、节地、节材，是告诉你对待资源的态度——少用。不得不用的时候怎么办呢？高效地用，用可再生的。咱们用的材料，能够来自大自然，再回到大自然。木材是可以的。钢材也是可以的，因为钢结构的楼，拆完了以后，可以重复使用，并且它回炉了以后可以炼钢。但是混凝土就成了垃圾，而且它多少年都没有办法分解。

我们的核心是要健康。我们为了做节能可能要封闭门窗，新风量要少，但是这样做不够健康。运行管理的是结果，这几样东西是一个平衡的结果，它不可能在某一项实现极致。我们要把节水做到极致，那地下室全要变成一个个的蓄水池，它又占地又耗材。所以绿色建筑是按一个基本平衡的结果去做的。它跟什么有关？跟政治、气候、经济等有关，这个原理是相通的，方法是不同的。

美国哈佛大学公共卫生学院 2016 年的一项研究表明，在绿色建筑中工作的人，思考能力和计划能力提高了 25%。我们的研究结论是，我们大楼里的员工的劳动效率提高了 15%。

## 绿色建筑的目标和生态城市的建设标准

绿色建筑有三个目标：舒适的人居环境、最低的自然资源消耗、最小的外界环境影响。在理念、设计方法、实施基础和运行的手段这四个环节当中，关键是理念。越是在前端，资源的消耗量越少，越是后端其实越难。很多人说，绿色建设是贵的，是因为他们最开始的理念不对，做加法，该减少的部分不减，然后拼命地做太阳能，做中水处理，做加法当然要加钱了。但是从原理上来说，认为绿色建筑是贵的那是没有道理的。贵就意味着用更多的资源，或者更贵的材料，除非性能大幅度地增加了。所以这个实际上是理念的问题。

生态城市理念的真正提出是在1971年，当时联合国教科文组织明确地提出了生态城市。19世纪末，英国贵族霍华德，有一个乌托邦的田园城市想法，他想把一个个的镇、一个个的建筑建在田园当中。他还带领了200多个门徒去实施，结果以失败告终。为什么？因为那个时候是大工业时代，没有高铁，没有高速公路，没有互联网，去中心化的城市行不通。但是今天我们可能成功，重新再构筑生态城市。

世界上其他地方也在做这些努力。在澳大利亚墨尔本，我们随机在街头拍了这个景，你会发现，他们的道路更像街道，道路是给车走的，街道是给人行的。

这是德国的弗莱堡绿岛的花园地。弗莱堡是世界上首批将太阳能与建筑一体化的城市。其引进了著名的弗劳恩霍夫研究院，从研究入手，推动旅游业、展览、太阳能产业等的发展，现在成了世界知名城市。它的街道上，有建筑、公共交通、通风的廊道、电车系统、雨水的搜集系统、自行车、绿色建筑等。

瑞典马尔默也是世界有名的生态城市。它的建筑没有奇形怪状的东西，绿地有下渗的通道，把天上的雨水引到地下时，天气地气相通，人在中间。马尔默也因此成为滤池城市。

我们所理解的生态城市，应该是幸福生活的载体。生态城市是有很多指标的，我从专业的角度归为三类。第一，自然共生。青山绿水、碧野柔光能够让我们的心静下来，愿意在这里安家。第二，效率共生。就是说它的资源利用高效，产业高效，它让我们的生命飞起来，使我们在这里获得、拥有财富。第三，文化共生。有更好的保障措施让我们愿意在这里与这座城市共同成长、慢慢变老。

德国弗莱堡小区位于弗莱堡的南部，是最先进的太阳能住宅小区之一，
2006 年被评为"德国最美丽的住宅区"

能让我们幸福的城市，要随处可见绿色的植物。提升绿视率能让人愉悦，也会减少污染物。能让我们幸福的城市要是宁静的城市，让我们一觉睡到自然醒。我们大量的住宅建在噪音超标的地方。夜晚充斥的霓虹灯严重干扰了生物系统。所有的城市中心区，温度都比较高。东京和首尔的城市中心比城市其他区域高 3 度到 4 度，深圳是高 1 度到 5 度。每高一度，空调能耗多 5% ~ 10%。能让我们幸福的城市要是清洁的城市，有清爽的空气。

我们在经济水平上正在接近发达国家的水平，可是我们对生命的关爱，以及对自己生命的要求，有没有跟得上我们的财富呢？这值得思考。

在小区里面，你去看看有没有蝴蝶？几种蝴蝶？有没有青苔？有没有小鸟？鸽子会不会停留？这些东西有的时候，人的美好也就差不多了，因为它们已经帮你试验了。

回头想想，人们更干净了、更卫生了，上高楼了，怎么人的病多了呢？为避免此种情况，城市是要有弹性的，包括废弃物的重新利用等，其实每一个环节都是一门学问，每个环节里都会催生无数的绿色产业、环保的产业。